柴田德太郎・編

制度と組織
理論・歴史・現状

桜井書店

はしがき

　我々を取り巻く経済社会が激動期に突入しているのに伴い，経済学も大きな転換の時期に入っている。その中で「制度と組織」という視点が注目を集めつつある。「市場と国家」という古い図式を突破する可能性を秘めているからである。

　「市場か国家か」という二項対立の図式は限界に直面している。「国家の介入による市場経済の安定化」という考え方は，「ケインズ政策」の有効性低下とともに影響力を失いつつある。では，「国家の介入」を廃して「規制緩和」を実施すれば，「市場経済」はうまく機能するのか？　この問に肯定的に答えるのが新古典派経済学の基本的な考え方で，この考え方に基づく「市場原理主義」は近年影響力を高めつつある。だが，「自由放任によって調和的な経済発展を実現する」という仮説に矛盾する事態も発生しつつある。アジア通貨危機がその一例であり，「格差の拡大」という社会問題の世界的な広がりも「市場原理主義」批判の根拠となりつつある。さらに，戦後の「資本主義の黄金時代」を「自由放任主義」の勝利として描くことは困難であろう。

　このように「市場と国家」という図式には限界がある。そこで，注目を集めるようになったのが「制度」と「組織」という概念である。「市場と国家」という図式の代わりに「市場と制度」という図式を導入することによって，「市場経済」が「制度」によって支えられているという観点で市場社会を捉えることができるようになる。この観点から見れば，「資本主義の黄金時代」は「国家の裁量的な政策」によって適正にコントロールされていたのではなく，「諸制度」によって支えられていたのだと捉えることが可能となる。また，「市場と組織」という観点を導入することによって，企業組織という市場経済の主要なアクターの内部では，市場原理とは異なる組織の原理が働いていることが明らかとなる。

　「制度と組織」という視点の導入は，合理的な個人が自己利益最大化を求めて行動するという「経済人仮説」への批判という観点とも関連する。ケインズ

が指摘する「将来の予測不可能性」に基づく「不確実性」に直面する人間は，コンヴェンション（思考習慣）に依存して行動する。コンヴェンションは制度の原型であると考えられるので，人間は制度に依存して行動することによって「不確実性」の問題に対処しているとみなすことができる。「組織」もまた「不確実性」問題への対処と考えることができる。このコンヴェンション＝制度に依存する人間像という社会的な人間観は，新古典派の方法的個人主義とは異なるアプローチである。

「制度と組織」という視点の導入のもうひとつのインプリケーションは，「制度」や「組織」の歴史性と多様性を重視するということである。「制度」や「組織」は様々な社会的，文化的，政治的な非経済的要因によって影響を受ける。こうした諸要因は歴史的な独自性を有しているので，「制度」と「組織」は時間的，空間的多様性を持つことになる。したがって，「制度と組織」を「経済人仮説」に基づいて抽象的，演繹的に論じてもあまり有効な成果は上がらないだろう。「市場と制度」「市場と組織」あるいは「資本主義と制度」「資本主義と組織」という視点から現実の歴史的な経済社会の分析を行うことによって，この視点の有効性を示すと共に，この視点に基づく仮説の豊富化を行うことが有効な研究方法であろう。

以上のような問題意識と視点から研究会が組織され，その成果の一部をまとめたのが本書である。以下，各章の内容を紹介しておこう。

第Ⅰ部は「制度と組織の理論と方法」を取り扱う。第1章「資本主義と制度の共進化」（柴田徳太郎）は「資本主義と制度の共進化」という仮説を提示し，この仮説によってアメリカ資本主義の歴史的変化を説明する。第1節，第2節では「資本主義経済」が「不確実性」に基づく「不安定性」と「交渉力の差異」に基づく「不公平性」を持っており，「資本主義社会」を安定化させるためには「制度と組織」が必要であることが明らかにされる。第3節では，「資本主義経済」を支える「制度」という視点から「資本主義と制度の共進化とその跛行性」という仮説が説明され，この仮説に基づいて，「大恐慌」，「資本主義の黄金時代」，「黄金時代の終焉」というアメリカ資本主義の歴史的な転換が説明される。

第2章「制度経済学の新展開――企業組織の分析に向けて――」(中川淳平)は，企業組織分析の主流をなす新制度学派の契約論アプローチを批判的に検討し，その理論的限界を乗り越える手法として旧制度学派アプローチの再評価を行う。新制度学派の契約論的アプローチは，人間が自己の利益を獲得するために敵意と策略に満ちた「機会主義」に基づいた行動をとると仮定するので，株式会社については株主による経営陣に対するモニタリング，内部組織については管理者による従業員へのモニタリングを重視する。しかしこの手法は，個人と組織の関係性，企業と多様なステイクホルダー間の様々な関係性について十分に解明しえない。こうした関係性の解明には，旧制度学派のアプローチ，とりわけコモンズの「ゴーイング・コンサーン」としての企業組織という考え方が有効であることが示される。

　第Ⅱ部は「アメリカの金融制度」と「景気循環」との関連を歴史的に分析する。第3章「サフォーク・システムと1837・39年恐慌――一商業銀行による「最後の貸し手」機能の内生的展開――」(大森拓磨)は，中央銀行が存在しない19世紀のアメリカで，経済恐慌の波及に伴う通貨・信用秩序の動揺に対応するための制度や組織が，州・地域単位で自生した事例を分析する。ニューイングランドで「自生的」に形成された私的な通貨・信用統轄システム(サフォーク・システム)を取り上げ，1837・39年恐慌の際にこの「サフォーク・システム」が「最後の貸し手」としての機能を「自発的」に果たしたことを解明する。
　第4章「アメリカにおける1907年恐慌――制度論的景気循環分析の試み――」(阪上亮太)は，当時のアメリカに固有な諸制度が恐慌のあり方に影響を与え，逆に恐慌のあり方が制度改革の原因となるという相互関係を分析する。具体的には，最後の貸し手も，預金保険機構も，金融機関の証券投資への制限も存在しない制度のもとで，1907年恐慌はプリミティブな形態をとり，その恐慌の発現形態が金融制度改革の発端となったことを明らかにする。
　第5章「FDICのオープン・バンク・アシスタンス(OBA)と最後の貸し手――FRSとFDICの大銀行破綻への対応――」(平野裕三)は，1970・80年代の銀行破綻と金融のセイフティ・ネットとの相互関係を分析する。とくに，FDIC(連邦預金保険公社)の破綻処理手法のうち，OBAの手法が1980年代に

拡充され後に縮小される過程を，金融セイフティ・ネットの歴史のなかに位置づける試みを行う。

　第Ⅲ部は「労使関係と労務管理の歴史と現状」を分析する。第6章「ドイツ管理層職員による利益代表の展開」(石塚史樹)は，第2次世界大戦後ドイツの管理層職員が，いかなる利益代表を発達させ，これをつうじてどのように自らの雇用条件に影響を及ぼしているのかを解明する。そして，この利益代表が，ドイツ経済の発展との関わりにおいて，いかに発展し変化してきたかを検討する。これをつうじて，使用者から管理層と見なされる管理層職員が，何故このような利益代表を発達させざるを得なかったのかを解明する。

　第7章「パッケージ・ソフトウェア開発企業の開発管理――K 3 社における計画の立案とその遂行――」(古谷眞介)は，現代の中心的な産業であるソフトウェア産業の技術者を対象とする労務管理を例にとって，聞き取り調査に基づいて，現代日本社会における労使関係の特徴の一端を明らかにする。とくに，経営者による労働の支出を保証する仕組み（主体性をもつ労働者を企業の目的にそって働かせようとする仕組み）が検討され，それは製造業と比較すると事後的に対処している面が強く緩やかな管理の方式であるため，有効に機能しなかったことが明らかにされる。

　本書は「現代景気循環研究会」で行われた議論の成果である。この研究会の母体は大学院の演習であった。各執筆者はそれぞれの分野で優れた業績を生み出しつつある若き研究者である。本書は仮説形成とその検証の中間生産物である。読者の皆様から忌憚のないご批判を賜ることができれば幸いである。

　最後になってしまったが，出版事情厳しき折，本書の出版を快くお引き受け頂き，実に丁寧な編集の労を執っていただいた桜井書店社主，桜井香氏に，執筆者を代表して謝意を表したい。

2007年6月5日

編　者

目　次

はしがき　柴田徳太郎　3

第Ⅰ部　制度と組織の理論と方法

第1章　資本主義と制度の共進化 …………………………柴田徳太郎　13

第1節　「ルール」によって支えられる「市場」……………………13
第2節　「制度」によって支えられる「資本主義経済」……………14
　　1　私有財産制　15
　　2　貨幣・投資・金融の不安定性と制度　15
　　3　雇用とルール　17
　　4　雇用と組織　20
第3節　「資本主義経済の進化」と「制度進化」の跛行性 ………21
　　1　「資本主義経済の進化」に対する「制度進化」の立ち後れ（大恐慌の原因）　21
　　2　「資本主義経済」と「制度」の共存（資本主義の黄金時代）　28
　　3　「資本主義経済の進化」と「制度の進化」による社会の不安定化
　　　（黄金時代の終焉）　35
第4節　結　語 ………………………………………………………45

第2章　制度経済学の新展開 ………………………………中川淳平　53
　　　　──企業組織の分析に向けて──

はじめに …………………………………………………………………53
第1節　新制度学派の企業組織観 ……………………………………54
　　1　エージェンシー理論の観点　54
　　2　ウィリアムソンの観点　56
　　3　組織理論と経済学　58
第2節　コーポレート・ガバナンスの視座と制度経済学 …………61
　　1　ウィリアムソンのコーポレート・ガバナンス論　61
　　2　所有権理論における不完備契約論　63
　　3　コモンズの観点　66
　　4　バーリの経営者支配説　69
むすび ……………………………………………………………………70

第Ⅱ部　金融制度の歴史分析

第3章　サフォーク・システムと1837・39年恐慌 …………大森拓磨 81
―― 一商業銀行による「最後の貸し手」機能の内生的展開 ――

はじめに ……………………………………………………………………………81

第1節　「ジャクソニアン・デモクラシー」下の秩序管理 ……………83
　1　州法銀行の激増と「道義的説得」　83
　2　ロードアイランド州法諸銀行との提携　87
　3　「道義的説得」への反発　88

第2節　1837・39年恐慌と「最後の貸し手」機能 ………………………90
　1　1837年恐慌とサフォーク・システム　90
　2　1837年恐慌後の対応過程　96

第3節　恐慌後の進展 ……………………………………………………………101
　1　The Suffolk Bank の利益拡大　101
　2　各種公権力による追認　104
　3　システム基盤の安定化　107

むすび ………………………………………………………………………………108

第4章　アメリカにおける1907年恐慌 ……………阪上亮太 115
―― 制度論的景気循環分析の試み ――

第1節　問題意識と分析視角 …………………………………………………115

第2節　1907年恐慌の形態的特色 ……………………………………………115

第3節　株式ブームの発生 ―― 1904～06年 ………………………………117
　1　実体経済の好況過程　117
　2　株式ブームの内実　119
　3　諸金融機関の証券市場とのかかわり　121

第4節　株式ブームの終焉要因 ―― 金融逼迫と反独占立法 …………126
　1　株式ブームの終焉要因①―― 金融逼迫　126
　2　株式ブームの終焉要因②―― ボトルネックとヘップバーン法　131
　3　ブーム終焉後の証券市場　133
　4　3月パニックの発生　138

第5節　実体経済の下降要因 ―― 投資の減退と金融不安定性 ………142

第6節　小　括 ……………………………………………………………………154

第5章　FDICのオープン・バンク・アシスタンス（OBA）と最後の貸し手 ……………………………… 平野裕三 171
　　　　――FRSとFDICの大銀行破綻への対応――

はじめに ……………………………………………………………………171

第1節　FDICの破綻処理手法……………………………………………173
　1　FDICの創設とP&A方式の導入　173
　2　1950年連邦預金保険法とOBA方式の導入　175

第2節　連邦準備銀行の割引窓口 ………………………………………176

第3節　1970・80年代の対応と破綻処理手法の変遷 ……………………177
　　　――OBAを中心に――
　1　1970・80年代の銀行破綻　177
　2　1974年フランクリン・ナショナル銀行の破綻処理　179
　3　OBAの拡張と変容　180
　4　1980年代中盤のOBA増加　182
　5　ブリッジ・バンク制の導入とOBAの要件厳格化　184
　6　連邦預金保険公社改革法（FDICIA）の成立　185

第4節　最後の貸し手と預金保険機構 …………………………………189
　1　最後の貸し手機能と延長信用　189
　2　FDICの破綻処理手法の進化　190

第Ⅲ部　労使関係と労務管理の歴史と現状

第6章　ドイツ管理層職員による利益代表の展開 …… 石塚史樹 197

はじめに ……………………………………………………………………197

第1節　管理層職員の利益代表の構成と機能 …………………………198
　1　産業レベルでの利益代表組織：労働組合組織　199
　2　集権的労使交渉による最低労働条件の決定　201
　3　職場の非公式な利益代表組織：職場グループ　203
　4　職場の公式な利益代表組織：指導的職員代表委員会　206
　5　職場での公式な利益代表組織：従業員代表委員会　210

第2節　歴史的な発展から考える意味 …………………………………211
　1　その発生　211
　2　第2次世界大戦後の再生と発展　217

第3節　職場レベルでの雇用条件形成の可能性 ………………………225
　1　SpAによる職場レベルでの雇用条件形成の可能性　226

2　指導的職員の報酬構造形成における SpA の影響行使　227

　第4節　結　語 …………………………………………………………230

第7章　パッケージ・ソフトウェア開発企業の
　　　　開発管理 ……………………………………………古 谷 眞 介 237
　　　　　　――K3社における計画の立案とその遂行――

　はじめに ………………………………………………………………237
　　1　問題関心と課題の設定　237
　　2　分析対象と資料　241
　　3　K3社の作業組織編成と開発過程　244

　第1節　計画の立案 ……………………………………………………246
　　1　開発期間の見積り　247
　　2　見積りの検査　248
　　3　スケジュール　249
　　4　再見積り　251

　第2節　計画の遂行 ……………………………………………………252
　　　　　――進捗把握と遅れへの対処――
　　1　進捗把握の方法　252
　　2　スケジュールの遅れへの対処　257

　第3節　見いだされたこと ……………………………………………259
　　　　　――技術者の自律性に依存した管理――

　事項索引　273

第Ⅰ部　制度と組織の理論と方法

第1章　資本主義と制度の共進化

柴田德太郎

第1節　「ルール」によって支えられる「市場」

　21世紀初頭という我々がいま生きている時代は，歴史上の大きな転換期であると考えられる。第1に，ソ連型社会主義建設の壮大な歴史的実験が20世紀末に失敗のうちに終焉した。第2に，第2次大戦後の冷戦下に成立した「資本主義の黄金時代」を支えた諸制度も機能不全に陥り，資本主義も金融危機や雇用不安などの不安定な状況に直面している。第3に，日本に目を移してみても，「高度成長」を支えた諸制度と現状との矛盾が拡大し，諸制度の変質は「格差の拡大」といった社会問題を引き起こしている。こうした状況の中で，既存の経済学に対する信頼も低下している。景気対策としての財政金融政策が限界に直面するにつれて，「ケインズ経済学」への信仰も低下した[1]。「ケインズ経済学」に代わって復権したのが新古典派経済学であり，市場原理主義であった。「規制緩和」や「市場に任せる」という標語が巷で流行し，「規制」と「市場」は，あたかも対立する概念のように考えられ，市場＝善，規制＝悪というイメージが広まっていった。小泉内閣の「聖域なき構造改革」路線も，この市場原理主義に基づくものであった。しかし，急速な規制緩和は世界各地で金融危機や「格差の拡大」を引き起こす原因となり，「市場信仰」にも翳りが見え始めている。

　そもそも，「市場経済」は「規制」なしには存続しえない。「他人の所有物を略奪してはならない」というルールが守られていなければ「市場経済」は存立しえない。「市場経済」は「私有財産制」という法制度によって支えられているのである。この法制度は国家権力によって保証されているだけでなく，人々の中にあるモラル（社会道徳）にも支えられている。このモラルが失われれば，あちこちで略奪行為が起こり，国家権力も対応しきれなくなるであろう[2]。

「私有財産制」という基本的な「ルール」以外にも，様々な「ルール」や「制度」が「市場経済」を支えている。たとえば，雪印乳業食中毒事件が如実に示したように，食品や医薬品のように「安全性」が問題となる商品の場合には，「悪い商品は市場で淘汰される」という論理は通用しない。消費者が「安全」な商品から「危険」な商品を区別するためには，実際に購入して試食，試飲してみなくてはならないが，これには生命の危険が伴うからである。何十年もたってから発病するという場合もある。したがって，消費者が安心して商品を購入するためには，なんらかの「安全性」基準といった「ルール」が必要となる。業界の自主規制という方法もあるが，強制力に限界があるため国家の規制が必要となる[3]。雪印乳業はこの「ルール」を守っていなかったことが判明し，厚生省（現在は厚生労働省）の監視も不十分であったことが明らかとなったため，信頼を失った雪印の商品を消費者は買い控え，スーパーやコンビニエンス・ストアは「店頭」から雪印の商品を撤去したのである。このように，消費者の安全を守り「市場」から危険な商品を排除するためには，厳しい規制が必要なのである。

同じような問題は，自動車会社のリコール隠し事件でも発生する。自動車の場合も，「危険な車は市場で淘汰される」ということではすまない。三菱自動車の事件で明らかになったように，「市場」で売られている車が安全でなければ，購入者（運転者）のみならず運転者以外の生命も危険にさらされる。したがって，自動車を製造する企業には製品の安全性を確保する社会的責任があるのだが，この責任を果たさせるためには，厳しい「ルール」が必要となる。また，アメリカで問題となったエンロンやワールドコムの不正会計問題も，企業会計基準の遵守という「ルール」への信頼がなければ株式市場が存立しえないことを示している。

以上のように，「市場経済」は「ルール」なしには存立しえないのである。

第2節 「制度」によって支えられる「資本主義経済」

我々が生きている社会は単なる「市場社会」ではない。「市場経済」の主要な担い手は，利潤の獲得を目的とする「資本主義的な企業」である。したがっ

て，我々が生きている社会は「資本主義社会」である。「市場経済」が「ルール」や「制度」[4]に依存しているように，「資本主義経済」も「ルール」や「制度」抜きには存立しえない。

1 私有財産制

「資本主義経済」を支える最重要な「制度」は，「私有財産制」である。イギリスにおいて早い時期に資本主義が順調に発展したのは，17世紀のブルジョア革命の成功により立憲君主制が確立し，私有財産制が安定的に維持されるようになったからである[5]。

「私有財産制」に関しては，資本主義の「進化」に伴って「私有財産制」も「進化」するという点が重要である。金融経済の発展に伴い，「私有財産」の定義も「有形資産」から債権を表す「無体 (incorporeal) 資産」へ，そして株式会社の暖簾 (goodwill) 価値を表す「無形 (intangible) 資産」へと拡張されていった。この「私有財産」の定義拡張に伴い，自由の定義も肉体的な束縛からの自由から経済的強制からの自由へ，市場へ接近する権利（無形資産）へと拡大していった。この財産概念の拡張，自由概念の拡張は，封建制から資本主義への転換，そして資本主義の進化に伴うものであった（Commons［1924］Ch. 2）。

2 貨幣・投資・金融の不安定性と制度

「資本主義経済」を支える第2の「制度」は，貨幣価値と金融の安定性を保つルールと制度である。市場で商品が売買される場合には，物々交換ではなく必ず「貨幣」が介在する。どこでもどんな商品でも「貨幣」によって「買う」ことが出来ると皆が信じているからこそ，「貨幣」を受け取って商品を「売る」のである。このように，市場経済は「貨幣」で商品を売り買いするという慣行（暗黙のルール）によって支えられているといえる。だが，この「暗黙のルール」への信頼は，貨幣価値が急激に変動すると揺らいでくる。貨幣価値が急激に下落するハイパーインフレーションがその典型である。その有名な例が，第1次大戦後のドイツの超インフレであった。このような悪性インフレが進行すると，朝受け取った貨幣の価値が夕方には半減するかもしれないので，貨幣を受け取った者は出来るだけ早くその貨幣を使おうとする。その結果，貨幣の流

通速度が上昇し，物価の上昇率が通貨の増加率を大幅に上回るようになる。そして，最後には貨幣の受取りが拒否され，物々交換が行われるようになる。このことから，「市場経済」および「資本主義経済」は貨幣価値の安定性によって支えられていることがわかる。

　貨幣価値の安定性と同時に重要なことは，金融制度の安定性である。この問題は「資本主義の不安定性」と密接に関連している。「資本主義経済」は，一方では，シュンペーターが述べたように，イノヴェーション（革新）を通じて経済発展をもたらすシステムとして優れているが（Schumpeter [1926] Ch. 2），他方，不安定性という弱点を持っている。その最大の要因は，ケインズが指摘した「投資の不安定性」にある。「投資規模」の決定は「予想収益」に依存するが，「予想収益を推定する際に依拠しなければならない知識」は「極端にあてにならない」。「我々の積極的な（投資）活動の大部分は，数学的期待値に依存するよりもむしろ，自生的楽観に依存しているという人間本性の特徴に基づく不安定性が存在する」。そして，「我々は通常暗黙のうちに一致して」，「一種の慣行（convention）」すなわち「多数の無知な個人の群集心理の産物として作り上げられた慣行的な評価」に「頼っている」のである（Keynes [1936] Ch. 12）[6]。

　このように，投資は「群集心理の産物」に依存せざるをえないのであるから，ケインズが美人投票の例を挙げたように，「自生的な楽観」が自己増殖して過剰投資とバブル的な投機を生み出し，「突然の意見の動揺が起こると」，「慣行的な評価は激しい変動にさらされ」，バブル経済が崩壊する。バブル期の過剰投資とバブル崩壊後の過少投資が経済の不安定化をもたらす。この「投資の不安定性」は「金融不安定性」と密接に結び付いている。バブル期の過剰投資が負債に依存して行われるからである。バブルがはじけると負債に依存した過剰投資は破綻する。利潤の減退，資産価値の下落により「負債デフレーション」が起こり，負債の返済が困難となる。銀行の不良債権が増加し，銀行は倒産の危機に直面する[7]。

　この「金融不安定性」は「貨幣の不安定性」と関連する。金融経済の発展に伴い，銀行の信用創造によって生み出される信用貨幣が主要な貨幣形態となっているからである。したがって，銀行の倒産は「貨幣の安定性」を損なうことになる。第1に，銀行預金は企業間取引の決済通貨として使われているので，

1つの銀行の倒産は決済システムの混乱をもたらし，他の銀行や企業の倒産に波及する恐れがある（これは通常「システミック・リスク」と呼ばれる）。第2に，銀行の倒産はその銀行に預金を預けていた顧客に損失をもたらす。預金者の健全な銀行と不健全な銀行を識別する能力には限界があるので，倒産を怖れる預金者の取付けは不健全な銀行だけでなく，健全な銀行にも波及する恐れがある。

このように，銀行の倒産は単なる一企業の倒産とは異なり，「資本主義経済」を不安定にする恐れがある。そこで，こうした危険から金融市場を守るため，2種類の制度が形成されてきた。第1が，中央銀行の「最後の貸し手」機能であり，第2が，預金保険機構である[8]。中央銀行は緊急時に資金を市場に供給することによって，決済システムの混乱が拡大するのを防ぐ働きをする。これに対して，預金保険機構は，銀行が受け入れている預金に保険をかけることによって，倒産時に預金が一定限度額保護される仕組みである。この預金保険の機能は，当初，保険金の支払いに限定されていたが，その後，破綻金融機関を合併や営業譲受によって救済する金融機関に対する資金援助も加わり，限度額以上の預金も保護する道が開けた。前者の保険金支払いは「ペイ・オフ方式」と呼ばれ，後者の救済方法は「P&A方式」と呼ばれる。

3 雇用とルール

「資本主義経済」を支える第3の「制度」は，雇用に関するルールである。その理由は「労働市場」の特殊性にある。「労働力」は資本が直接生産できない特殊な商品である。労働力の再生産は家族や共同体に依存せざるをえない。この「労働力商品の特殊性」は，労働力需要の拡大に労働力の供給が追いつかない場合には，賃金の高騰により利潤の圧迫を生み出し恐慌や不況の原因となる[9]。逆に，恐慌の発生により失業が急増した場合には，失業者は家族や共同体によって生存を保障されなければならない。したがって，「資本主義経済」は「労働力の再生産」という中枢部分を「社会」に依存していると言えよう。

「資本主義」は「社会」に依存しているのであるから，「資本主義」による「社会」の解体作用に対しては「社会」の自己防衛作用が働いて「制度」が形成される。その良い例が，19世紀中葉にイギリスで成立した「工場法」で

あった[10]。

　当時イギリスでは産業革命が進行した結果，劣悪な労働条件で女性や児童を酷使することが一般化していた。炭坑や鉄鉱山で，8歳以上の児童が，ときには4～7歳の児童が，毎日12時間も坑道の中で働かされていた。個々の工場主にとって，低賃金労働者を長時間働かせることは利潤を得るための当然の行為であった。しかし，衛生状態の良くない所で長時間働かされることは，子供や女性の健康と風紀に悪影響をもたらす。子供は将来の青年労働力であり，女性は「労働力」そのものを生み育てる存在である。したがって，もしも，子供と女性の健康と風紀が全体として損なわれることにでもなれば，健全な社会の維持が困難となり，「労働力」の再生産自体が危機に直面する。

　つまり，個々の工場主による私的利益の追求が，健全な社会の存続を脅かす恐れがあったのである。これが，ポランニーの指摘する，「市場」原理の「社会」解体作用である（Polanyi [1957]）。だが，健全な社会の存続が脅かされれば，「市場」経済も生き延びることはできない。そこで，「市場」原理の解体作用に対して，「社会」の自己防衛本能が働くことになる。児童と女性の労働時間を規制する法律の制定を求める広範な社会運動が巻き起こったのである。この社会運動には，政治家，社会運動家，宗教者，医師を含むヒューマニスト，労働者だけでなく，軍事的な観点から国民の体位低下を憂慮する一部の為政者，「開明的工場主」など幅広い社会層が参加した。その結果，児童と女性の労働時間を制限し（47年法では10時間に制限），衛生・教育面で雇い主の義務を定めた法律が制定された。

　こうして成立した工場法は，児童や女性を劣悪な労働条件で長時間働かせていた工場主の利益追求行動を制約することになったが，資本主義はこの「規制」に十分対応することができた。労働時間の延長ではなく，合理化による労働生産性の上昇を通じて利潤の増進を図ったのである。したがって，「市場経済」から「社会」を守ろうとして形成された「ルール」は，「非開明的」工場主の短期的利益追求を阻害したが，資本主義の長期的発展にはむしろ貢献したと言える。

　このように，適切な「ルール」や「規制」を欠いた「労働市場」は，我々が住む社会を不安定にする恐れがある。このことは，「市場」が常に「フェア」

であるとは限らないという問題と関連している。「労働市場」における自由な経済主体同士の売買関係は，形式的には対等のように見えるけれども，実質的には対等なのだろうか？　雇い主と労働者の雇用契約関係を例にとって考えてみよう。

　雇い主である企業Aが1万人の従業員を雇用している場合，Aは労働者Bを雇用せず代わりの労働者を見つけられなくても，1万分の1の労働力を失うにすぎない。これに対して，労働者BはAに雇用されず他の雇い主を見つけることができなければ仕事の100％を失うことになる。したがって，両者の権利は「実質的には」対等であるとは言えない。労働者が一個人として雇い主と雇用契約に関する交渉を行うとすれば，交渉力は圧倒的に労働者側が不利である。では，この交渉力の差はいったいどこから来るのであろうか？　この差の原因は，保有する「私有財産」の相違にある。Aは莫大な資金や工場設備を保有しているが，Aは自分の労働力以外に保有するものはない。したがって，Bが特別な能力を持っている場合，あるいは労働力が極端に不足している場合を除いて，「労働力」の買い手であるAの交渉力が圧倒的な優位に立っているのである[11]。

　そこで，議会制民主主義の発展（選挙権の拡大）に伴い両者の関係をより対等なものに近づけようとする制度の形成が試みられてきた。イギリス「工場法」の例では，児童・女性労働力市場は完全な「買い手」優位の市場で，児童・女性労働者の労働条件悪化を防ぐことは，市場原理に任せている限り困難であった。この「実質的」不公正を是正し，立場が弱い「児童・女性」労働者の権利を守ろうとしたのが「工場法」の制定であった（日本でこの種の「工場法」が制定されたのは1911年であった）。

　だが，成年男子を含む労働者一般の権利を守ろうとする制度が本格的に出来上がってくるのは，19世紀末以降とりわけ20世紀に入ってからであったが，その基本的なコンセプトは次のようなものであった。「労働者個人の交渉力は雇い主に対して著しく劣っているので，労働者が団結し団体交渉を行う権利を認めることによって交渉力の格差を是正することが望ましい」。このような考え方に基づき，労働者の団結権や団体交渉権を認める労働法規が世界各国で制定されていった。アメリカを例に採ると，大恐慌直後の1930年代に一連のニュー

ディール労働立法が制定され，労働者の団結権，団体交渉権が確立され（1935年全国労働関係法，通称ワグナー法），労働時間など労働条件の保護が規定された（1938年公正労働基準法）[12]。わが国でも，第2次大戦直後のアメリカ占領軍統治下に労働三法（労働基準法，労働組合法，労働関係調整法）が制定され，労働者の団結権，争議権が保証されると共に，労働時間など労働条件の保護が規定された。

このような実質的交渉力の弱い労働者の権利を守るための法制度は，労働組合が経営者と団体交渉を行うことを可能にした。

4　雇用と組織

「労働力商品の特殊性」のもうひとつの側面は，生産過程において主体性を持つ労働者の労働力を十分に引き出すことの困難である。労働者はロボットとは異なり主体性を持った人格であるので，資本家の思い通りに働かせるためには「監視」が必要になる。マルクスは機械制大工業の成立により熟練労働が解体され，複雑労働が単純化するので労働力の「実質的包摂」が可能になると『資本論』において論じた。人間は機械の奴隷となり，主体性が剥奪されると考えたのである。だが，現実には産業革命後も熟練労働への依存はなくならなかった[13]。逆に，19世紀後半以降の重化学工業の発達は半熟練労働の重要性を高めていったのである。

この「労働力の実質的包摂」の困難に対する方策としては，出来高賃金のようなインセンティブ機構が考えられる。労働者の経済的動機に訴えかけて自主的に働くことを促そうという方法である。より洗練されたインセンティブ機構としては，労働者をスポット市場で日雇いのように購入するのではなく，企業の中に取り込むという方法が有力である。独特の技術や「現場の知識」が労働者に蓄積され，これらの技術や知識が生産過程において必要不可欠な場合には，労働者を長期雇用することが必要となる。その場合，昇進や賃金の上昇，仲間と一緒に働く喜びなどといったより広範なインセンティブが，労働者の主体的な労働力発現を促すことを可能にする。

この労働者の企業への取込みは，「フォード主義」の考え方と結び付いて，第2次大戦後の資本主義経済に定着した。前述の労働諸立法の成立を前提にし

て，第2次大戦後，アメリカや日本など先進資本主義諸国では経営者と労働組合の間で団体交渉が定期的に行われ，両者間の妥協と協調が実現した。労働組合は経営者の経営方針に従う見返りとして，生産性上昇に見合う実質賃金の引上げ，雇用保障，付加給付などの成果を獲得した。他方，企業経営者は労働組合の協力の下に生産性上昇に成功し，賃上げを可能にする付加価値の増加を実現したのである。

その結果，労働者の生活水準は持続的に向上し，「豊かな大衆消費社会」の形成に貢献したのである。日本では，労使協調に基づく雇用慣行（暗黙のルール）――「終身雇用制」と呼ばれた長期雇用慣行や「年功序列型賃金体系」など――が形成され，高度成長を支える重要な要因となった。

第3節 「資本主義経済の進化」と「制度進化」の跛行性

前節では，「資本主義経済」を支える「諸制度」として次の3つが重要であることを述べた。①私有財産制度，②通貨・金融制度，③労使関係に関わる諸制度。そこで，次に「資本主義経済」と「諸制度」の共存関係についてより具体的に考察してみよう[14]。取り上げるのは次の3つの時期である。(1)両者の共存関係が存在しなかった大恐慌期，(2)共存関係が存在した「黄金時代」(1950・60年代)，(3)共存関係が不安定化した1970年代以降。考察の対象はアメリカを中心とする。その理由は次の2つである。第1に，20世紀の資本主義世界の中心はアメリカであったし，現在もそうである。第2の理由は，筆者の専門が20世紀のアメリカ経済であるという現実的なものである。

1 「資本主義経済の進化」に対する「制度進化」の立ち後れ（大恐慌の原因）

「資本主義経済の進化」に対して「制度の進化」が立ち後れることによって，順調な資本蓄積が阻害されるということが起こる。その典型的な例が「世界大恐慌」であった。そこで，大恐慌の原因を，資本主義経済と制度の齟齬という観点から見てみることにしよう。

（1）再建国際金本位制の不安定性

第1次世界大戦を経て「資本主義経済」の世界編成は劇的に変化した。「資

本主義経済」の中心が，産業的にも金融的にもイギリスからアメリカに移ったのである。にもかかわらず，国際通貨制度は旧制度の部分的修正にとどまった。かつての基軸通貨ポンドを中心とする国際金本位制が1920年代に再建されたのである。しかも，脆弱化した基軸通貨ポンドと強くなった通貨ドルとの交換レートはかつての古いレートが採用された。このため，基軸通貨ポンドは常に外国為替市場で下落圧力を受けることになった。この弱体化した基軸通貨ポンドを支えていたのが，ドイツやフランスの金為替本位制採用と，アメリカを中心とする国際金融協力であった。ドイツとイギリスは金準備の代わりに金と交換性のあるポンド（金為替）を自国通貨の準備に採用し，ポンド預金を金に交換して引き出すことを自制していた。アメリカは，ポンド危機が起こると金融緩和を行い，ニューヨークの金利をロンドンの金利よりも低く保つことによってポンドの下落を阻止することに協力した。

　しかし，この国際金融協力も1928年以降になるとうまく機能しなくなる。27年秋のポンド危機に対処するためのアメリカの金融緩和政策が，ニューヨーク株式ブームを刺激したからである。ニューヨークの株式ブームは資金をロンドンから引き付け，ポンドへの下方圧力を加えることになった。株式ブームを抑制するためのアメリカの金融引締め政策は，ニューヨーク金融市場の金利上昇を導き，アメリカの資本輸出を減退させ，ニューヨークへの資金吸収を促進する結果となった。こうして，ニューヨーク株式ブームが再建国際金本位制の攪乱要因となったのである。

　この株式ブームが崩壊しても事態は良くなるどころか悪化の一途をたどった。株式ブームの崩壊がアメリカで激しい不況を引き起こしたからである。不況のため，資本輸出の減退に加えて財輸入額が急激に減退したので，アメリカの対外ドル供給は急速に先細りしていくことになった。その結果，再建国際金本位制は周辺部から瓦解し始め，31年にはオーストリア，ドイツに続いて，基軸通貨国イギリスも金本位制停止に追い込まれていく。

　以上のように，アメリカの株式ブームとその崩壊が再建金本位制の瓦解を導いたのであるが，この再建金本位制の崩壊が今度はアメリカへ反作用をもたらすことになる。31年秋の基軸通貨国イギリスの金本位制離脱には追随する国々が多数に上ったため，アメリカも追随するのではないかという懸念が広がり，

金の取付けがアメリカにも波及したのである。このとき，アメリカは第2次銀行恐慌のまっただ中であった。アメリカの通貨当局は，次の2つの選択肢のうちどちらを選ぶのかという岐路に立たされた。金融引締め政策を実施して金本位制を守るか，それともイギリスに追随して金本位制を離脱するか。結局，アメリカの通貨当局は前者の選択肢を選んだ。幸か不幸か，アメリカの国際収支はイギリスとは異なり堅調であったので，金融引締めを実施し金本位制を守る姿勢を示せば金本位制を維持することが出来たのである。しかし，この金融引締めがアメリカの不況を悪化させる原因となった。この金融引締めが行われた31年秋を境に，アメリカの不況は大恐慌へと深化していったのである。

これまで見てきたように，「資本主義経済」の新しい世界編成（イギリスの衰退とアメリカの台頭）と旧い国際通貨制度（国際金本位制）への固執との矛盾が，世界大恐慌とアメリカの大恐慌の主要な原因のひとつであった。「資本主義経済の進化」に対して，慣性を持つが故に「制度の進化」は立ち遅れがちとなるのである[15]。

(2) アメリカ金融制度の不安定性

再建国際金本位制の弱点のひとつは，アメリカの金融制度がイギリスの金融制度とは異なる不安定性を抱えていたことにある。そこで，次にアメリカ金融制度の問題点について検討してみよう。

①アメリカ金融制度の特殊性

イギリス「工場法」形成過程が良い例であるが，諸制度の形成過程においては，新古典派経済学が想定する利己的で合理的な経済人とは異なる，利己的動機のみでは行動しない諸集団が重要な役割を果たす[16]。アメリカ金融制度の形成に関してもほぼ同様のことが言える。

マーク・ローは，アメリカ金融制度の形成過程において「利己的な経済的利害関係とイデオロギーとの間の相互作用」に着目する。アメリカにおける重要なイデオロギーは「ポピュリズム」であった。これは「大規模機関と中央集権化した経済力は，たとえそれが生産的であったとしても，本来望ましくないことであり，縮小させるべきである」という広く定着した社会的規範のことを指す。この考え方は進歩主義とも共通点を持つが，これらのイデオロギーは「財

産と力が広範に分散している農村社会という条件のもとで，ずっと以前から長い時間をかけて形づくられてきた」ものであった[17]。

　この「ポピュリズム」は，シャーマン反トラスト法制定の主要な推進力であったが，連邦主義と結び付いて金融機関分散化の原動力となった。このイデオロギーは，政治力を持つ特定の利益集団——小さな町の銀行家（small-town bankers）——と結び付くことによって，イギリスやドイツで進行した銀行合同運動による支店銀行制度の発達を阻害したのである[18]。それと同時に，このイデオロギーと利益集団の結び付きは，中央銀行の形成をも阻害した[19]。このため，1914年に連邦準備制度が成立するまでアメリカでは「最後の貸し手」機能を担う中央銀行が存在しなかったのである。

　しかし，民間の金融機関が自生的に「最後の貸し手」機能を担うようになった事例がなかったわけではない。本書第2章（大森拓磨稿）で論じられている19世紀前半のボストン・サフォーク・システムが良い例である。だが，ハイエクなどのフリーバンキング論者の主張とは異なり，民間の自生的秩序が金融システムの安定を保証できるわけではない。ボストン・サフォーク銀行の場合でも，利害対立の発生により最後は崩壊せざるをえなかったのである[20]。

②連邦準備制度設立の意義と限界

　本書第3章で論じられている1907年恐慌の際にも，民間の自生的な「最後の貸し手」が存在しなかったわけではない。金融恐慌発生時にJ. P. モルガンが中心になって発行した手形交換所貸付証券は，緊急事の流動性不足を緩和する役割を果たした。また，財務省も銀行へ預託している公金の量を操作することによって金融市場の安定化を図る役割を果たすことがあった。しかし，これらの中央銀行の代替物の役割にはおのずと限界があった。

　当時のアメリカ金融制度の弱点は次の2つであったと考えられる。第1に，中央銀行が存在しないため，秋の農産物収穫期に発生する季節的な流動性不足を緩和することが困難であった[21]。第2に，分散的な銀行制度の下で地方の独立小銀行の一線準備や二線準備はコルレス銀行システムを通じて中央都市（ニューヨーク，シカゴ）銀行に集中し，証券取引所のブローカーへの貸付に運用されていた。このため，秋には地方銀行が資金を中央都市銀行から引き揚げるので，ブローカーへの貸付金利が急騰した。この中央都市銀行の資金不足を補ってい

たのがロンドンから利ざやを求めて流入する短期資金であったが，イングランド銀行が金流出による金準備減少を食い止めるために引締め政策を実施すると，ロンドンへこれらの短期資金が環流し，ニューヨークの資金不足が一挙に露呈するのであった[22]。

　こうしたアメリカ金融制度の不安定性を是正するために1914年に連邦準備制度が設立され，金融制度の安定化が図られた。第1に，ニューヨークへの銀行準備集中を防ぐために，銀行準備を各連邦準備銀行の預金として吸収し，地域間の小切手取立・決済も連邦準備システムを通じて行えるようにした。第2に，証券取引所ブローカーへの貸付に代わる銀行準備の運用先として手形割引市場を創設する。これら2つの改革の骨子は，言い換えれば，アメリカに比べて安定的なイギリスの金融制度をアメリカに導入しようというものであった。しかし，政治的社会的風土の異なるアメリカにイギリスの金融制度を持ち込むことには困難が伴った。現実の政治的社会的歴史的状況の中で，イギリス型の金融制度はアメリカ的な修正を余儀なくされていく。その結果，上記の2つの骨子からなる金融制度改革の成功は限定的なものにとどまった。

　第1に，単一の中央銀行ではなく12の自律性を持つ連邦準備銀行が設立され，ワシントンに置かれた連邦準備局の調整能力には限界が画されていた。そして，アメリカ的な二元制度の下で，国法銀行は連邦準備制度への加盟を義務付けられたが，州法銀行の加盟は任意であった。このため，非加盟州法銀行の法定準備は依然として都市銀行にコルレス預金として預託され続けた。加盟銀行の法定準備は連邦準備銀行に預金されるようになったが，二線準備はやはりコルレス銀行システムを通じて中央都市銀行に集まり続けた。

　第2に，証券取引所ブローカーへの貸付に代わる二線準備の運用先として期待された銀行引受手形（BA）市場の育成も成功しなかった。BAの振出を奨励するために連邦準備銀行が低金利でBAを購入したため，資金の運用先としては魅力に欠けたからであった。BAの保有は半分以上が連邦準備銀行というような状態になったのである。

　第3に，公定歩合がイングランド銀行の場合には「罰則レート」であったが，連邦準備銀行の場合には市場金利以下であった。このため，加盟銀行は連邦準備銀行からの借入に依存して貸付を行えば利ざやが得られるということになっ

た。モラルハザードの発生を防ぐには「連銀借入を避ける伝統」に期待するしかなかったのである。

　連邦準備制度設立の意義と限界をまとめてみよう。第1に，季節的な流動性不足という問題は解消された。農業地方の銀行は収穫期の流動性不足を連邦準備銀行から借り入れることによって解決することができたからである。しかし，第2に，銀行準備のコルレス銀行システムを通じた中央都市銀行への集中と証券取引所ブローカーズ・ローンへの運用という仕組みを変えることには成功しなかった。さらに，第3に，「適格手形」を「罰則金利」で割り引くというイングランド銀行の原則がアメリカの連邦準備制度の場合には緩和されてしまったため，加盟銀行の株式投機への関与を助長するという「モラルハザード」の問題も生じた[23]。

　以上のように，連邦準備制度の設立によってアメリカにも中央銀行制度が設立されたが，アメリカ金融制度の不安定性を克服することはできなかったのである。その結果，1929～33年にアメリカでは激しい金融恐慌が発生し，金融制度全体が崩壊の危機に直面したのである[24]。

（3）「経営者優位の労使関係」

　次に，資本蓄積と労使関係に関する制度との関係について考察することにしよう。第1次大戦を経て，アメリカの資本主義は鉄道・鉄鋼・石炭を中心とする産業構造から，自動車・石油・建築・公益事業などを中心とする産業構造に転換を遂げた。この新しい産業構造の下での資本蓄積は，自動車や住宅などの耐久財への大衆的な需要に依存する側面を持っていた。そこで，1920年代アメリカの「経営者優位の労使関係」は，「所得分配の不平等化」を通じて耐久消費財ブームの失速をもたらし，資本蓄積の制約条件となった。その「労使関係」にあり方について見ていくことにしよう。

①第1次大戦前の雇用のあり方

　アメリカにおける大戦前の労務管理のあり方は，次のようなものであった。俸給制の職長と賃金を受け取る熟練労働者が生産を取り仕切る責任を分担し，職長は生産活動遂行に関する決定権限を保有していた。労働者を雇い，賃金を支払い，監督する自由裁量が職長には与えられていた。企業主は職長に労働コストの切下げを期待し，職長は製品単位当たりコストを削減するため達成水準

を上げる努力を行った。その方法は「駆立て方式 (driving system)」と呼ばれた。この「駆立て方式」は失業の恐怖に依存していたのである[25]。

②戦争による変化

第1次大戦は，戦時の徴兵とヨーロッパからの移民途絶によって労働市場の逼迫を生み出した。「失業の恐怖」の消失は「駆立て方式」を浸食させていった。達成基準と職場規律が損なわれ，欠勤と遅刻が急増し，労働生産性が低下して労働不安が高まった。伝統的労務管理制度の崩壊に直面して，雇い主たちは「体系的な人事管理」に魅力的な代替物を発見した。「リベラルな労務政策」の必要性が認められていくようになった。こうして，人事部門を設置する企業が急増したのである。連邦政府も，軍需物資の間断のない生産と配給を維持するために，雇用条件の改善に努め，新しい人事管理方式の普及に貢献することになった (Jacoby [1985] Ch. 5)。

③1920年代の逆転

こうした傾向は1920年代に逆転する。戦時期の労働市場逼迫が解消され，合理化の進展により製造業部門の雇用吸収力は低下した。このため，労働市場は「売り手市場」から「買い手市場」に転換したのである。この転換は労働組合の交渉力低下の原因となった。雇い主たちは，人事管理プログラムを維持し拡大する動機を失っていった。「駆立て方式」へ復帰する企業も現れた。20年代を通じて人事部の重要性は低下していった[26]。こうした「経営者優位の労使関係」は，一方では，労働分配率の低下を通じて所得分配の不平等拡大を生み出し，耐久消費財ブーム失速の原因になるとともに，他方では，利潤分配率の上昇により株式ブーム発生の要因ともなったのである[27]。

（4）自由放任主義

最後に，当時の法制度と社会理念について見てみよう。19世紀末から20世紀初頭にかけて盛り上がりを見せた革新主義的な改革への欲求は，第1次大戦の終了後，急速に減退していった。1920年の大統領選挙で共和党のハーディングが「平常への復帰」（'return to normalcy'）をスローガンに掲げて勝利し，その後33年までクーリッジ，フーバーと，旧来の自由放任主義を基調とする保守的な共和党政権が続いた（田中 [1980] 297頁）。こうした保守的政権の下，裁判所の判決も労働運動と労働立法に制約を加えることになった[28]。労働立法を制約

する判決の根拠となった概念は「契約の自由」('liberty of contract')であった。このような裁判所の法的な判断が「経営者優位の労使関係」を支えていたと言えよう。また，自由放任主義という社会的な規範が，前述した「金本位制」への執着を生み出していたと考えることが出来る。

これまで見てきたように，大恐慌は，「資本主義経済の進化」すなわち，世界経済の中心の移動，産業構造の変化に対して，「制度の進化」すなわち，アメリカを中心とする国際通貨体制の確立，アメリカ金融制度の安定化，「労使妥協体制」の確立などが立ち後れたために起こったと考えられる。そこで次に，「資本主義経済の進化」に対応する「制度の進化」がどのように実現されたのかを検討してみよう。

2 「資本主義経済」と「制度」の共存（資本主義の黄金時代）

第2次大戦後に新しい「制度」が確立し，「資本主義経済」と「制度」の共存が「資本主義の黄金時代」を生み出すことになった。諸制度の確立について見ていくことにしよう。

（1）IMF・ドル体制の確立

①通貨管理の普及（1930年代）

1931年秋にイギリスは金本位制停止に追い込まれ，ポンドの為替相場は変動するようになった。下落したポンド相場の上昇を抑制するために，イギリスの通貨当局は為替平衡勘定（EEA）を創設し，為替相場のコントロールを行うようになった。アメリカも33年の春に銀行恐慌第3波の中で再度内外への金流出に見舞われ，金本位制を離脱した。その後，ドル相場の切下げ政策を実施した後，34年1月にドルの金に対する交換レートを大幅に切り下げて，アメリカは限定付きの「金為替本位制」に復帰した[29]。そして，アメリカも，ポンドのような金本位制離脱通貨に対するドルの為替相場が上昇しすぎないように，為替安定基金（ESF）を創設してドル相場のコントロールに乗り出した。

イギリスの金本位制離脱とその後のポンド相場の下落，アメリカのドル切下げの影響を受けて，フランスなど金本位制にとどまった「金ブロック諸国」は自国通貨の過大評価に苦しみ，金本位制離脱に追い込まれていく。そして，フ

ランスが金本位制を離脱した36年秋に英米仏3国で3国通貨協定という紳士協定が結ばれることになった。これは「24時間金本位制」とも呼ばれ，IMF体制の萌芽であると考えられるが，単なる紳士協定にすぎず，IMF体制のように制度化されたものではなかった。以上のように，1930年代には再建金本位制が崩壊し，これに代わる新しい国際通貨体制は形成されなかった。その代わりに，主要国が変動する外国為替市場に介入して自国通貨の為替相場をコントロールする通貨管理の手法が発達したのである。

②IMF設立と「ドル不足」問題

この30年代の否定的な経験，すなわち安定的な国際通貨制度の欠如の下で，世界貿易と国際投資活動が沈滞し，世界経済がブロック化で分断されていったことへの反省から，第2次大戦終結直前にIMF体制が設立された。これは，ドルを基軸通貨とする国際的な管理通貨制度であった。固定相場制は，国際金本位制のように金移動によって維持されるのではなく，IMF加盟諸国の為替市場への介入によって維持される仕組みであった。しかし，第2次大戦が終結して戦後復興が始まり，この仕組みが作動し始めると，IMF体制は重大な難問に直面することになった。それは，「ドル不足」問題であった。

ヨーロッパや日本など戦争で疲弊した国々は，戦後復興を実現するために，アメリカからの物資輸入が必要であった。輸入が増えれば自国通貨の対ドル相場が下落し，ドルを売って自国通貨を買い支える必要が生じる。そうなると外貨（ドル）準備は払底する。その結果，IMFへのドル借入需要が増加し，IMFの保有するドルが枯渇したため，ドルの借入要求には応じられなくなる事態が生じたのである。

こうした状況の中で，アメリカの国論が2つに割れて論争が行われた。第1のグループは，戦時中に行われていたヨーロッパへの資金援助を再開することを主張した。その理由は以下の2つであった。①歴史の教訓。すなわち，第1次大戦後，アメリカは戦時中のヨーロッパ連合国への貸付の返済を強く求めた。その結果，フランスやイギリスはアメリカへの借金返済のためドイツから賠償金を取り立てることになった。この賠償金取立てがドイツ経済の負担となり，ワイマール共和国の崩壊とナチス政権誕生の一因となった。したがって，アメリカがヨーロッパの戦後復興を援助しなかったことが第2次大戦勃発の遠因と

なったと考えられる。この過去の負の経験から学んで，今度はヨーロッパの戦後復興を援助することは必要であるということが主張されたのである。②30年代の大不況への逆戻りへ恐れ。アメリカ経済は30年代の大不況を戦時経済への突入によって克服した。戦争が終わって，軍需やヨーロッパへの輸出が減少すれば，再び大不況に逆戻りする恐れがある。この大不況への逆戻りを防ぐためには，ヨーロッパへの援助を継続して輸出を維持する必要がある。

これに対して，第2のグループは，戦時中の増税によって大きくなってしまった連邦財政の規模を，減税によって縮小することを主張した。これは，アメリカの伝統的な孤立主義と「小さな政府」という保守的規範に基づく考え方であり，第1次大戦後の「正常復帰」を支えた議論であった。以上のように，ヨーロッパへの援助をめぐり2つの議論が対立する状況の中で，前者の議論に有利な要因が47年頃に浮上してくる。それが冷戦の論理であった。

③冷戦の開始とIMF・ドル体制の確立

東ヨーロッパでは，ソ連の軍事的圧力の下で親ソ政権が次々と誕生し，中国大陸では予想に反して中国共産党が国民党を打ち破って政権を樹立する勢いを見せていた。そこで，アメリカのトルーマン大統領は47年に「トルーマン・ドクトリン」を発表して，「対ソ封込め政策」に踏み出していく。この，冷戦の論理に基づき，ヨーロッパに対する「マーシャル援助」や日本に対する賠償金取立ての緩和措置などが実施されていくのであった。さらに，朝鮮戦争などによるアメリカの「対外軍需支出」が日本など諸外国の貴重な外貨獲得要因となった。こうして，「対外軍事支出」と「対外援助」が，アメリカの主要な対外ドル供給のルートとなり，「ドル不足」問題は解決され，主要なヨーロッパ諸国と日本の戦後復興が実現されていったのである。

以上のように，国際的な管理通貨体制であるIMF・ドル体制は，「米ソ冷戦体制」と結び付くことによって初めて成立したと言えるであろう。

（2）アメリカ金融制度の安定化

①ニューディール期の金融制度改革

激しい金融恐慌の発生によってアメリカ金融制度の不安定性が露呈してしまったため，大恐慌直後の1933～35年に一連の金融制度改革が実施された。その内容は「規制と救済」の金融制度確立と定義することができる。第1に，証券市

場への資金流入および不動産貸付の規制が図られた。商業銀行業務と投資銀行業務が分離され，加盟銀行の要求払預金への利子支払い禁止を含む金利規制が決められた。連邦準備局は連邦準備制度理事会に改組され，権限が強化された。第2に，銀行恐慌の波及と拡大を防ぐために預金保険機構が設立された[30]。

この金融制度改革においても，アメリカ特有の「ポピュリズム」と利益集団（小さな町の銀行）の政治力が重要な役割を果たした。Wall Street 対 Main Street の対立において，後者が大恐慌直後という状況の中で大衆を味方に付けて政治的に勝利したのである。業際規制，金利規制，預金保険機構のすべてが小さな町の銀行家にとって有利であった（Roe [1994] pp. 94-97）。

②戦時経済の影響

ニューディール期の金融制度改革によって，アメリカの金融制度は大きな変貌を遂げることになった。商業銀行の資金運用先としては，証券取引所ブローカーへの貸付を中心とする証券担保貸付に代わって国債保有が増加し，中小企業へのターム・ローンや消費者金融への進出など業務の多角化が始まっていく。

こうした変化に戦時経済の影響が加わる。大量の赤字国債の発行・消化が，リスクのある民間債務を安全な国家債務に置き換え，民間部門の資産・負債比率を高めることによって，金融不安定性を低下させた。企業は保有する国債を売却するか，債務を増加させることによって資金調達が可能であった。銀行も保有する国債を売却して融資の拡大をすることができた。国債売却に伴う価格の下落リスクを逓減させていたのが連邦準備の国債管理（低金利）政策であった。

以上のように，ニューディール期の金融制度改革と戦時経済の遺産によって，アメリカの金融制度には安定化がもたらされたといえる。

(3) 労使妥協体制の確立

①大恐慌による変化

大恐慌直後の1933年に制定された全国産業復興法（NIRA）が変化の最初の第一歩であった。NIRA は購買力を高め失業を減らすために，各産業に最低賃金と最大労働時間の標準を設定するように求めた。また，この法律は労働者の組合活動を保護する条項を含んでいた[31]。1933年以降に労働組合の組織化とストライキは急増していった（Jacoby [1985] 訳 265頁）。ストライキの急増に対応

するために，ローズベルト大統領は33年8月に，労働争議を取り扱う機関である全国労働委員会（NLD）を任命した。この委員会は，34年7月に，もう少し大きな権限を持つ全国労働関係委員会（NLRB）に置き換えられた（馬場［1979］349-350頁）。

こうした状況の急変に対応して，人事部を持つ企業が33～35年に急増した。経営者たちは，労働者の苦情を減らす人事政策の採用によって，組合組織化の衝動を抑止できると考えたのである。NLRBの圧力の下で，会社組合は次第に独立組合に似たものになったが，従業員代表制は団体交渉の方法として限界があった。

政府と労働組合の圧力によって大きな変化が起こっていたが，NIRAの下で制度化された諸改革は，産業の進歩的少数派を越えて波及することはなかった。しかし，1935年にワグナー法（全国労働関係法）が制定されると状況は大きく変化した。36～39年に500万人近い労働者が労働組合に参加し，40年に組織率は製造業部門で3分の1に達した。ワグナー法成立と共に，雇い主たちは断固たる反抗に乗り出した。しかし，ローズベルトが再選され，37年にワグナー法の合憲判決が最高裁でなされ，彼らの闘いは敗北する。こうした労働組合に有利な状況の下で，労働組合は職務保障（先任権，レイオフ，賃金・雇用の保障プラン，昇進制）を獲得していく（Jacoby［1985］訳283-293頁）。以上のように，アメリカの労使関係は，「経営者優位」から「労組優位」へと転換しつつあったと言えよう。

こうした「労組優位の労使関係」の下で，36～37年には労働争議が拡大し，賃上げが実現されていく（馬場［1979］）。その結果，20年代に低下した労働分配率は上昇し，所得分配も平等化の方向に転じたが，企業経営者は賃金コストの上昇を価格に転嫁することができなかったので，経営者の「ビジネス・コンフィデンス」が損なわれることになった。連邦政府がコスト上昇を価格に転嫁することを許さなかったからである。この「ビジネス・コンフィデンス」の喪失は，財政赤字の削減，金融引締めと共に，37年の景気後退の要因となった。連邦政府・労働組合と大企業経営者の対立のため，賃上げによる購買力の増加が景気の拡大を導くという仕組みはうまく機能しなかったと言える（柴田［1996］第5章）。

②第2次大戦のインパクト

　大戦の勃発は，労使関係変容のもうひとつの契機となった。戦時期に労働組合，経営者，連邦政府という3者の間に妥協が成立したのである。その原動力は，労働組合と政府規制の継続的発展であり，希少な労働力を確保しようという新しい必要性であった。労働組合は戦時下に500万人の労働者を組織化し，45年までに製造業部門の組織率は3分の2に跳ね上がった。この要因は2つあった。第1に，41年以降，国防生産の利益が増え始めるにつれて，ストライキに対して雇い主が抵抗を続ける費用が上昇した。第2に，戦時のストライキを避けるため，政府がますます強力に団体交渉を支持し始めた[32]。42年に設置された全国戦時労働委員会（NWLB）は，雇い主たちに労働組合と交渉するよう，組合員保障を認めるように強いた。また，NWLBの賃金安定化規則の下で，実質賃金の維持が実現され，フリンジ・ベネフィット（付加給付）の拡大も行われた。

　労働市場に対する政府の影響力は団体交渉にとどまらなかった。政府の介入は，産業全般にわたり標準化された雇用条件をもたらし，政府は大企業と組合によって設定された人事慣行に承認を与えた。募集と採用は集権化され標準化された。労働力不足に対処するため，戦時下の産業は大規模な訓練プログラムに着手し，職務の単純化が進み，内部昇進制も確立していく。労働組合は，新しく得た交渉力を背景に，戦時下の内部昇進制の普及を加速した[33]。

③戦後「労使妥協体制」の確立

　戦時「労使妥協体制」は，戦後の再転換期に新しい労使妥協体制に組み替えられ，戦後の伝統的労使関係として定着した。①40年代後半の冷戦体制形成期に，1935年のワグナー法が47年のタフト・ハートレー法により一部改正され，労働組合の組織化と直接行動が制限されることになった。②アメリカの産別組合の大部分は，46年のGM-UAW協約に追随して広範な「経営権」条項に同意し，企業の労務管理戦略に協力する方針を採用した。③その見返りに，企業経営者側は実質賃金の上昇，雇用保障，労働条件の改善を約束した[34]。

　このような労使妥協体制の下で，労賃引上げによるコスト上昇は生産性の上昇によって吸収するか，製品価格へ転嫁することが可能となった。その結果，一方では，実質賃金の上昇による有効需要の拡大が実現され，他方では賃金コ

ストの上昇による供給条件の悪化が防止された。第2次大戦後の「労使妥協体制」の確立により，耐久消費財産業を中心とする新しい産業構造の下で安定的な資本蓄積を可能にする枠組みが成立したのである。

（4）自由放任主義の終焉

大恐慌の発生以降，自由放任主義の理念は影響力を急速に失うことになった。代わって台頭したのが，「国家による管理」という考え方であった。この理念は，かつての「革新主義」の復活であると見なすことも出来る[35]。だが，大恐慌の経験が新しい要素を付け加えていた。「経済の成熟」すなわち「経済の拡張時代は終末に達した」という認識である[36]。この「国家による管理」という理念は，第1次ニューディール，とりわけ1933年に誕生した全国産業復興法（NIRA）に体現されていた。しかし，この立法は様々な利害の混合物にすぎなかった。実業界からは，「産業における自治」や「実業界と政府との協同的計画」という構想の下で，反トラスト法停止を中心に，企業の組織化，労働者福祉，経済計画を含む再建案が提示され，組織労働者の側からは，労働組合強化を通じた生産と消費の均衡，週30時間労働制，団体交渉の保障による産業安定化などが提案され，リベラル派は創造的国家計画を提起した[37]。

この「利害の混合物」は，利害の対立の表面化により解体に向かった。実業界は価格の引上げによる利潤の確保を求めていたが，労働側と消費者連盟は実質賃金と購買力を切り下げる独占価格の引上げには反対であった。33年秋には物価引上げによる景気回復路線が行き詰まると，NIRAに基づくNRA（全国復興局）への熱気が冷め始め，34年には利害対立による行き詰まりが明確化し，35年5月の連邦最高裁によるNIRAに対する違憲判決を受けて，NRAは景気回復にも「産業の組織化」にも失敗して解体された[38]。このNRAの消滅は，「合理的な国家計画」に基づく経済と産業の「組織化」と「管理」という考え方の後退をもたらした。

それに代わって35年以降，とりわけ第2次ニューディールにおいて浮上した理念が「競争社会の復活」であった。その方法は「政府の権力」を「競争社会」推進のために使用することである。具体的には，課税権の積極的な行使を含む集中と価格硬直性への多元的な攻撃，強力な反トラスト行動，協同組合の奨励などであった。この「競争社会復活」という理念に加えて，経済を活気づけ，

拡張するために,「財政的人工呼吸器」を使用するという考え方も登場してくる。財政政策, 金融政策, 社会保険などによって「富の再分配」を行い, 国全体の購買力を高めることが目指されたのである[39]。

このように, 第1次ニューディールの理念が「国家の一元的計画」に基づく「管理された経済」あるいは「制御された経済」であったのに対して, 第2次ニューディールの理念は「多元的」で「現実的な」「混合経済」あるいは「補正された経済」であった。戦時期を経て反独占という性格は後退したが, この第2次ニューディールの「混合経済」という理念は, 第2次大戦後のアメリカ経済に受け継がれていった。「福祉国家」によって「富の再分配」と「購買力の拡大」が行われ, 経済の安定化が図られたのである。

3 「資本主義経済の進化」と「制度の進化」による社会の不安定化（黄金時代の終焉）

しかし, 1960年代後半になると「資本主義経済」と「制度」との関係は不安定なものに変化し始める。以下, 4つの制度に即して検討してみよう。

(1) IMF・ドル体制の崩壊

① 「ドル危機」の発生と固定相場制の終焉

アメリカの公的な対外ドル供給が戦後の「ドル不足」問題を解決し, 西ヨーロッパや日本などの戦後復興を支えたのであるが, これら諸国の戦後復興が軌道に乗り始めると, 逆に「ドル過剰」問題が浮上することになった。アメリカの国際収支は1950～57年には流動性ベースで早くも小幅の赤字（年平均で13億ドル）を記録していたが, この赤字幅が58～60年には3倍近くに拡大し（年平均37億ドル）, ドル危機が発生した。国際収支が悪化したのは, ①EEC成立に伴う対ヨーロッパ直接投資の拡大と, ②貿易収支の黒字縮小, があったにもかかわらず, ③巨額の「対外軍事支出・政府贈与」が継続したからである。

このアメリカの国際収支悪化は, 1960年代前半（1961～66年）には, ①貿易収支の改善と, ②貿易外収支の黒字拡大, によって一時的に食い止められたが, 1960年代後半（67～70年）になると再び深刻化し, ドル危機が再燃した。その最大の原因は, 言うまでもなく, ジョンソン政権の「大砲もバターも」政策であった。①国防費・社会福祉支出を中心とする連邦財政赤字支出拡大に伴い,

景気過熱・物価上昇が起こり，貿易収支の黒字は60年代前半の3分の1近くに縮小した。②ヴェトナム戦争の激化に伴い「対外軍事支出・政府贈与」が拡大した。その結果，国際収支赤字の年平均額は60年代前半の1.7倍に拡大し，ドルの信認が低下し，「金選好」が高まった。60年秋に続いて67年秋に再び空前の金投機が起こり，68年春に金の二重価格制の許容と共にアメリカの対外金交換性は事実上停止された。そして，71年8月に金交換性は法的にも停止され，71年12月のスミソニアン協定による為替相場調整を経て，73年春に固定相場制は最終的に終焉を迎えたのである。

　以上のように，ドイツや日本などが戦後復興に成功し，国際競争力を急速に高めるようになり，アメリカの貿易収支の黒字が縮小・消失・赤字化し始めると，アメリカによる公的な対外ドル散布の継続は「ドル」過剰を生み出すことになる。基軸通貨国の特権ゆえに，「ドル過剰」による「ドル危機」がアメリカに引締め圧力をかけることはなかった。むしろ逆に，他国のドル買い支えを通じてアメリカのインフレが諸外国に輸出され，国際的な過剰流動性が生み出され，固定相場制の終焉がもたらされたのであった。

　②変動相場制への移行とアメリカの債務国化

　変動相場制への移行も国際収支の不均衡を是正することは出来なかった。そして，基軸通貨国アメリカの役割は，75年以降，とりわけ80年代に大きく変質する。アメリカは財政赤字の拡大に伴う貿易赤字の拡大（国際的なスペンディング）により国際的に有効需要を創出し，日本やドイツなど諸外国の景気回復やアジアNIES諸国の経済発展を助ける役割を果たしたが，経常収支赤字のファイナンスを外国資本の流入に依存したため，世界最大の債権国から世界最大の債務国に一挙に転落することになった。この大転換は，第1次世界大戦によって純債務国から世界最大の純債権国に転換して以来の，実に70年ぶりの急激な変化であった。

　アメリカの純債務国化は，投資収益収支の悪化を通じてアメリカの経常収支悪化要因となる。流入する外国資本が連邦財政赤字のファイナンスに吸収され，投資の拡大により将来の貿易収支改善要因とならない限り，巨額の貿易・経常収支の赤字を資本輸入によってファイナンスし続けることは難しい。双子の赤字拡大と国際投資ポジションの悪化を放置するならば，ドル高への信頼が低下

して外国資本の流出が起こり，ドル暴落・金利急騰・インフレ急進が発生する恐れがある。これが，S. マリスが懸念した「ハード・ランディング・シナリオ」であった（Marris［1985］）。

この危機に対処するため，1985年秋の「プラザ合意」に基づき「ドル安誘導」政策が実施されたが，アメリカの貿易収支・経常収支に改善の兆候が見られなかった。86年には低下傾向にあった原油価格が87年に入ると反騰し，インフレ率が再び上昇し始め，ドル下落とインフレ高進の悪循環の恐れが生じた。そこで，1987年2月にパリのルーブルで開催された先進国蔵相会議（G7）において，プラザ合意とは逆にドル価値安定化のための政策協調が合意された。

この政策協調によりドル安定への信頼が回復し，87年夏まではドルの為替レートは安定していた。だが，アメリカの貿易収支・経常収支に改善の兆しが一向に見られず，政府と議会の対立により連邦財政赤字削減の見通しも立たず，西ドイツ連銀がインフレ抑制の立場からドル安定を支援する金融緩和には消極的姿勢を表明したため，87年秋にドルは再び下落した。

そこで，FRBが再び金融の引締めを実施したため，金利が上昇し債券価格が下落し，10月19日（月）には株価の暴落が起こった。この時点でアメリカは，株価暴落・債券価格下落（金利高騰）・ドル暴落というトリプル安の危機に直面していた。株価暴落・債券価格下落に対して，FRBは「最後の貸し手」として公開市場操作により増大する流動性需要に無制限に応じて金融市場を緩和した。ドル暴落の危機に対しては，主要国通貨当局が外国為替市場においてドル買い介入を実施した。こうした一連の対策により，株価暴落・債券価格下落・ドル暴落の危機が国際金融恐慌に発展することは未然に防がれたのである。

以上のように，主要国通貨当局によるドル買い介入および政策協調に支えられて，ドル暴落と国際金融恐慌の発生は防止されたのである。しかし，その副作用として，国際金融協力はドル買い介入を行った国々，とりわけ日本において金融投機を引き起こす原因となったのである（柴田［1996］第6章）。

③「双子の赤字」問題の再燃とドル下落の脅威

90年代に入ると，「冷戦の終焉」に伴う「平和の配当」の効果もあって連邦財政赤字は縮小に向かい，90年代末の株式ブームを伴う好況による税収の増加により，98会計年度にはほぼ30年ぶりに黒字に転じた。しかし，経常収支の赤

字は2000年には対GDP比で4.2％に達し，80年代のピークを越えた。黒字化した連邦財政収支も，2001年不況による税収減，減税，対イラク戦争による国防費の増大などにより，2002会計年度には再び赤字に逆戻りし，2004会計年度には赤字が対GDP比で3.6％に達し，80年代のピークに接近しつつある。経常収支赤字は2003年には4.8％に達し，新記録を更新中である。

このように，80年代後半に世界経済の不安定要因となったアメリカの「双子の赤字」問題が，最近再び浮上しつつある。アメリカは外国から資金を吸収して輸入を拡大し，低迷する世界経済に需要を提供することによって世界経済の下支えをしているといえるが，他方で，経常収支の赤字拡大と対外純債務の累積はドル相場下落の可能性を高めている。

（2）金融不安定性の拡大

①インフレと金利規制の矛盾

国債の累積という戦時の遺産が使い尽くされ，民間部門の資産・負債比率が低下した1960年代後半になると，金融不安定性の新たな火種が生まれた。企業の資金調達が銀行借入に依存する度合が高まるにつれて，銀行が市場で資金を調達する名目金利もインフレ率の上昇と共に急上昇することになった。このため，金融逼迫により短期金利が急騰した66年には，CDの流通利回りがレギュレーションQによる上限金利を超え，銀行は既発行CDの借換えができなくなり，企業の資金需要に応じることが不可能になった。金融のディスインターミディエーションにより，クレジット・クランチが発生したのである。

こうしたクレジット・クランチは，69～70年，74～75年にも起こったが，連邦準備と預金保険機構の協力に基づくセーフティ・ネットの存在と，連邦政府の財政赤字拡大による景気後退抑制効果に助けられて，激しい金融恐慌に発展することはなかった[40]。だが，インフレ率の上昇と金利規制は明らかに矛盾するようになってきたのである。

②金融革新の進展と「規制緩和」

70年代後半になると，インフレと金利規制の矛盾はいっそう明白になる。こうした状況を打開する試みとして金融革新が急速に進展していった。高インフレ・高金利を背景に，利子が付かない要求払預金に代わる新しい金融商品（利子付決済手段）が開発されたのである。その代表が，72年頃に出現したMMMF

と呼ばれる投資信託であった。こうした新商品に対抗して，預金金融機関も類似の新商品を次々と開発していく。それが，証券現先（オーバーナイトRP），NOW勘定，「シェア・ドラフト」勘定などであった。

　このように，金融革新が急速に進行したため，ニューディール期に形成された金利規制は形骸化されてしまった。そこで，80年，82年に新しい金融制度改革が行われた。80年金融法では，預金金利の自由化，利付決済勘定の追認，貯蓄金融機関の資産運用の弾力化，という内容の規制緩和が実施された。だが，この規制緩和は預金金融機関内部の競争激化をもたらし，79～82年の不況と高金利の下で預金金融機関の危機，とりわけS&L（貯蓄貸付組合）の利ざや逆転による経営危機を生み出したのである。そこで，82年金融法で緊急救済機構の拡充とS&Lの資産運用の弾力化が行われたのである[41]。

③「規制緩和と救済拡充」と「モラルハザード」の発生

　80年代初頭の金融制度改革は，ニューディール期に形成された「規制と救済」の金融制度を「規制緩和と拡充された救済」の金融制度に転換することによって，「モラルハザード」の問題を生み出し，金融不安定性を拡大することになった。預金金融機関がリスクの大きい金融資産への投資を拡大したのである。とくに，80年代初頭の高金利と不況によって利ざやの縮小と逆転に苦しんでいたS&Lは，規制緩和と救済機構の拡充に支えられて，ハイリスク・ハイリターンのジャンクボンド投資と商業不動産抵当貸付を拡大した。競争の激化によってビジネスローンや消費者信用といった伝統的な分野でシェアを失いつつあった商業銀行も，規制緩和と救済機構の拡充に支えられて80年代後半に商業不動産抵当貸付を拡大した。

　金融部門の金融資産急増と政府部門・民間部門の負債急増に支えられた長期好況は，80年代末に終焉する。そして，金融機関の経営危機は90～91年の景気後退に先行して始まった。過剰建築や不動産価格の下落により不良債権が急増したため，破産や救済合併によって姿を消すS&Lの数は80年代後半に急増した。だが，88年末まではS&Lの金融資産は増え続けた。FSLICによって82年から採用された会計基準の緩和による延命策などによって，不健全な財務内容のS&Lの整理が先延ばしされていたのである。

　だが，規制当局がより厳格な態度を取り始め，金融機関改革・再建・執行法

が制定されたため、89年以降になるとS&Lの金融資産は急速に縮小し始め、80年には4300あったFSLIC保険加入S&Lの数は97年までに半減した。このため、FSLIC自身が預金保険基金枯渇により破産状態に陥ったのである。商業銀行の経営危機も景気後退に先行し、87〜91年に倒産数と倒産金額が急増した（本書第4章の図表参照）。その結果、付保預金に対するFDICの保険基金準備の比率は85年以降一貫して低下していったのである（柴田［1996］270-276頁）。

このように、新しい金融制度が「モラルハザード」を生み出すことが明らかになっていったので、この「規制緩和と拡充された救済」の金融制度に対する見直しが検討されていくことになった。その第一歩が、91年に制定された連邦預金保険公社改革法（FDICIA）であった。この法律の主な内容は、本書第4章で詳しく紹介されているように、(1)早期是正措置の導入、(2)リスク対応の保険料率の採用、(3)破綻処理方法の選択における最小コスト原則の採用、(4)検査の強化、であった。「再規制と限定された救済」の金融制度への改革の第一歩が踏み出されたと言えるであろう。

④90年代の新しい潮流とバブル経済

90年代にアメリカの金融構造は大きな変貌を遂げた。第1の変化は「証券化」の急速な進行である。不良債権の増加により経営危機に直面していた銀行部門は、91年法に基づく「早期是正措置」の導入を受けて、自己資本比率を高めるためにリスクウェイトの高い貸出債権の削減を行った。貸出に替わって90年代に増加したのは、外債、社債およびモーゲージ（不動産抵当証券）への投資であった。モーゲージは90年には貸出を抜いて金融資産中最大の項目となり、シェアも1985〜2001年に18.1％から26.2％に上昇した。社債・外債投資も1985〜2001年に10倍以上に増加し、シェアも1.3％から5.5％に上昇した。家計部門の金融資産構成も、預金のシェア低下が著しく、株式、ミューチュアル・ファンド、年金基金のシェア増加が顕著である。こうした銀行資産、家計金融資産の「証券化」は、90年代後半の株価上昇と社債発行増加を支える原動力となったのである（*Flow of Funds Accounts*）。

第2に、この急速な「証券化」の進展の影響を受けて、コーポレート・ガバナンスに大きな変動があった。アメリカでは伝統的に「ポピュリズム」と利益集団の政治力の影響で銀行が分散化し、株式保有も分散化していた（Roe

[1994] Ch. 4)。こうした政治的社会的条件の下で「経営者支配」が発達したものと考えられる（Berle & Means [1932]）。しかし，80年代から90年代にかけて家計部門の金融資産が急速に「証券化」したため，投資信託，年金基金，保険会社といった機関投資家が大株主として企業経営者に圧力を加えるようになっていった。機関投資家は顧客から高収益を上げるよう圧力をかけられていたので，経営者に短期的な収益の拡大と株価の上昇を促す圧力をかけたのである。その結果，経営者は短期的収益を増やし，株高を実現するような経営方針を採らざるをえなくなった。このため，90年代後半に企業は負債を増やして株式の発行残高を減らし，株高を演出していったのである。

第3の変化は，デリバティブに代表される「簿外取引」の拡大である（春田・鈴木 [2005] 88-92頁）。90年代にアメリカの銀行は保有資産の「証券化」と自己資本比率の拡充により経営体質の強化を図ってきた。このことは，不良債権の増加による経営危機発生のリスクを低下させる。しかし，「簿外取引」の増加は偶発債務の発生による経営危機の発生のリスクを高めることになる。その好例が，98年のLTCM危機や2001年のエンロンの経営破綻であった。

こうした金融市場における新しい潮流は90年代後半の株式ブームの源泉となり，史上最長の好況を実現する基礎となったが，新たな形態の金融不安定性を生み出すことにもなった。こうした新たな形態の金融不安定性に対する安定化機構は未だ整備されているとは言い難い。「証券化」は銀行が負っていたリスクを投資家に転嫁することを意味する。銀行のリスクの波及は，中央銀行の「最後の貸し手」機能や預金保険機構によって防ぐことは可能であるが，投資家がさらされるリスクを防ぐ機構はまだ存在していないのである。

（3）経営者優位の労使関係の再来

①労使妥協体制の前提の終焉

安定的な雇用を維持し，賃上げによって利潤を分かち合うという労使妥協体制は，安定した製品市場と順調な企業収益によって支えられていた。しかし，1980年代以降になるとこれらの条件が失われていった。第1に，国際競争の激化が生じた。アメリカの企業は，ドイツ，日本，アジアNIES諸国からの輸入品との価格競争，品質競争に直面することになった。第2に，航空，銀行，保険，遠距離通信，トラック輸送などの業界で規制緩和が実施され，企業の競争

条件が劇的に変化することになった。第3に，「企業統治」のあり方が大きく変化した。前項で述べたように，急成長した機関投資家からの圧力により，企業経営者は短期収益を拡大し株高を実現するような経営方針を採用せざるをえなくなった（Osterman［1999］訳iii頁）。

②労使関係の変容と雇用不安

こうした状況の中で，企業経営者は情報技術（IT）の発達を活用しながら，生産性の向上を可能にする企業組織の改革に乗り出していく。この経営方針の変化が，労使関係の劇的な変貌を生み出していく。経営者はコスト削減のためダウンサイジング，アウトソーシングを実施し，レイオフや工場閉鎖を行うと共に，賃金・付加給付，現場の作業慣行や人員配置の変更を含めた労務費の引下げを労働組合に要求した。これに対して，レイオフや工場閉鎖によって組合員の大幅な減少に見舞われた労働組合は，この要求を拒否することができなかったため，労使関係は経営者側優位に転換することになった。

第1に，賃金決定方式が変化し，賃金上昇率が低下した。戦後に定着した賃金決定方式である固定的 AIF＋COLA は廃止され，一時金支払いやボーナス支給が普及した。また，産業全体での賃金決定方式（パターン・バーゲニング）が崩壊し，企業別に賃上げ率や付加給付が決定される方式が増加した。このように，産業別組合の基本原理は後退し，賃金は企業別に決定される傾向が強まり，組合賃金の景気変動や企業業績への感応度も高まった。第2に，硬直化した伝統的大量生産システムから，需要の変化に柔軟に対応できる生産システムへの転換がめざされ，必要人員の削減，人員配置の弾力化が図られた（鈴木［1995］211-216頁）。

こうした労使関係の変容は，組合組織率の低下，実質賃金の低下，非正規雇用の拡大，賃金格差の拡大を生み出すことになった。組合組織率は70年代以降急速に低下し，実質賃金も70年代後半以降低下傾向にある。所得分配も70年代末まで平等化傾向があったが，その後90年代前半までは不平等化が進行した。それと同時に，経営方針の変更は，景気回復期に雇用が伸びないという新しい現象を生み出しつつある。企業経営者は雇用削減によって目先の利益率を上昇させ，株価を上げようとする。このため，景気回復期に「雇用不安」が発生するという新たな事態が発生している。90年代前半には「ジョブレス・リカバリー

(雇用なき回復)」と呼ばれる事態が発生し，景気回復期にもかかわらず消費が低迷するという現象が起こった（春田・鈴木［2005］第5章）。2001年不況からの回復期には，「ジョブロス・リカバリー（雇用喪失を伴う回復）」と呼ばれる雇用減退が顕著な回復という事態が生み出されている。

（4）新自由主義の台頭
①「小さな政府」への転換

アメリカの福祉国家は1960年代から70年代にかけて高揚期を迎える。64年に成立した公民権法により差別是正政策が実施されるようになり，貧困対策にも連邦政府が乗り出すようになった。退職年金や生活保護が拡充され，65年にはメディケア（高齢者の医療保険）とメディケイド（貧困者の医療扶助）が創設された。そして70年代にかけて，従来の「経済的規制」に加えて，消費者保護，労働安全，環境保護など，「社会的規制」の分野でも連邦政府の関与が増加した（春田・鈴木［2005］185頁）。福祉国家の拡充に伴い，連邦政府の財政支出の対GDP比も，10.3％（39年），15.6％（50年），17.8％（60年），19.3％（70年），21.7％（80年）と増加し続け，とりわけ福祉支出の対GDP比は，1.9％（50年），3.8％（60年），5.7％（70年），9.6％（80年）と飛躍的に増加したのである（すべて会計年度，*Economic Report of the President, 2007*）。

こうした福祉国家の拡充，連邦政府の規制拡大の流れは，1980年代に逆転する。その背景には，70年代後半に深刻化したスタグフレーションの存在があった。「小さな政府」をスローガンに掲げたレーガンが大統領に就任し，81年に税制改革を実施した。その主な内容は，①累進度を大幅に引き下げる所得税減税，②投資優遇減税，③個人所得税の税率区分や控除へのインフレ・スライド制導入，などであった（春田・鈴木［2005］192頁）。その後，増税方向での修正や投資優遇税制の廃止が実施されたが，この81年の税制改革は税収面から見た「小さな政府」への転換を決定づけた。連邦財政収入の対GDP比は19.6％（81年）から17.4％（84年）へと2.2ポイントも縮小した。この比率は90年代後半の株価上昇期には所得増により急上昇し，2000年には20.9％に達したが，ブッシュ2世政権の減税により，2004年には16.3％にまで低下している（すべて会計年度，*Economic Report of the President, 2007*）。税収の面ではアメリカ連邦財政の規模は対GDP比で見ると，1959年以来の低水準に縮小したと言える。

②歳出削減の限界

　それでは，支出面から見た場合「小さな政府」が実現したと言えるであろうか。レーガンの税制改革により税収が対GDP比で2.1ポイント減少した81～83会計年度に，連邦財政支出は逆に1.3ポイント増加している。その原因は，国防費の0.9ポイント増加と福祉関連支出の0.9ポイント増加であった。その後，90年代に連邦財政支出の対GDP比は縮小し，83会計年度に23.5％であったこの比率が2000会計年度には18.4％にまで5ポイント以上も低下している。この支出低下の主な要因は，国防費の縮小（3.1ポイント）とその他支出の減少（1.1ポイント）であり，福祉関連支出の削減は0.5ポイントにとどまった。冷戦の終焉に伴う「平和の配当」のおかげで歳出の削減が実現できたと言える。

　だが，ブッシュ2世政権の時代になると，対テロ戦争の拡大と福祉支出増加により，歳出の対GDP比は2003会計年度には20.0％にまで回復した。この水準をレーガン改革以前の1979会計年度と比較すると，わずか0.2％の低下である。内訳では，国防支出の対GDP比がこの24年間で1ポイント低下したのに対し，福祉関連支出の対GDP比は3ポイント上昇している（*Economic Report of the President, 2007*）。以上をまとめると，次のようになるであろう。「小さな政府」への回帰は歳入の面では成功し，歳入の対GDP比は1950年代の水準にまで縮小したが，歳出の面では，冷戦の終焉による国防費の削減が行われたにもかかわらず，福祉支出の削減には成功していない[42]。

③規制緩和の進行

　「小さな政府」への転換は規制緩和を伴うものであった。まず，レーガン時代に独禁法（反トラスト法）の適用基準が変更され，同業種企業の大型合併・買収ブームをもたらすことになった。労使関係の分野でも，レーガン政権の反組合的姿勢が経営者優位の労使関係への転換を促進することになった。90年代には共和党が40年ぶりに両院で多数を占めるようになり，ニューディール以来定着した制度の転換が推し進められた。大幅な規制緩和を実現した新テレコム法，農業保護政策を転換させた96年農業法，困窮に基づく永続的な受給権を否定した96年福祉改革法などがその代表例である[43]。こうした改革を支えた理念が，市場への国家の介入をなるべく抑えようという「新自由主義」であった。

第4節　結　語

　資本主義経済には，不安定性と不公平性という固有の弱点が存在する。この弱点を抑制し，資本主義と安定した社会の両立を実現するためには諸制度が必要である。世界大恐慌の発生は，資本主義の進化に対する諸制度の進化の立ち後れに根本的な原因があると考えられる。ニューディール以降の制度改革は，この資本主義と制度のズレを補正する試みであったと言える。その結果，1950年代から60年代にかけて，アメリカを中心に先進資本主義国では「資本主義の黄金時代」が到来した。この成功の背後には，アメリカのニューディール・モデルの受容があった。資本主義の不安定性と不公平性を補正する諸制度が資本蓄積を支え，順調な資本蓄積が諸制度への社会的支持を支えるという共生関係が両者の間には成立していた。

　しかし，この共生関係は60年代後半以降になると崩れ始める。①ドル不足問題にはうまく対応できたIMF・ドル体制は，ヨーロッパや日本の経済復興に伴うドル過剰問題にうまく対応できず崩壊する。②ニューディール期に形成された金融規制がインフレの進行と共に桎梏となり，金融革新が起こり，金融制度の自由化が進行した。③国際競争の激化と産業構造の変化に伴い，フォード主義的な労使妥協体制も限界に直面する。④「大きな政府」の経済安定化機能もスタグフレーションの発生と共に行き詰まりに直面する。

　その結果，これらの諸制度は現在，次のような諸問題に直面している。①基軸通貨国アメリカの双子の赤字問題が，国際通貨制度の不安定要因となっている。②金融の証券化の進行が新たな金融不安定性を生み出しつつある。③経営革新に伴うアウトソーシング，雇用の流動化は，経営者優位の労使関係を生み出し，所得分配の不平等化という問題を引き起こしている。④新自由主義の台頭に伴う政府の役割の縮小は資本主義の不公平性を拡大しつつあるが，政治的な交渉力を保持する層への保護（農業保護，社会福祉）は維持されているので，歳出面での「小さな政府」は実現困難で，双子の赤字の原因となっている。

　総じて言うと，資本主義と諸制度の共生関係は，自由主義，市場原理主義の方向に向かっていると考えられるが，ニューディール期以降に形成された諸制

度のすべてが失われ，1920年代の状態に戻ってしまったというわけではない。農業保護，福祉，金融のセーフティ・ネットなどの経済安定化機能は残っていると言える。しかし，資本主義の不公平性を補正する制度は失われる方向に進んでおり，そのことが資本蓄積の制約要因となり，社会不安の源泉になっていると考えられる。

注
1) この場合の「ケインズ経済学」は，「新古典派総合」に統合されたアメリカン・ケインジアンの経済学のことを指す。「新古典派総合」によるケインズの経済学の歪曲については，伊東［2006］第4章を参照せよ。
2) アダム・スミスは，『国富論』(1776年) で「利己的な個人」を前提として自由放任論を展開したが，『道徳感情論』(1759年) では「人間の共感」を前提に「正義の徳」形成の重要性を説いていることを想起する必要がある。スミスは，人間を利己的であると同時に共感する存在として捉え，市場経済の前提として「道徳」と「法」の重要性を認識していたと考えることができる。Smith［1759］［1789］，杉浦［2001］，柴田［2002］も参照されたい。
3) J. R. コモンズは，彼の主著である『資本主義の法律的基礎』の中で次のように論じている。「公認されていない取引は，権利―義務の相関関係が欠如し取引相手の行動が予測しにくいので，政府ないし司法制度の介入が必要となる」(Commons［1924］Ch. 4)。
4) 「制度」という概念は，法制度，慣行，および社会的通念を含む包括的概念である。ヴェブレンは制度を「人々の総体に共通なものとして定着した思考の習慣」とみなし，ホジソンはこのヴェブレンの定義を踏まえて社会制度を「伝統，慣習ないし法的制約によって，持続的かつ定型化された行動パターンをつくりだす傾向のある社会組織」と定義している (Veblen［1919］p. 239; Hodgson［1988］訳9頁)。
5) ダグラス・ノースは，「名誉革命の結果生じたイギリス政治形態の根本的な変化がイギリスの経済発展にとって決定的な貢献要因であった」と評価し，「議会の主権，財政問題の中央議会による制御，国王大権の剥奪，(少なくとも国王からの) 司法の独立，そしてコモン・ロー裁判所の主権が確立された」主要な結果が「財産権の安全性の増加」であったと指摘している (North［1990］pp. 138-139)。コモンズも『資本主義の法律的基礎』の中で1701年に成立した王位継承法の重要性について次のように指摘している。「王位継承法は国王を依然として認めたが，2つの異なる性格に分離した。ひとつが君主であり，もうひとつが私的市民であった。こうして，財産が王だけでなくすべての他の市民においても統治と最終的に分離されることになった。各々の市民が2つの活動体，すなわち統治を行う政治的活動体と

財産を運用する経済的活動体の成員になる道が開けたのである」(Commons [1924] Ch.4)。名誉革命，権利の章典，王位継承法の歴史的意義については，田中 [1980] 135-138頁も参照せよ。
6) 『確率論』(1921年)に対するラムジーの批判を受け止めることによって，ケインズが「確率論」の論理主義的な確率解釈を放棄し，人間本性の合理性の限界についての認識を深めるに至った経緯については，伊藤 [1999] を参照せよ。
7) 「金融不安定性」と「負債デフレ」については Minsky [1986] を参照せよ。
8) ミンスキーは，中央銀行の「最後の貸し手」機能と預金保険機構を合わせて広義の「最後の貸し手機能」と位置付け，もう1つの「金融不安定性」防止機構として「大きな政府」の景気安定化機能を挙げる (Minsky [1986])。
9) 労賃上昇による利潤率の圧縮を恐慌の原因であるという議論を展開したのが，宇野弘蔵の『恐慌論』であった (宇野 [1953])。
10) 「工場法」に関しては戸塚 [1966] を参照せよ。
11) 好況末期に労働力が不足している場合には，労働者Bは企業Aに雇用されなくても他の企業に雇用される機会は十分にある。逆に企業AはB以外の労働者を雇用することが困難な状況である。こうした場合には，労働者Bが優位な交渉力を保有していると考えられる。労働者Bが他のものには代え難い特殊な能力を持っている場合も，Bの交渉力は優位にあると言える。こうした状況以外の場合には，企業Bは労働者Aを雇用しなくても他の労働者を容易に雇用することが可能なので，優位な交渉力を持っていると言える。また，労働者Aが法人企業Bと雇用交渉を行う場合，経済主体としては一対一の交渉であるが，法人企業は多くの自然人の集合体であるので，交渉力において法人企業Bは優位に立っているとも言えよう。詳しくは，Commons [1924] を参照せよ。
12) 田中 [1980] 319頁，野川・野田・和田 [1999] 第2章。
13) この点については，田中 [1996] を参照せよ。
14) 具体的に取り上げる諸制度は，①国際通貨・金融制度，②国内通貨・金融制度，③労使関係に関わる制度，④国家の役割，法制度，社会規範，である。「通貨・金融制度」については，国際制度と国内制度に分け，「私有財産制度」については，より広範な法制度，社会規範を分析する。
15) この場合，制度の持つ慣性とは，国際金本位制のゲームのルールへの信頼を意味する。このルールを支えていたイギリスの強固な国際収支構造が弱体化した後も，旧制度の部分的修正でなんとか乗り切ろうとしたのである。この「制度進化の立ち後れ」問題は，トーマス・クーンの「科学革命」の議論と類似性を持つ。旧いパラダイムではうまく説明できない現象が出てきた場合，最初は適当に処理しておくが，この処理がうまくいかなくなると旧来のパラダイムが捨てられ，新しいパラダイムが導入される。この「パラダイム」と「制度(慣習)」が類似性を持つと考えられる (Kuhn [1962])。

16) この点に関して、コモンズは「人間は経済的には効用の刺激の下で行動し、倫理的には他者への共感（sympathy）と義務感（duty）の刺激の下で行動する」と指摘している（Commons [1924] p. 90. 同書の第9章第4節も参照せよ）。
17) Roe [1994] Ch. 4; Hofstadter [1955] p. 215.
18) 全国的な支店銀行制度が成立しなかったために、アメリカでは全国的金融システムの編成が証券市場を通すものにならざるをえなくなり、証券市場が異常に発達したのである。詳しくは、春田・鈴木 [2005] 77-79頁を参照せよ。
19) アンドリュー・ジャクスン大統領は、アメリカ初の全国規模の州際支店網を持つ半官半民の金融機関である第二合衆国銀行の免許更新に拒否権を発動した（Roe [1994] Ch.5）。
20) 大森 [2004] 第4章, Goodhart [1988] p. 38.
21) 収穫後に農民達は働き手に夏の全期間の賃金を現金で支払わなければならなかった（Myers [1970] 訳291頁）。
22) Sprague [1910], 侘美 [1976] などを参照せよ。
23) 連邦準備制度創設時点の「真正手形主義」は戦時中（1916年）の連邦準備法改正によって修正され、「適格手形の割引」に加えて「適格手形あるいは連邦政府証券を担保に発行される加盟銀行約束手形に対する前貸し」も、連邦準備銀行の「手形割引」として認められるようになった（柴田 [1982] 129, 134頁、柴田 [1996] 101-102頁）。
24) 詳しくは、柴田 [1996] 第2章を参照せよ。
25) Jacoby [1985] Ch. 1; Gordon, Edwards & Reich [1982] Ch. 4.
26) ただし、進歩的少数派に属する企業群が、雇用保障に関する3つの領域、すなわち先任権の容認、「新」福利厚生、雇用安定において、一定の前進を達成していた（Jacoby [1985] 訳235頁）。
27) 「経営者優位の労使関係」故に賃金上昇率が労働生産性上昇率を下回り、市場が寡占的であったため生産性上昇が価格下落に十分反映されなかった。その結果、労働分配率が低下し、利潤分配率が上昇したのである。寡占価格の下方硬直性は、29年秋以降の景気後退において経済の自動回復力を損なう役割を果たした。詳しくは、柴田 [1996] 第4章を参照されたい。
28) ベリー事件では、児童労働を禁止しようとした国会の計画を裁判所が覆し、各地の裁判所は足並みをそろえて「黄犬」契約にも就労強制命令にも承認を与えた（Schlesinger [1957] 訳87頁）。
29) 限定とは、ドルの金に対する交換を外国の通貨当局に限定したことである。
30) 詳しくは、柴田 [1996] 216-217頁を参照せよ。その他の重要な変化は、住宅金融を中心に政策金融の機構が確立されたことである。詳しくは、小野 [1970] を参照せよ。
31) NIRAの第7条a項は、労働組合運動を根絶するための事業主の法律上の権利

を大幅に制限した。ただし，労働者に拡大された保障の性格がどの程度までかは曖昧であった（Schlesinger［1958］訳115頁，Jacoby［1985］訳264-265頁）。

32) アメリカが第2次大戦に参戦した直後の41年12月の大統領労使会議において，労組側と経営側の「ストなし協定」が成立した（河村［2003］84頁）。
33) Jacoby［1985］第8章，河村［2003］83-87頁。
34) 河村［2003］96-101頁，Piore & Sable［1984］Ch. 4.
35) セオドア・ローズヴェルトは，ニューディール期の30年以前に，次のように語っていた。「産業における結合は不可避的経済法則の結果である。……解決策はかかる結合を防止しようとすることにではなく，公共の福祉のためにこれらのものを全面的に制御することにある。」（Schlesinger［1957b］訳148頁）。
36) ハロルド・イッキーズは次のように書いている。「自然のフロンティアの消滅とともに，合理的な国家計画の必要が次第にはっきりとしてきた。」（Schlesinger［1958］訳149頁）。
37) 馬場［1979］276頁，Schlesinger［1958］訳74-79頁。
38) 馬場［1979］278-279頁。
39) Schlesinger［1960］訳327-339頁。
40) 74年のフランクリン・ナショナル銀行の経営危機とFDICと連邦準備の協力に基づく救済については本書第4章を参照せよ。
41) 本書第4章，柴田［1996］268-270頁を参照せよ。
42) 不況からの回復期に財政赤字が拡大して需要を下支えする「財政の経済安定化」機能は，90年代には衰退したが，2000年代初頭には復活している。
43) なお，2002年農業法では国際農産物市況の変化に伴い保護強化への再転換が行われた。詳しくは，春田・鈴木［2005］第6章第5節を参照せよ。

参考文献

Beckhart, B. H. ed. [1932] *The New York Money Market*, Vols. II-IV, New York: Columbia University Press.

Berle, A. B. Jr. and G. C. Means [1932] *The Modern Corporation and Private Property*, New York: Macmillan（北島忠男訳『近代株式会社と私有財産』文雅堂銀行研究社，1958年）.

Commons, J. R. [1924] *The Legal Foundations of Capitalism*, New York: Macmillan.

Commons, J. R. [1931] "Institutional Economics", *American Economic Review*, 21.

Commons, J. R. [1933] *Institutional Economics*, New York: Macmillan.

Economic Report of the President, 2007.

Goodhart, C. [1988] *The Evolution of Central Banks*, Cambridge: MIT Press.

Gordon, D. M., R. Edwards and M. Reich [1982] *Segmented Work, Divided Workers*（河村哲二・伊藤誠訳『アリカ資本主義と労働』東洋経済新報社，1990年）.

Hodgson, G. M. [1988] *Economics and Institutions: A Manifesto for a Modern Institutional Economics*, Bristol: Polity Press（八木紀一郎ほか訳『現代制度派経済学宣言』名古屋大学出版会，1997年）.

Hofstadter, R. [1955] *The Age of Reform-From Byryan to F. D. R.*, New York: A. A. Knopf.

Jacoby, S. M. [1985] *Employing Bureaucracy: Managers, Unions, and the Transformation of Work in American Industry, 1900-1945*, New York: Columbia University Press（荒又重雄・木下順・平尾武久・森杲訳『雇用官僚制』北海道大学図書刊行会）.

Keynes, J. M. [1936] *The General Theory of Employment, Interest, and Money*. London: Macmillan（塩野谷祐一訳『雇用・利子および貨幣の一般理論』東洋経済新報社，1983年）.

Kuhn, T. S. [1962] *The Structure of Scientific Revolution*, Chicago: The University of Chicago Press（中山茂訳『科学革命の構造』みすず書房，1969年）.

Marris, S. [1985] *Deficits and the Dollar: The World Economy at Risk*, Washington, D. C.: Institute for International Economics（大来佐武郎監訳『ドルと世界経済危機』東洋経済新報社，1986年）.

Myers, M. G. [1931] *The New York Money Market, Vol. I*, (Beckhart ed.).

Myers, M. G. [1970] *A Financial History of the United States*, New York: Columbia University Press（吹春寛一訳『アメリカ金融史』日本図書，1979年）.

Minsky, H. P. [1986] *Stabilizing an Unstable Economy*, New Haven & London: Yale University Press（吉野紀・浅田統一郎・内田和男訳『金融不安定性の経済学』多賀出版，1989年）.

North, D. C. [1990] *Institutions, Institutional Change and Economic Performance*. Cambridge: Cambridge University Press（竹下公視訳『制度・制度変化・経済効果』晃洋書房，1994年）.

Osterman, P. [1999] *Securing Prosperity, The Century Foundation*, Princeton: Princeton University Press（伊藤健市・佐藤健司・田中和雄・橋場俊展訳『アメリカ・新たなる片影のシナリオ』ミネルヴァ書房，2003年）.

Osterman, P., T. A. Kochan, R. Locke & M. J. Piore [2001] *Working in America*, Cambridge: Cambridge: MIT Press（伊藤健市・中川誠士・堀龍二訳『ワーキング・イン・アメリカ』ミネルヴァ書房，2004年）.

Piore, M. J. and C. F. Sabel [1984] *The Second Industrial Divide: Possibilities for Prosperity*, New York: Basic Books（山之内靖ほか訳『第二の産業分水嶺』筑摩書房，1993年）.

Polanyi, K. [1957] *The Great Transformation: The Political and Economic Origins of Our Time*, Boston: Beacon Press（吉沢英成ほか訳『大転換――市場社会の形成と崩壊』東洋経済新報社，1975年）.

Roe, M. J. [1994] *Strong Managers, Weak Owners: The Political Roots of American Corporate Finance*. New Jersey: Princeton University Press.

Schlesinger, Jr. A. M. [1957] *The Age of Roosevelt, Vol. Ⅰ, The Crisis of the Old Order*, Boston: Houghton Mifflin（中尾健一監修，救仁郷繁訳『ローズヴェルトの時代Ⅰ 旧体制の危機』ぺりかん社，1962年）．

Schlesinger, Jr. A. M. [1958] *The Age of Roosevelt, Vol. Ⅱ, The Coming of the New Deal*, Boston: Houghton Mifflin（中尾健一監修，佐々木専三郎訳『ローズヴェルトの時代Ⅱ ニューディール登場 1933～1934』ぺりかん社，1963年）．

Schlesinger, Jr. A. M. [1960] *The Age of Roosevelt, Vol. Ⅲ, The Politics of Upheaval*, Boston: Houghton Mifflin（中尾健一監修，佐々木専三郎訳『ローズヴェルトの時代Ⅲ 大変動期の政治 1935～1936』ぺりかん社，1966年）．

Schumpeter, J. A. [1926] *Theorie der Wirtschftlichen Entwicklung, 2. Aufl.*, München; Leipzig: Dunker & Humblot（塩野谷祐一・中山伊知郎・東畑精一訳『経済発展の理論』（上）岩波書店，1977年）．

Smith, A. [1759] *The Theory of Moral Sentiments*, London: Printed for A. Millar, in the Strand; And A. Kincaid and J. Bell, in Edinburgh（水田洋訳『道徳感情論』岩波書店，2003年）．

Smith, A. [1789] *A Inquiry into the Nature and Causes of the Wealth of Nations*, the fifth edition, London: printed for A. Strahan; and T. Cadell, in the Strand（大河内一男監訳『国富論』中央公論社，1978年）．

Sprague, O. M. W. [1910] *History of Crisis under the National Banking System*, N. M. C., Washington: G. P. O.

Veblen, T. B. [1919] *The Place of Science in Modern Civilisation and Other Essays*, New York: Huebsch.

伊藤邦武［1999］『ケインズの哲学』岩波書店。

伊藤光晴［2006］『現代に生きるケインズ』岩波書店。

宇野弘蔵［1953］『恐慌論』岩波書店。

大森琢磨［2004］『サフォーク・システム——フリーバンキング制か，中央銀行制か』日本評論社。

小野英祐［1970］『両大戦間におけるアメリカの短期金融機関』御茶の水書房。

河村哲二［2003］『現代アメリカ経済』有斐閣。

柴田徳太郎［1982］「ニューヨーク金融市場と大恐慌（1927～1931年)」，侘美光彦・杉浦克己編『世界恐慌と国際金融』有斐閣。

柴田徳太郎［1996］『大恐慌と現代資本主義』東洋経済新報社。

柴田徳太郎［2002］「制度進化論の可能性」，『進化経済学論集』第6集，進化経済学会第6回大阪大会報告。

杉浦克己［2001］「多元的経済社会の構想と経済学の課題」，杉浦克己・柴田徳太郎・

丸山真人編著『多元的経済社会の構想』日本評論社，序章。
鈴木直次［1995］『アメリカ産業社会の盛衰』岩波書店。
侘美光彦［1976］『国際通貨体制――ポンド体制の展開と崩壊』東京大学出版会。
田中章喜［1996］「市場と階層関係」，河村哲二編著『制度と組織の経済学』日本評論社，第2章。
田中英夫［1980］『英米法総論』（上）東京大学出版会。
戸塚秀夫［1966］『イギリス工場法成立史論』未来社。
野川忍・野田進・和田肇［1999］『働き方の知恵』有斐閣選書。
馬場宏二［1979］「ニューディール経済」，東京大学社会科学研究所編『ナチス経済とニューディール』東京大学出版会。
春田素夫・鈴木直次［2005］『アメリカの経済』第2版，岩波書店。

第2章 制度経済学の新展開
── 企業組織の分析に向けて ──

中 川 淳 平

はじめに

　近年，日本型経営システムにひずみが生じ，制度疲労を起こしているといわれる。そのなかで，企業情報のディスクロージャーへの要求が，株式相互持ち合い構造の減退とそれに基づく株主主権の復権に応じて，活発に行われている。こうした状況下にあって，新制度学派による企業分析が注目を浴びていることは周知のとおりである。

　その一方，諸外国では行き過ぎた敵対的買収（M&A）への反省などから，企業を社会的存在として考えるステイクホルダー論が提起されるようになる。こうしたコーポレート・ガバナンスの変容に応じて，経済学は一体どのような解答を用意すればよいだろうか。

　本章では，経済学における企業分析，あるいはその組織構造の分析の主流をなす，新制度学派の契約論的アプローチの展開について検討し，この手法に基づいて企業システムを捉え切ることができない点を指摘する。そして，その理論的限界を乗り越える手法として，オリジナルの制度学派アプローチ（以下本章では，旧制度学派とよぶ）を再評価する必要があることについて論証する。

　新制度学派の契約論的アプローチにおいては，人間が自己の利益を獲得するために敵意と策略に満ちた「機会主義」(opportunism) に基づいた行動をとるものと仮定されているので，企業については株主による経営陣に対してのモニタリング，またその内部組織についても管理者による従業員へのモニタリングが重視されている。しかしながらこの手法では，個人と組織の関係性，あるいは企業と多様なステイクホルダー間の様々な関係性について十分に解明しえないと考えられる。

一方，旧制度学派の手法は，新制度学派の限界を乗り越える視点を備えている。また，その代表的な論者であるヴェブレンとコモンズの間には企業観に相違がみられるが，本章では後者の企業観，とりわけ「ゴーイング・コンサーン」として企業を把握しようとする側面に着目し，株主の利害を重視する新制度学派の議論と対比させつつ，論ずることにしたい。

第1節　新制度学派の企業組織観

　まず本節では新制度学派の企業理論を中心に検討する。経済学における企業分析では，エージェンシー理論が主流となっているが，企業の存在意義の弱さや，完備契約の想定という欠点が指摘されている。また，取引コスト論では，市場とは異なる独自の制度としての企業概念の定義付けとそれに伴う組織概念の導入により，従来の新古典派の枠組みとはいささか異なる企業理論を提示している。しかし，これらの学説は組織理論の歴史上，最も古い権限委譲説の考え方に接近しており，結果的に組織理論の発展を吸収しきれていないことが明らかにされる。

1　エージェンシー理論の観点

　エージェンシー理論とは，プリンシパル（本人・主人）が自分の目的を達成すべく，代理人であるエージェントと契約を結び，このエージェントに自らの代わりとして行為を委託するという考え方を分析の基軸に据えている。この理論の特徴は，株主と経営者の間に存在する「情報の非対称性」によって危惧されるエージェンシー問題を解決すべく，適切なモニタリングを可能とし，かつ経営者に内部情報を提示させうるようなインセンティブを付与するなど，当事者間で契約内容を事前に締結することにより，利害対立の事前的な解決を図るアプローチである。ここでは，エージェンシー理論の企業観について検討する。

　この手法の代表的な論者であるジェンセンは，メックリングとの共著論文で，従来の経済学が，企業を「ブラック・ボックス」とみなしており，その企業理論が「実は企業が重要な主体であるところの市場理論」となっていると考えた。彼らは，従来の経済学が「個々の参加者の矛盾する目的がどのように均衡をも

たらすのかを説明する理論を持っていない」と考え，最大化原理を保持しつつ，企業をエージェンシー関係の観点から分析していったのである（Jensen/Meckling［1976］pp. 306-307）。

ここでのエージェンシー関係は，所有経営者（owner manager）と外部株主（outside stockholder）との関係が論じられている。両者の間には情報の非対称性が生じており，エージェントである所有経営者はこれにつけこみ，自らの利得を少しでも多く確保しようと努める可能性がある[1]。このため，プリンシパルである外部株主は，「エージェントの異常な活動を制限するために適切なインセンティブを確立し，モニタリング・コストを負うことによって，自分の利益（interest）からの逸脱（divergences）に制限を課することができる」（Jensen/Meckling［1976］p. 308）。

そこで，所有経営者は外部株主とのインセンティブ契約の締結によって，積極的な配当や内部情報の提示などを行うこととなる。この結果，企業はモニタリング・コスト，ボンディング・コストとその他の残余コストがかかるものの，所有経営者と外部株主，そして債権者との間の均衡状態を保ち，最適化へより近似した，セカンドベストの状態になるという指摘がなされることになる。

この議論において重要なことは，彼らが企業を，所有経営者と株主・債権者との間の「契約関係のネクサス」（a nexus of contracting relationships）であるとみなしている点にある。つまり，ここで示されているのは，市場に類似した均衡メカニズムを備えた存在である，「法的擬制」（legal fiction）としての企業にすぎない点にある（Jensen/Meckling［1976］p. 311）。こうした見方は，アルチャン＝デムゼッツによる，チーム生産の議論から導出されているが[2]，ジェンセン＝メックリングは企業を生産の側面ではなく，経営者と株主・債権者との利害関係の側面を中心に分析したという点で，主流派経済学に大きな進展をもたらした。

こうして，エージェンシー理論では，企業と市場が類似した資源配分メカニズムを備えている点を指摘することによって，新古典派経済学の分析枠組みを維持しうることが示された。

しかしながら，この理論に依拠すると，企業と市場との相違は，単にエージェンシー・コストがかかるか否かの相違でしかなくなる。そして，彼らが考

察の対象とする企業形態については，所有と経営が部分的にしか分離していない点にも注意する必要がある。つまり，ジェンセン＝メックリングは，所有と経営が完全に分離した株式会社の行動を取り扱わなかったのである。それゆえ，彼らは企業の「所有とコントロールの分離」(Jensen/Meckling [1976] p. 306) 状況に一定の解答を示そうとするものの，この見方では，企業規模の相違について，契約の数が多いか少ないかという量的な側面が着目される結果となり，大規模企業における株主・債権者と経営者との関係がどのように調整されるのかといった，コーポレート・ガバナンスの現代的な問題について解明できていない。また，株式会社と個人企業の間でみられる，企業形態の質的な相違についても，この議論では説明不可能となってしまう。

しかしながら，新制度学派においても，市場と比較した場合での企業の独自性を認識しようとする考察が，その是非はともかく，展開されてきていることは事実である。

たとえばコースは，市場の中からなぜ企業が存在するのかという点について，「価格メカニズムの関与なしに」，労働者が「企業家の指示に従うことに同意する」という，長期契約の締結により取引コストが削減できる場合には，企業が発生するという議論を古くから行っていた (Coase [1937] 訳 42, 44頁)。

エージェンシー理論は，コースの先駆的な研究に着目し，発展的に継承したアプローチであると考えられたが，コース自身は，これらの手法が市場と組織の資源配分メカニズムの相違を軽視するものと批判した (Coase [1988])[3]。しかしながら，コース自身においても，「企業家がこれ〔資源配分の調整—筆者付記〕に失敗するときはいつでも，公開の市場をふたたび利用することができる」(Coase [1937] 訳 45頁) というように，市場での価格による調整と内部組織での権威による調整とが安易に代替しうるものと考えている点は指摘しておかなければならないだろう[4]。

2　ウィリアムソンの観点

コースの後継者であるウィリアムソンは，取引コストの削減策としての企業制度について，その組織形態の変容を通じ明らかにしていった。コースの議論やエージェンシー理論では，企業と市場の資源配分メカニズムが安易に代替可

能であるという見解によって，現実の企業の動態が説明し難いものとなるのに対し，ウィリアムソンの議論では，チャンドラーの企業経営史研究に影響を受けつつ，取引コストの削減メカニズムによって，単純な仲間集団から職能別組織，さらには複数事業部制組織へと組織構造が転換するという叙述がなされた。彼の議論は新制度学派において市場と企業の質的な相違を最初に理論化しえたと考えられる。

新古典派経済学では，市場において生産者が「利潤の最大化」を目標にすると仮定したのに対し，ウィリアムソンは，企業では経営者の「効用最大化」（utility-maximizing）を目標にすると仮定し議論を進めている（Williamson [1967] pp. 134-135）。彼がこうした見解に達した理由として，ダウンズらの官僚制理論の文献を援用したことが考えられる。そこで，本節ではダウンズからの影響を中心にウィリアムソンの組織観の形成を追ってゆくことにしたい。

ダウンズは，官僚制の意思決定メカニズムについて，経済学的なアプローチから考察した。彼の研究は，ブキャナンやタロックの経済理論，あるいはサイモンの組織理論から強い影響を受けている。このうち前者からは，組織の各メンバーが「自己自身の利益によって行為」するということ，つまり「行為者が効用を最大限にしようとする」ことを仮定している点に現れている（Downs [1967] 訳2頁）。また後者からは，新古典派経済学が想定する「完全に熟知された世界」とは違い，「意思決定者は意思決定をなすに当り〔中略〕限られた能力しか持たない」という見解をとり，サイモンの「限定合理性」概念に依拠している。この2つの側面から，官僚制という高度に専門化された組織では「各職員が官僚機構内の他の全職員がしていることを〔中略〕知ることができない」のであって，そこから生じる「不斉合性」によって紛争状態に陥る可能性が生ずる。そこで，「紛争解決のため一定の権限が特定の人間に与えられ」ることになる（Downs [1967] 訳63-64頁）。そして，「組織の規模が拡大すると，調整者は〔中略〕紛争を解決するのに，じきに重荷を感じるようになる」ため，この調整者の数と階層の数が増加していく。この帰結が「ハイアラーキーの法則」であるとダウンズは考えた。

ウィリアムソンは，こうしたダウンズの見解を「コントロール逓減の法則」（Law of Diminishing Control）と捉え，「指令と情報が連続的な階層を経由して伝

達されるために，累積的なコントロールのロスを引き起こす」と解釈して，この法則を援用し，これを内部組織における階層の増加の議論へと展開させている（Williamson [1967] p. 126）。具体的に示すと，「連続する階層の間においては，コントロール・ロスが生じる（そして，これは累積する傾向がある）という命題」を企業理論にも取り込んだ。管理者による監視の失敗の累積が新たな職階を生ぜしめ，そこに新たな中間管理職を配置するという構成がとられた（Williamson [1967] pp. 134-135）。

3　組織理論と経済学

エージェンシー理論とウィリアムソンの内部組織論の展開は，概ね以上のとおりであるが，指摘すべき点は，双方の議論が，結果的にみて古典的な組織理論の権限委譲説の考え方に接近しているということにある。権限委譲説とは，本来自分自身で行うべき作業を，他の者に委譲して行わせるという論理であるが，ウィリアムソン理論の経営者による従業員へのコントロールや，エージェンシー理論での代理関係のネクサスという視点は，共に権限委譲説の組織理論と親和性を持っている[5]。

こうして，新制度学派の組織観は，組織理論の歴史上，最も古典的な官僚制論の枠組みにとどまることとなる。組織理論では，その後本来企業の所有者であるところの株主の利害のみならず，従業員・取引先・顧客といった多様なステイクホルダー間の利害を調整するための論理についても考察がなされてきた。特に近代組織論においては，参加者に受け容れられない限り権威者の命令は成立しえないという権限受容説の採用によって，組織目的を形成するうえで，より広がりをもった議論に発展した[6]。制度学派の議論においても，こうした組織理論の進展をふまえた論理構成が必要とされるところである。

この問題に関しては，旧制度学派のコモンズやガルブレイスの議論が，深い洞察を与えている。彼らの分析枠組は，組織理論の発展と関わりを持っていたのである。

（1）バーナード組織論とコモンズ

コモンズのグッドウィル論では，企業についての「良い評判」（good reputation），そしてその評判が企業の「ひいき」（patronage）たちの「集合的な意見」

(collective opinion) となる点を重視した (Commons [1919] p. 18)。この議論では，企業に関わる人々の意向を反映することが，その存続にとって不可欠であると認識されていた。そして，バーナードはコモンズのグッドウィル論を発展させ，組織均衡論を提示した。そこでは，経営者が各参加者に対して組織全体の目的を十分に理解させたうえで，命令が受容されるべく，参加者に様々な誘因を与えるよう配慮することによって，「協働体系 (cooperative system) に努力を貢献しようとする意欲」を引き出す必要があると捉えられていたのである (Barnard [1938] 訳145頁)。彼は参加者に対して誘因と貢献のバランスを取ることが，組織を存続させるうえでの経営者の大きな役割だと考えたのである。以上が，コモンズからバーナードへの流れである。

(2) サイモン組織論とガルブレイス

そして，バーナードの組織均衡論を活用しつつ，組織の意思決定システムをより精緻化したのがサイモンである。そこでは，バーナードが提示した，管理者個人による被雇用者への説得という論理が，大規模組織では不可能になるという難点を克服しているのである。サイモンは，あるメンバーが，上位のメンバーの意思決定前提に従い，その上位メンバーはさらに上位のメンバーの意思決定前提に従うというプロセスを採っており，「各下位目的がより究極の，より包括的な目的に貢献する」という結果となるので，個人は組織目的に応じた意思決定を行うことができる (Simon [1945] 訳38頁)。この議論において各々の意思決定前提は，参加者によって組織目的が理解され，上位のメンバーの意思決定や命令を受容したうえで形成されるのであって，バーナード理論と同様に誘因と貢献のバランスが重視されることとなる。

この組織理論が，ガルブレイスによるテクノストラクチュア論の構築に援用されているという点については，あまり着目されていない。ガルブレイスによれば，所有と経営が分離した大企業にあっては，専門知識をもった従業員たち，すなわちテクノストラクチュアが企業の実権を握っていると考えたわけであるが，その「集団による決定の仕組」にサイモンの意思決定理論を採用していたのである (Galbraith [1967] 訳109頁)。

(3) サイモン理論と新制度学派——限定合理性概念をめぐって

近代組織論と旧制度学派の相互関係については，以上の通りであるが，つい

で，サイモンと新制度学派の関係について指摘しておこう。通常，新制度学派では，「限定合理性」概念をサイモン理論から継承されているとみなされているが，実際にはサイモンと新制度学派の間で，この概念の用い方に相違がある点に注意する必要がある[7]。

サイモンは人間が「合理性の限界」(limits of rationality) を持つものの，各メンバーがその限界内で各自の役割を果たし，これが合成され，結果的に組織全体の意思決定が行われるというプロセスを示した (Simon [1945])。

一方，ウィリアムソンは「諸制度の研究は，認知的な能力が限られることを是認することで促進される」と主張し，「限定合理性」概念を採用するわけであるが，彼はこの概念を，「意思決定プロセス」と「ガバナンス構造」という2つの形態に区別し，前者はサイモンにより，そして後者は取引コストの経済学に依拠するものであると指摘している (Williamson [1985] pp. 45-46)。新制度学派の企業理論が，サイモンの見解を全面的に採用しなかったのは，経済学者にとって，「満足化」(satisficing) 原理が受容し難かったためであった。

「最大化」(maximizing) 原理を採用する新古典派経済学の意思決定モデル，すなわち完全合理的な選択モデルに対し，サイモンが提唱する「満足化」原理は，人間が選択肢を逐次的に検討し，最初に「要求基準」(aspiration level) をこえた案を，決して最適な案ではないにも関わらず選択する存在であるという，現実的な意思決定モデルを構築する際に用いられた概念である (Simon [1955] p. 99)。

既述のとおり，ウィリアムソンは経営者の「効用最大化」行動を仮定していた。この仮定では新古典派経済学による，生産者の「利潤最大化」の仮定に対置した議論である一方で，経済学にとってなじみ深い，最大化原理を保持している。結局，彼の議論では「満足化」原理が拒否され，「複雑な契約が不完備であることが避けられない経済組織の研究」に際して，不完備契約をいかに統御してゆくのかという観点から「限定合理性」概念を採用することとなった (Williamson [1996] p. 46)。この見解は，次節で検討されるハートやグロスマンらの不完備契約アプローチにも当てはまるであろう。これに対して，サイモンは組織理論の見地から，新制度学派の企業理論は，なぜ意思決定が分散的に行われるのか，なぜ従業員は組織目的に一体化するのかといった組織の論理を欠

いていると批判していたのである（Simon [1969] 訳48 49頁）。

　以上の通り，「限定合理性」概念を採用するサイモンの組織理論とウィリアムソンらの議論の間には大きな相違がある点が明らかにされた。日本では，取引コスト論が「内部組織の経済学」（今井・伊丹・小池 [1982]）というネーミングで紹介されてきたことから，無自覚的に「限定合理性」概念が継承されたと考えられがちであるが，階層組織を対象としつつも，両者の見解が大幅に異なっている点に留意すべきだろう。

第2節　コーポレート・ガバナンスの視座と制度経済学

　以上のとおり，ウィリアムソンの内部組織論ではサイモンの限定合理性概念を利用したにもかかわらず，組織理論の権限委譲説に依拠していた。また，エージェンシー理論においても，結果的にみて同一の観点に立脚していることが明らかにされた。新制度学派によるこうした組織観を前提とすると，権限の究極的な源泉を株主に求めることができる。一方，近代組織論の諸学説では，権限受容説の立場をとることで，管理者と従業員の関係のみならず，顧客や取引先といった企業の外側に存在する参加者が，なぜ組織に貢献し続けるのかという視点を備えており，旧制度学派の議論もこうした見解と密接な関係を持っている。

　本節では，所有者（株主）が経営者をモニタリングし，さらに経営者が組織のメンバーをモニタリングするという新制度学派の観点に基づいたコーポレート・ガバナンスのあり方が株主・債権者重視の立場をとるのに対して，コモンズをはじめとする旧制度学派のアプローチが，株主や債権者のみならず，企業をめぐる多様な利害集団の意向を重視する，ステイクホルダー論の先駆的研究として位置づけられうることを論証する。

1　ウィリアムソンのコーポレート・ガバナンス論

　ウィリアムソンによる，取引コスト論の見地に基づいたコーポレート・ガバナンス研究は1980年代から始められた。この議論では，所有者がプリンシパルであって，経営者がエージェントであると想定されており，企業を「契約の

ネクサス」とみなす,エージェンシー理論からの影響を多分に受けていると考えられる。

　ウィリアムソンは,株主の利害を保護するため,とりわけ取締役会の監視機能を重視している。その際,労働者は中間生産物市場で人的資源を供給する存在であり,債権者や消費者は「契約が更新された際に再交渉（renegotiate）する機会を有している」のに対して,株主は「会社の運命（life）に投資する」だけであって,「投資が特定の資産に結び付けられることのない唯一の存在でもある」と把握している。ウィリアムソンは,他のステイクホルダーとの比較を通じ,残余請求権者に過ぎない株主の利害を強調する論理を導出している（Williamson [1985] pp. 304-305）。そして,労働者が人的資産を自分自身で保有し,サプライヤーが物的資産を自社で保有しているのに対して,債権者は企業の財務体質が悪化した際に投資を回収できない場合があるため,相対的にリスクが高い存在と考えられている。

　この結果,ウィリアムソンは企業の参加者のうち,株主と債権者の利害を重視することとなるが,その主張は取締役会への参加に示されている。サプライヤー,労働者,顧客あるいは地域社会（community）のメンバーも,取締役会に参加する余地が残されているが,それは隠された情報の開示請求,すなわち「情報参加」（informational participation）にすぎない。一方,株主や債権者ではさらに「議決権の資格」（voting membership）をも有している。そこでは株式の持分や出資額に応じた,より積極的な参加が保証されている。

　前節において,ウィリアムソンによる企業組織の独自性を導出しようとする試みについて検討したが,彼はコーポレート・ガバナンス論を構築する際,エージェンシー理論を咀嚼したため,企業の独自性に関しては,単に取締役会において経営者層と株主・債権者の利害が調整されるという論理構成がとられることとなった。もちろん,この議論では彼が以前から用いていた取引コストの比較という視角は残されており,エージェンシー理論との相違はあるものの,個々の契約を統御するメカニズムとして企業を把握しようとするウィリアムソンの視角は,エージェンシー理論の企業観に,より接近したと考えてよいだろう。1980年代に入り,ウィリアムソンがこうした視点を持つようになったのは,かつてアメリカ企業のコングロマリット形態について,「資本市場の内部組織」

として積極面を考慮していたものの，この形態をとる企業の財務体質の悪化に伴い，自らの理論を修正する必要が生じたからであると考えられる。

ここで指摘すべき点は，新制度学派で考慮されているエージェンシー関係が限定的に扱われていることにある。この点に関し，イギリスの組織理論家ローリンソンは，エージェンシー関係において「依頼人（principal）でもあると同時に代理人（agent）でもある，ということはありがちである」と捉え，多面的なエージェンシー構造を念頭に置いている。したがって，「代理人がかかえているのは，誰が依頼人かをみきわめ，多様な種類の依頼人の往々にして矛盾する利益をいかにして仲裁するか」がエージェンシー関係を組み立てる上で重要となると主張している（Rowlinson [1997] 訳45頁）。したがって，企業をエージェンシー関係という側面から捉えようとするのであれば，エージェンシー理論や取引コスト論で示されるコーポレート・ガバナンスの考え方は，企業をめぐる多面的利害関係のうち，きわめて限定された局面が扱われているにすぎない点を認識する必要がある。

2 所有権理論における不完備契約論

一方，所有権理論においては，エージェンシー理論が解明しなかった，契約の不完備性を加味した，独自の企業理論を展開している。ここでは，その代表的な論者である，グロスマン，ハート，ムーアらの議論を検討してみたい。

まず，ムーアによれば，取引コスト論による企業の説明の仕方が，「統合のコストについては，不十分な注意しか与えられていない」と捉え，とりわけ「企業経営者の手中に権威を置くことによって生ずる官僚式の煩雑な手続き（bureaucracy）の増加」から企業のコストを説明するコースやウィリアムソンの見解を批判している（Moore [1992] p. 495）。そして，この見方に代わるものとして，「ボス（boss）が労働者の生産にとって重要な物的資産（the physical assets）を所有し，コントロールする」という見解をとっている。つまり，物的資産の本来的な所有者であるところの株主が，不完備契約の事後的なコントロール権を備えているということになる。この「資産所有者は他の誰にも〔物的資産―筆者付記〕にアクセスさせない権利を持って」おり，この権利が行使されればこれまで当該企業に従事していた労働者は解雇され，別の労働者が雇わ

れる可能性が生ずる。

　このアプローチにおいて，企業が物的資産の集積であることを強調するうえでの典型的なケースとしては，企業統合が挙げられる。グロスマンとハートの共同研究では，契約が不完備である場合には，「一方の当事者によってあらゆる権利を購入することが」適正であると考えられている（Grossman/Hart [1986] p. 692）。彼らは，所有者が物的資産を自由に利用したり，処分したりすることができる権利のことを，「残余コントロール権」(residual rights of control) と呼び，この権利の獲得をめぐる買収側と被買収側の投資行動について分析している[8]。

　買収をもくろむ企業（企業1）の所有者は，取引相手（企業2）の物的資産を自由にコントロールできることを望み，一方，買収される可能性のある企業（企業2）の資産所有者は，統合された場合には残余コントロール権を失うことになるので，買収する側（企業1）への関係特殊的な投資を行うインセンティブが減少する（統合コスト）。もし企業1が，企業2との合併に成功すると，コントロール権は企業1の側に移ることになる。企業統合は，「企業1のコントロールが，企業2による管理の喪失（loss）によって生産性が低下することよりも，企業1のコントロールによってその生産性が上昇するときに」行われる（Grossman/Hart [1986] p. 691）。こうして，彼らは利己的な所有者どうしで不完備な契約しか行われる余地がない場合，物的資産の所有権を一方の側に移転した方が，資源配分が効率的になると考えるわけである[9]。

　ここで重要なことは，所有権理論の不完備契約アプローチでは，取引コスト論で依拠されていた雇用契約の考え方，すなわち労働者の持つ人的資産が特殊であるために取引コストが発生するという見解を否定することで，アルチャンとデムゼッツが採用した，労働者がいつでも代替可能であるとする見方に後退したという点にある[10]。所有権理論が物的資産を所有するという状態を強調するのは，労働者が所有する「人的資本」(human capital) は，自由に売買できないという事実から生じている（Moore [1992]）。このことは，コースの財産権，すなわち生産要素を実体としてではなく権利として捉える考え方（Coase [1960]）に依拠する一方で[11]，アルチャン=デムゼッツがコースの企業観を否定したのと同じく（Alchian/Demsetz [1972]），階層組織の権限関係として企業を捉えよ

うとするウィリアムソンの見解を斥けていることとなる。

　こうして，ハートを中心とする所有権理論とウィリアムソンをはじめとする取引コスト論は，契約の不完備性に着目する点では共通するものの，前者にあっては組織問題を取り上げようとはしていないことが理解できる。

　所有権理論では，「物的資産の購入によって人的資産のコントロールを導く」(Hart [1989] p. 1767) という形で，人的資産を考慮する。ハートは，フィッシャー社（部品製造業者）と GM（完成品製造業者）との統合のケースを挙げ，GM に買収された方が被買収先のフィッシャー社の従業員にとってインセンティブが大きくなる点を指摘している (Hart [1989] p. 1766)。完成品メーカーにとって必要不可欠な部品が，他の部品メーカーからの供給が期待されない場合には，取引中の部品メーカーであるフィッシャー社の交渉力が強くなるため，GM にとっては，この取引がきわめて高くついてしまう。そこで，所有権理論の見地からは「もし GM がフィッシャー社の工場を所有すれば，以前よりも低コストで追加の〔部品の〕供給を実施することができる」と捉えられている (Hart [1989] p. 1766)。したがって，このケースでは，物的資産の所有権が，経済的に最も効率的な経済主体と考えられる GM に移動すると，被買収先の労働者への便益の分け前が，統合前よりも多くなることが見込まれる。また，合併による浪費の削減が，買収先の従業員にとって便益の分け前を増やすというメリットも考えられることから，企業統合が促進されるのである。

　このように，所有権理論の場合では人的資源について，各構成員が組織の中でどのように活動しているかというよりも，組織の他の構成員とは関係なしに，一人ひとりの労働者に対しインセンティブを高めるという形で考慮されているのである。物的資産の所有を重視するこのアプローチにおいては，所有と経営が分離し，管理者や従業員たちによって内部組織が形成され，所有者が企業内の物的資産にアクセスしづらい状況について，コントロール権の強調によって解決を図る。

　その結果，不完備契約論では，所有者自身による資産への関わりについて，「グループとしての株主は，コントロール権を所有しており，このコントロールを取締役会に委任する (delegate)」という点が叙述されているだけであり，複雑な構造をもつ現代企業の活動を提示しえていないと考えられる（Grossman/Hart [1986] p. 694)。この手法では，物的資産の適切な分配を通じてのみ，従業員や株主の利害が調整されると考えているのである。

　個人主義的なアプローチを採用する新制度学派の諸議論では，個々の経済主体を，独立した存在として考えられているが，大多数の人間は，企業組織のなかの権限関係に基づいて活動しているという現実を無視してはならない。このことは，アルチャンやデムゼッツの研究からグロスマン，ハート，ムーアらの研究に至る所有権理論の弱点となっている。従業員について，単に自らの利得をより多く獲得する存在としてのみ捉えようとするこのアプローチにおいては，組織の中での具体的な人間行動については考察し切れないのである。一方，権限関係に基づく階層組織を分析対象にしたウィリアムソンの研究においても，機会主義的な行動仮定がとられるために，メンバーどうしの自発的な関係から発生する行動様式を取り込みきれていない。

　しかしながら，企業内部の経営資源のうち，人的資源をいかに活用するかということが，現代企業にとっての重要な課題の一つである以上，企業理論の発展には物的資産のコントロールの問題だけではなく，組織のメンバーを有効に活用する論理が必要とされているのではないだろうか。

3　コモンズの観点

　こうして新制度学派では，もはや所有者が残余請求権者にすぎないために保護される必要があるという点，あるいは株主が企業をコントロールしようという意識が，他のステイクホルダーよりも高くなるであろうという点から，コーポレート・ガバナンス論において株主重視の手法がとられる。そして，業績悪化に伴う企業の清算を想定しつつ，債権者の利害についても次第に指摘されるようになっている[12]。ところが，現代企業には，株主や債権者だけでなく取引先，従業員，消費者，さらに地域住民といった多様なステイクホルダー間の利害関係をも考慮する必要が生じている。そのため，株主や債権者の利害ばかりを強調するだけでなく，多様なステイクホルダー間の調整をはかることが企業の事業活動を継続するうえでは必要不可欠となっている。近年，こうしたダイナミックな理論構築の必要性から，ステイクホルダー論が活発に展開されてきているが，社会の公共目的に応じた企業活動の必要性を唱えていたのは，そも

そも旧制度学派のコモンズであったことを指摘しておかなければならない。

コモンズは，先述のグッドウィル論からも明らかなように，企業に関わる人々の意向を反映することが不可欠であると認識しており，ここから株主・債権者・取引先・労働者・顧客といった多様な参加者が，その事業活動の継続に向けて互いに期待を抱くという，ゴーイング・コンサーン理論へと発展を遂げた。この議論では先に検討したハートらの所有権理論が物的資産の所有という古典的な所有権概念に固執しているのに対して，将来の期待された収益力に基づいた企業とその組織のありようが示されている。

コモンズは財産の観念が，「物的な事物（physical things）のみに存在するという旧式の考え方」から，コンサーンのメンバーに備わる「スキル，勤勉さ（diligence），忠実度（fidelity），成功，名声」が含まれる考え方への移行を裁判所の判例の進展，すなわち慣習法（common law）の変遷を通じ明らかにした（Commons [1924] p. 182）。裁判所では，物的事物以外の財産として，国王大権に由来する「特権」（franchise）の価値が指摘されていた。コモンズによればこの特権は「恩典（privilege）の備わった資産」であって，「顧客が別の場所へ行ったり，代替案（alternative）を選択する自由を持たない」財産であると評価される。その後，「顧客が自発的に信頼する（voluntarily believe）」自由競争下でのグッドウィルの価値が裁判所により，次第に認識されるようになってきたのである。コモンズは，市場への自由なアクセスから生ずるこの価値を，より積極的に評価している（Commons [1924] p. 194）。

ここで注目すべき点は，コモンズが市場の動向を重視する一方で，決して国家や州政府といった公的機関の役割を軽視しなかったということにある。このことはウィリアムソンの見解と対照的である。

ウィリアムソンは「不確実性の状況下で長期契約（long-term contracts）が行使される場合，完全な〔契約内容の〕現在時点化（presentiation）は禁止的に費用がかかる」と捉える（Williamson [1985] p. 70）[13]。このため，不完備契約を統御する方法が重要となるが，ウィリアムソンは裁判所による第三者の統御（trilateral governance）では，情報の不足によって資産の特定性を認識できないとみなし，私的当事者間での双務的統御（bilateral governance）に基づいた契約の履行を重視している[14]。

この行論において，ウィリアムソンはマクニールの契約法学で示される「関係的契約法」の概念を用い，取引の継続性を重視し，契約中に生じた事情の変化を考慮に入れている。しかしながら，マクニールの独自性は関係的契約の意義を重んじ，企業間の取引では各当事者の人間関係，そして企業内部の取引においては各ステイクホルダー間の社会関係が契約の継続性を分析する一つの目安となっている。彼は関係的契約法の説明にあたり，デュルケームの社会学理論を援用し，取引当事者間の「互恵性（reciprocity）の維持と連帯（solidarity）の維持」が強調され，かつてコモンズが重視していた「力の抑制」（restraining power）の問題についてもこの法理に該当させている（Macneil [1987] p. 274）[15]。

ウィリアムソンは取引メカニズムの選択に際して，マクニールの関係的契約法の法理の定式化を試みたわけであるが，彼が想定する「契約人」（contractual man）同士の契約関係では，互恵的な社会関係を取り込まなかった。この両者の関係から，労働経済学者のジャコービィはウィリアムソンの機会主義の仮定に基づく行動主体の「策略」（guile）によって，マクニールが強調した「進行中の社会関係と社会規範を由来とする契約上の信義（principles）」が歪曲される点を批判的に検討している。ジャコービィの場合には，実証研究の経験から「生得的な機会主義（innate opportunism）に基づく仮定は，信頼に災いをもたらす（fatal）」ものであって，「雇用主による不信の表現としてのコントロールを正確に認識している従業員のあいだで敵意と不信を生み出す」と考える（Jacoby [1990] p. 334）。

そこでジャコービィは，旧制度学派の「経験的な研究」（empirical research）が有効な手法であると理解し，とりわけコモンズの「現実的な仮定」（realistic assumption）に基づく制度分析を評価しているのである（Jacoby [1990] p. 320）。

コモンズの場合には裁判所の存在を強調し，裁判が執行される可能性や，公共目的のために政府の役人が補助的な行動をとる可能性を考慮することで，経済主体は公共の目的に応じた「公認された取引」（authorized transactions）を行いうる点が示されている[16]。こうして統治権（sovereignty）によって取引当事者が所有する有形・無形の資産が承認されることとなる。

そしてコモンズのゴーイング・コンサーン概念は，ゴーイング・プラントとゴーイング・ビジネスから構成されているが，前者は有形の生産設備を稼働さ

せる際の調整・管理の方法が認識され，後者では無形のグッドウィルに基づいた「稼得力」(earning power) が重視される。したがって，企業の活動は有形・無形の財産の双方を活用する必要があるとコモンズは考えていたのである。

　こうして，ウィリアムソンが株主主権に基づく企業組織の効率性について洞察してゆくのに対し，コモンズはむしろ各ステイクホルダー間の力関係に着目することで，各々の目的に対応した産業的コンサーンとしての企業行動のありようを示しているのである (Commons [1924] chap. 2)。このため，コモンズはマクニールとは異なり，裁判所の役割を重視するものの，関係的契約法で重視された，当事者どうしの互恵的な社会関係を考慮していたのは明らかである[17]。

　また，コモンズの議論は物的資産のコントロールに固執する不完備契約論の欠点を克服するうえで重要な視点を備えている。所有権理論のアプローチからは，不採算部門の資産では官僚制の弊害が生じ，その部門は撤退，もしくは効率的な生産が可能となる他企業への売却が想定されるのに対して，コモンズの観点では，現時点での未利用資源，すなわち，債権者・株主・労働者に対して，未だ償還されていない資金などを有効に用いうる視点として，将来の稼得力，期待された収入，将来に向けての現実の出資が挙げられている。したがって，彼の観点は決して株主の利害を軽視するものではないことが理解できるだろう。

4　バーリの経営者支配説

　次に，コモンズ以降の旧制度学派の議論をみておこう。ミーンズとの共同研究 (Berle/Means [1932]) で，「所有とコントロールの分離」状況を実証的に示したバーリは，決して経営者階層を擁護していたわけではなかった点に注意すべきである。彼はドッドとの有名な論争で，会社は株主の利益のために行使されるべきであると主張していたのである。これに対しドッドは，もはやこうした観点だけでは現代企業を把握できないのであって，利潤獲得だけでなく，社会奉仕の機能をも担っていると反論した。

　しかし，バーリはその後『20世紀資本主義革命』において，ドッドの意見に同調した。そこでは，「会社という不思議な組織は法律的制度であると同時に，経済的制度」でもあること，あるいは「会社は人間の組織である」ということが指摘された (Berle [1954] 訳 1, 8頁)。そして20世紀に入り，「人間の生活と慣

習における諸変化，人間の制度の変貌」が至る所で発生している点に関し，その担い手となった大企業を考察の対象としたのである。

バーリはガルブレイスの「拮抗力」（countervailing power）概念に依拠しつつ，行き過ぎた経営者支配に対する抑制として，会社の「良心」（conscience）に期待を寄せている。彼は株主主権の見解から転換したものの，依然として経営者層に対する不信感を拭うことはできず，「会社経営者は真実を語らなければならないし，顧客・労働者・供給者，およびその相手にする大衆層の信任を維持するように振舞わなければならない」と主張するようになったのである（Berle [1954] 訳47-48頁）。

バーリによる，企業を法的・経済的制度と捉え，その慣習の変化から生ずる制度進化を捉えようとする点，また多様な利害関係に配慮した事業活動の展開に期待する点については，直接の言及はないものの，コモンズからの継承関係があると考えてよいだろう。我々は，コモンズやバーリによって示された，歴史の流れのなかで変容してゆく企業という，経済学においてあまり省みられることのなかった観点に着目すべきであろう。

むすび

以上のとおり，新制度学派の議論にあっては，企業を経営者層への株主による監視メカニズムとして，またその内部組織については経営者層から中間の管理職層を経て労働者層を監視するメカニズムとして把握されることとなった。

したがって，新制度学派の契約論的手法では，企業を単に形式上の資産所有者としての株主の所有物とみなし，プリンシパルであるところの株主から俸給経営者，そして現場労働者に至るまで，エージェンシー関係による消極的な権限委譲の連なりが示されているのだが，その要因としては，企業の出資者が単に株主や債権者のみであると考える，伝統的な見解にとらわれているからではないだろうか。現代企業には，顧客のニーズについての的確な把握，そして単なる製品の押込み販売ではなく，アフターサービスの充実や，ブランドイメージの獲得とその確保といった，企業に対する信頼性がこれまでになく重視されている。つまり，事業を推進するにあたっては，株主・債権者だけではなく，

顧客や取引先など，他のステイクホルダーとの信頼関係を構築するメカニズムが必要不可欠なのである。

　こうした現実に即すれば，新制度学派が依拠する「機会主義」に基づく人間観，すなわち他人を裏切ってでも自らの利益を追求するという行動仮定によっては，組織における積極的な人間関係を拾い上げることが困難となる。ウィリアムソンは，コースによる企業の権限メカニズムの特性を，組織理論から導出しようと試みたが，彼が参考とした文献は古い官僚制論に依拠した議論であったため，本来自分で決定する事項を他の者に委譲するという，単純な権限委譲説を採ることとなった。彼はサイモンの「限定合理性」概念に着目したものの，契約のガバナンスという側面から用いたため，サイモン組織論による権限受容説，すなわち組織の全体目的を追求するための，各参加者による意思決定の統合というフレームワークとはまったく異なる組織観が導出されることとなったのである。

　もちろん，ウィリアムソンは自らの視点だけで企業組織を捉え切れないことを十分に認識しており，主著『市場と企業組織』などでは「雰囲気」(atmosphere) 概念を指摘している (Williamson [1975])。しかしながら，こうした見解は補足的に用いられるだけであって，人間の「機会主義」的行動を分析の基軸としている以上，あくまで取引コスト論のフレームワークの外側にしか位置づけられないのである。

　また，所有権理論は，エージェンシー理論の限界，つまり契約が完備であることが前提となっているという点を克服し，不完備契約を想定した理論構築が行われ，物的資産の所有こそが企業をコントロールすることの鍵となるわけであるが，この議論では契約の複雑性については考慮されているものの，内部組織の権限関係を否定し去ったために，現代大企業の実態に即した議論となっていない。

　そこで，新制度学派では，以上のアプローチの欠陥を克服すべく，ラングロア，ティース，ドシらによって展開される能力論的な手法では，近年の進化経済学の進展や，チャンドラーが提示した「組織能力」(organizational capability) の概念に依拠しながら，企業内部に蓄積する独自の能力に着目した企業制度論を構築しつつある。この手法に関しては，すでに別のところで論じているため

(中川 [2005]),ここでは深く言及しないが,問題となるのは,模倣や学習といった進化論的な観点から能力を解明している点にある。組織能力の構築にあたって不可欠となるのは,他社から容易に模倣されない独自の能力の形成である。このため,戦略の策定に際し,経営陣の意志や意図といった,主意的な側面を欠くことは企業行動の重要な側面を見落とすことにもなりかねないのである。

また,諸々のステイクホルダーに対して,企業が信頼を勝ち得るために必要なことは,個人の目的と企業の目的,そして企業の目的と公共目的とのバランスをとることが必須となる。そのためには,人間の行動を固定的に捉えず,むしろ人間の慣習の変化に応じて制度が進化するプロセスを把握しようとする,旧制度学派の手法を復権させる必要がある。

だが,方法論的個人主義に依拠する新制度学派の論者からは,旧制度学派のアプローチがこれまで単なるホーリズム(方法論的全体主義)に陥っているという批判がなされてきた。たしかに,ヴェブレンは制度を利己的な個人の相互作用の結果と見るのではなく,当該社会における支配的な思考習慣とみなしており,のちにホジソンらによって制度を一種の遺伝子のように取り扱われていった。したがってヴェブレン流の進化観は,環境の変化に伴い,従来支配的であった制度や慣習が転換してゆくという視点をとっている。そして,ガルブレイスのテクノストラクチュア論では,消費者や株主に対して,テクノストラクチュアのイニシアティブを過度に強調しすぎたために,行動主体の主意性が軽んじられている感は否めない。

だが,「拮抗力」(countervailing power)概念を展開した『アメリカの資本主義』(Galbraith [1952])をはじめとして,ガルブレイスのねらいは,本来企業活動を公共目的に一致させることにあった。たとえば『経済学と公共目的』(Galbraith [1973])では,大企業体制の抑制メカニズムとして,公共的な目標を対置させることにより,テクノストラクチュアの目標を転換させるという論理構成をとっていたのである。また,ヴェブレンの制度分析についても,「制作者本能」(the instinct of workmanship)に基づく「知的好奇心」(idle curiosity)による支配的な思考習慣への抵抗の論理を持っており,主体的な制度進化への道を切り開く手法を備えているとも考えられる(Veblen [1914])。

そして,理論の体系性に欠けているという新制度学派による旧制度学派批判

に対しては，コモンズ流の人為進化の行動理論に基づくゴーイング・コンサーン論を継承したバーナードやサイモンによる組織理論との接合を行うことで一定の回答を示しうるのではないだろうか。社会に埋め込まれた企業とその組織のメカニズムを把握するためには，旧制度学派の経済学と組織理論との共同作業が必要不可欠となるだろう。

注
1) エージェンシー理論では，「プリンシパルの観点からエージェントが最適な決定を下すことをゼロ・コストで保証する」ことが不可能であるとする見解を採り，「エージェントの決定とプリンシパルの厚生を最大化する決定の間にはいくらかの相違がある」とみなし，その差額がエージェンシーコストであると捉えている（Jensen/Meckling［1976］p. 308）。
2) 彼らはチーム生産の問題点として，各メンバーの生産についての貢献が測定できないために，「怠業」（shirking）をする可能性があることを指摘した。そのため，雇い主にとって，従業員のフリーライディングを防ぐには，誰を雇用するかが関心事となる。結局のところ，雇用契約の締結とその実施に伴う追加コストがかさんでも，チーム生産によるメリットがあれば，そこに企業が誕生する（Alchian/Demsetz［1972］）。
3) コースは自らが提示した「コースの定理」，すなわち取引費用がゼロと仮定された場合の分析について，「経済システムを構成する諸制度のあり方の決定において，取引費用が果たす，あるいは果たすべき基本的な役割を，明らかにする」ことを多くの議論が軽視していると批判した（Coase［1988］訳 15頁）。この点からみても，エージェンシーコストの意義が，市場メカニズムとの程度の差としてしか捉えないエージェンシー理論の観点には賛同しないであろう。
4) この点について，コースのいう企業とは「（問屋制生産にみられるような）いつでも分離して自営独立が可能な生産ユニットの集合体」のことであって，「労働者個人の自営独立を前提にした〈市場取引と企業の互換性〉という論理」構成をとることに批判的な見解をとる論者が存在する（金子［1997］84-85頁）一方で，主流派の観点では，コースによる，この互換性こそが重要であって，市場と企業との相違を強調するウィリアムソンの議論に批判的な見解がとられる場合がある（西島［1985］）。
5) ファーマ＝ジェンセンの議論は，エージェンシー理論において組織のメカニズムを解明しようとする試みである（Fama/Jensen［1983］）。この論考では，所有と経営が分離した「オープン・コーポレーション」における，組織メンバー間の相互監視メカニズムを提示している。そこでは，部下にとって上司は昇進に際してのラ

イバルとなることが，下から上へのモニタリングを行う結果となるためにエージェンシー・コストが減少するという見解を示し，従来の議論の欠点を克服している。しかしながらこの議論では，従業員とのインセンティブ契約を締結しておけば，各自が昇給，昇進など，自己の経済的な目的に基づいて行動するにすぎない。したがって，従業員が組織に参加し，組織目的に応じた行動をとることについて検討する一般的な組織理論の観点とは大きく異なっている。

6) 寺本氏らは，コーポレート・ガバナンス論の系譜として，(1)バーリ＝ミーンズの研究を中心とする企業支配論，(2)サイモンの研究を中心とする組織意思決定論，(3)フェファー＝サランシックによって体系化された資源依存モデル，そして (4) ウィリアムソンによって精緻化された取引費用理論を挙げている。これらのアプローチのうち，(2)では「組織を外部環境との関係で十分に検討しているとはいえない」と捉えている（寺本・坂井・西村［1997］52-57頁）。しかしながら，この行論では (2)のアプローチが近代組織論全般を指しているにもかかわらず，近代組織論は内部組織指向の議論であると理解している。このため，バーナードの組織均衡論が，外部環境との相互関係について詳細な分析がなされている点に着目していないことに問題が残る。ただし，バーナードの手法は，組織と参加者との誘因と貢献のバランスをとる際に，経営者個人の力量に左右される傾向がある。そのため，近代組織論のアプローチをとる場合の課題は，外部ステイクホルダーとの関係を重視するうえで，トップ・マネジメント層をいかに組織化するのかという点が課題となるだろう。

7) 杉浦氏は，サイモンの限定合理性概念について，「理性的存在として確定された主体としての人」として捉えるのではなく，理性をも含めた「人間の心がコミュニケーション関係のうちに形成されるものとして，共同主観性の世界構造のうちに」限定合理性概念を理解する必要があると指摘している（杉浦［1996］140頁）。この指摘は，組織の参加者が，そもそも理性的な存在なのではなく，共同主観的に形成された言語を用いることによって，理性的なコミュニケーションが行えるようになる観点を提示し，結果的にサイモン理論が主体的な組織メンバー間のコミュニケーション理論として捉えうる点を示唆している。

8) したがって，彼らは所有権を「残余コントロール権の購入のことである」と定義する（Grossman/Hart［1986］p. 692）。また，不完備契約論が残余コントロール権という用語を使うのは，「残余請求権」という用語では，単に所有者の利益に関する権利を表すにすぎず，企業統合の決定にあたり，誰が資産をコントロールするのかという点を提示できないからである。

9) 部品製造業者と完成品製造業者との企業統合が行われず，企業間取引が継続してゆく典型的なケースとしては，日本の自動車産業の場合，完成品メーカーが部品の図面を引く貸与図よりも，部品メーカーの設計による承認図のケースが多く見受けられることが挙げられる。したがって，「アメリカの自動車産業で完成品の型を

所有する場合が多く」なっているのに対し、日本では「部品業者に型を所有させるのが望ましい」と考えられている（伊藤・林田・湯本 [1993] 111頁）。

10) アルチャン＝デムゼッツは、雇用者と従業員との関係を食料品店とその顧客との関係の如く、自由な労働市場、つまりいつでも参入や退出が可能である関係と捉え、コースやウィリアムソンが念頭に置いた、雇用者と従業員間の権限による指揮命令によって企業組織を説明しようとする見解を斥けている（Alchian/Demsetz [1972]）。

11) コースは、取引コストが正である場合、資源配分が価格メカニズムによって直接行われず、生産要素としての物的資産の利用権を持つ者によって行われると主張する（Coase [1937], Coase [1960]）。

12) たとえば、三輪・神田・柳川 [1998] などを参照のこと。

13) 「現在時点化」はマクニールの用語で、「人が現時点で将来への影響を読み取っていく（perceive）」方法のことを指し、当事者が将来の事情の変化を考慮しつつ、現時点で契約の締結を行うことを意味している。他方、1回限りの契約の場合には「各当事者の素性（the identity of the parties）は、当該取引とは無関係（irrelevant）である」ために、社会的な状況を考慮に入れずに権利と義務の関係が発生することとなる（Macneil [1978] p. 863）。

14) ウィリアムソンは、この双務的契約の提示によって、『市場と企業組織』で主張された内製（企業）か外注（市場）かの二分法からの脱却を試みたが、彼自身の説明によると、この契約関係は条項の不完備性ゆえに、環境の不確実性がより増大すれば企業の内部組織における「統合ガバナンス」（unified governance）に、そして不確実性が無くなれば、完備契約に基づく「市場ガバナンス」（market governance）に移行するとされる（Williamson [1985] Chap. 3）。このため、ウィリアムソンの場合、日本企業で見受けられる、内部組織と市場の中間形態としての継続的な長期相対取引については、単に不確実性の程度から説明されることとなる。

15) マクニールとデュルケームとの関係については内田 [1990] を参照のこと。

16) コモンズは『資本主義の法律的基礎』において企業を産業的コンサーンとみなし、家族をはじめとする文化的コンサーンとともに、政府（政治的コンサーン）の目的を基に活動することが示された。ここでは、企業の目的が公共の目的に適うよう調整されることになる（Commons [1924]）。

17) マクニールは、裁判所をはじめとする調停機関の介入が想定される契約については「新古典的契約法」に分類しており、1回限りの契約を扱う「古典的契約法」と「関係的契約法」の中間的な契約形態となっている。

参考文献

Alchian, A./H. Demsetz [1972] "Production, Information Costs, and Economic Organization", *The American Economic Review*, Vol. 50, pp. 777–795.

Barnard, C. I. [1938] *The Functions of the Executive*, Harvard University Press (山本安次郎・田杉競・飯野春樹訳『経営者の役割（新訳）』ダイヤモンド社, 1968年).

Berle, A./G. Means [1932] *The Modern Corporation and Private Property*, Macmillan (北島忠男訳『近代株式会社と私有財産』文雅堂銀行研究社, 1958年).

Berle, A. [1954] *The 20th Century Capitalist Revolution*, Harcourt, Brace and Company (桜井信行訳『二十世紀資本主義革命』東洋経済新報社, 1958年).

Coase, R. H. [1937] "The Nature of the Firm", *Economica*, Vol. 4, pp. 386-405. Reprinted in Coase [1988] Chap. 2.

Coase, R. H. [1960] "The Problem of Social Cost", *Journal of Law and Economics*, Vol. 3, pp. 1-44. Reprinted in Coase [1988] Chap. 5.

Coase, R. H. [1988] *The Firm, the Market, and the Law*, University of Chicago Press (宮沢健一・後藤晃・藤垣芳史訳『企業・市場・法』東洋経済新報社, 1992年).

Commons, J. R. [1919] *Industrial Goodwill*, McGraw-Hill.

Commons, J. R. [1924] *Legal Foundations of Capitalism*, Macmillan.

Downs, A. [1967] *Inside Bureaucracy*, Little, Brown and Company (渡辺保男訳『官僚制の解剖』サイマル出版会, 1975年).

Fama, E./M. Jensen [1983] "Separation of Ownership and Control", *Journal of Law and Economics*, Vol. 26, pp. 301-325.

Galbraith, J. K. [1952] *American Capitalism: The Concept of Countervailing Power*, Houghton Mifflin (新川健三郎訳『アメリカの資本主義』TBSブリタニカ, 1980年).

Galbraith, J. K. [1967-78] *The New Industrial State, 3rd. edition*, Houghton Mifflin (石川通達・鈴木哲太郎・宮崎勇訳『新しい産業国家（第3版）』TBSブリタニカ, 1980年).

Galbraith, J. K. [1973] *Economics and the Public Purpose*, Houghton Mifflin (久我豊雄訳『経済学と公共目的』TBSブリタニカ, 1980年).

Grossman, S./O. Hart [1986] "The Costs and Benefits of Ownership: A Theory of Vertical Integration and Lateral Integration", *Journal of Political Economy*, Vol. 94, pp. 691-719.

Hart, O. [1989] "An Economist's Perspective on the Theory of the Firm", *Columbia Law Review*, Vol. 89, No. 7, pp. 1757-1774.

Jacoby, S. [1990] "The New Institutionalism: What can It Learn from the Old", *Industrial Relation*, Vol. 29, pp. 316-329.

Jensen, M./W. Meckling [1976] "Theory of the Firm: Managerial Behavior, Agency Costs and Ownership Structure", *Journal of Financial Economics*, Vol. 3, pp. 305-360.

Macneil, I. [1987] "Relational Contract Theory as Sociology: A Reply to Professors Lindenberg de Vos", *Journal of Institutional and Theoretical Economics*, Vol. 143, pp.

272-290.

Moore, J. [1992] "The Firm as a Collection of Assets", *European Economic Review*, Vol. 36, pp. 493-507.

Rowlinson, M. [1997] *Organizations and Institutions: Perspectives in Economics and Sociology*, Macmillan Business（水口雅夫訳『組織と制度の経済学』文眞堂，2001年）．

Simon, H. A. [1945-76] *Administrative Behavior: A Study of Decision-Making Process in Administrative Organization, 3rd. edition*, Free Press（松田武彦・高柳暁・二村敏子訳『経営行動（新版）』ダイヤモンド社，1989年）．

Simon, H. A. [1955] "A Behavioral Model of Rational Choice," *Quarterly Journal of Economics*, Vol. 69, pp. 99-118.

Simon, H. A. [1969-96] *The Sciences of the Artificial, 3rd. edition*, M. I. T. Press（稲葉元吉・吉原英樹訳『システムの科学（第3版）』パーソナルメディア，1999年）．

Veblen, T. B. [1914] *The Instinct of Workmanship and the State of the Industrial Arts*, Macmillan（松尾博訳『ヴェブレン経済的文明論』ミネルヴァ書房，1997年）．

Williamson, O. E. [1967] "Hierarchical control and Optimum Firm Size", *The Journal of Political Economy*, Vol. 75, No. 2, pp. 123-138.

Williamson, O. E. [1975] *Markets and Hierarchies: Analysis and Antitrust Implications*, Free Press（浅沼萬里・岩崎晃訳『市場と企業組織』日本評論社，1980年）．

Williamson, O. E. [1985] *The Economic Institutions of Capitalism: Firms, Markets, Relational Contracting*, Free Press.

Williamson, O. E. [1996] *The Mechanisms of Governance*, Oxford University Press.

伊藤秀史・林田修・湯本祐司 [1993]「中間組織と内部組織——不完全契約と企業内取引」，伊丹敬之・加護野忠男・伊藤元重編『日本の企業システム』第1巻第4章，有斐閣．

今井賢一・伊丹敬之・小池和男 [1982]『内部組織の経済学』東洋経済新報社．

内田貴 [1990]『契約の再生』弘文堂．

金子勝 [1997]『市場と制度の政治経済学』東京大学出版会．

杉浦克己 [1996]「労働組織のコミュニケーション関係論的研究」，河村哲二編『制度と組織の経済学』第5章，日本評論社．

寺本義也・坂井種次・西村友幸 [1997]『日本企業のコーポレートガバナンス』生産性出版．

中川淳平 [2005]「組織における人間行動——能力ベース論の再検討」，『駒大経営研究』第36巻，第3・4号．

西島益幸 [1985]「市場と企業組織：取引費用アプローチの批判的検討」『横浜市立大学論叢（社会科学系列）』第36巻，第2・3合併号，137-154頁．

三輪芳朗・神田秀樹・柳川範之 [1998]『会社法の経済学』東京大学出版会．

第Ⅱ部　金融制度の歴史分析

第3章　サフォーク・システムと1837・39年恐慌
—— 一商業銀行による「最後の貸し手」機能の内生的展開 ——

　　　　　　　　　　　　　　　　　　　　　　　　大　森　拓　磨

はじめに

　景気循環に伴う通貨・信用秩序の不安定性から社会を守るために，制度や組織をどう張って，その不安定性にどう対応すべきか。古より関係者を悩ましてきた金融政策の根本課題は，解決への途が示されぬまま，深刻さを増して，現代の経済社会に重くのしかかっている。

　そこで，この課題を歴史的に見直すべく，南北戦争以前のアメリカ金融制度の展開に着目したい。当時のアメリカは，中央銀行が未定着であった。このため，経済恐慌の波及に伴う通貨・信用秩序の動揺に対応するための制度や組織が，州・地域単位で自生した。近年，いわゆるフリーバンキング論をめぐる歴史的論拠の当否との関連で，当時のアメリカにおけるこうした制度や組織の「自生性」をどう評価するかが，論点として注目されている。一方は，フリーバンキング擁護の観点から，この「自生性」を，「自由放任の下で成立し一定の成果を挙げた」と評価し，中央銀行の消極性を謳う立場である。他方は，フリーバンキング批判の観点から，その「自生性」を，「通貨・信用秩序の不安定性に対処する形で必然的に生じてきた」と評価して，それが中央銀行の生成へと繋がりうるひとつの傾向だとみなし，中央銀行の意義を強調する立場である。

　こうした「自生性」を帯びる当時の制度や組織のうち，特に注目されるべきは，アメリカ・ニューイングランド（以下NE）のサフォーク・システム（1819～1858年）である。サフォーク・システムとは，NEの中心地ボストンに所在の商業銀行，The Suffolk Bank を柱に組成された，私的な通貨・信用統轄システムである。システムの運営を通じて，The Suffolk Bank は，NEの多数の発券

銀行から準備を集め，銀行間預金を集中化させる。そして，多数の他行口座を扱い，各種銀行券の額面通りの集中決済を実践する。こうして，約40年に渡って，NE の通貨価値と信用秩序との安定化に寄与した。以上の態様ゆえに，サフォーク・システムの「自生性」は，フリーバンキング論の擁護・批判のどちらにも引き合いに出されるほど，特異な歴史的論拠となっているのである[1]。

こうした特異で曖昧なサフォーク・システムの「自生性」について，筆者は，フリーバンキング批判の見地から，「中央銀行なき時代に，通貨・信用秩序の不安定性に対処しようと，地域単位で一商業銀行が中央銀行的な機能を担おうとした，特殊な過程」という見方を採ってきた。この仮説のもと，サフォーク・システムの起源と生成過程とを先に別稿で分析し，以下 2 点が明らかとなっている。

第 1 に，18世紀から19世紀初頭にかけて，NE では，早くも，有力な諸商人や諸銀行によって，通貨・信用秩序の不安定性に対処するための試みが自発的に模索されていた（大森［2002a］）。

第 2 に，そうした土壌から The Suffolk Bank が登場し，サフォーク・システムが生成される。その過程で，様々な「利害対立」をはらんだ試行錯誤の運営を迫られつつ，発券準備の集中を基調に，銀行間預金の集中，他行口座の管理集中，銀行間決済システムの集中が進む。また，額面通りの集中決済システムの円滑な運営を通じて，地域単位で，銀行券通貨の減価の防衛を阻む「通貨の番人」としての役割を果たし始める。ゆえに，The Suffolk Bank は，NE の「銀行の銀行」として，中央銀行的な機能の一部を内生させた。以上の点である（大森［2002b］）。

本論では，上述の問題意識・仮説・分析成果を踏まえたうえで，1830・40年代のサフォーク・システムの実態分析を主眼に置く。The Suffolk Bank による「道義的説得」，「ペナルティ・レートの賦課」，「最後の貸し手」機能の内生的な展開の論究が，焦点となる。本論を通じて，The Suffolk Bank に芽生えた中央銀行的な機能が，1837・39年の両恐慌への対応を機に，さらに育成されることを主張する。

以下が内容構成である。まず，1830年代，州主権を重視した連邦統治を実践する「ジャクソニアン・デモクラシー」の下で，NE 諸州の通貨・信用秩序が

どう変化したのか。また，その変化と共に，サフォーク・システムの運営はどう変化したのか（第1節）。次に，当時，未曾有の世界恐慌，1837・39年の両恐慌の襲来に対して，NEの通貨・信用秩序の不安定性を，サフォーク・システムは，どこまで，また，どう支えたのか（第2節）。1837・39年の両恐慌への対応を実績に，サフォーク・システムは，各種公権力からどういう評価を得て，1840年代にどう進展を遂げたのか（第3節）。以上の問題意識を念頭に，分析を進める。

第1節 「ジャクソニアン・デモクラシー」下の秩序管理

1 州法銀行の激増と「道義的説得」

「ジャクソニアン・デモクラシー」とは，1820年代末に連邦政府の大統領に就いたAndrew Jacksonと，後継者Martin Van Burenとの政権時代を総じて指す。この政権は，いわゆる連邦主義の考え方を礎とする「アメリカ体制派」への批判を機に誕生した。「アメリカ体制派」は，内陸開発と保護関税の両政策を軸に，連邦政府の主導による国内市場の開拓を狙う。反対派は，連邦政府の主導による経済整備に反発し，州主権の経済統治を尊重した連邦政府の樹立を目指す。結局，反対派のJacksonが連邦政府の大統領に就任し，各州の自立的な裁量性を尊重した連邦統治を進める。これが，「ジャクソニアン・デモクラシー」の特徴である。

Jacksonにとって2度目の大統領選挙となった1832年には，選挙の焦点が「銀行戦争（バンク・ウォー）」に集約される。「銀行戦争」とは，第2次合衆国銀行による連邦単位の拡延的な業務展開に対する，各州の金融関係者や関係当局からの反発を指す[2]。この「戦争」は，「Nicholas Biddle vs. Andrew Jackson」の構図に還元される。つまり，Biddle総裁による第2次合衆国銀行の拡延的な展開を，Jackson大統領が，銀行業務における州単位での自立的な裁量性を阻むものとみなす。Jacksonは，第2次合衆国銀行を具体的な敵対物とみなし，合衆国銀行の特許更新の是非を，選挙の明示的な焦点に据える。そして，州単位の自立的な裁量性を尊重した連邦統治の遂行を喧伝し，2期目の当選を果たすのである。

表 3-1 NE 各州の銀行数（1830～1839年）

	MA州	在ボストン	ボストン域外	メーン州	NH州	RI州	CN州	BA州
1830年	63	17	46	18	…	46	…	…
1831年	70	20	50	17	21	…	…	…
1832年	83	22	61	17	22	49	…	…
1833年	102	25	77	23	22	51	…	…
1834年	103	26	77	28	24	58	27	17
1835年	105	28	77	30	25	61	31	…
1836年	117	33	84	36	26	…	31	19
1837年	129	34	95	55	27	62	31	19
1838年	120	28	92	50	27	62	31	19
1839年	118	27	91	44	28	62	31	19

注：MA＝マサチューセッツ，NH＝ニューハンプシャー，RI＝ロードアイランド，CN＝コネチカット，BA＝バーモント
出所：Root［1895］，*Hunts' Merchants' Magazine*［1841］pp.138-139.

「ジャクソニアン・デモクラシー」は，第2次合衆国銀行の敵対視と州・地域単位での銀行業の展開とを，各地に促した。それゆえ，各州で州法銀行の数と発券による与信とが激増した。サフォーク・システムの運営が利く NE 各州でも，州法銀行の数が伸びる。マサチューセッツ州では，63行（1830年）から129行（1837年）へと倍増する。なかでも，ボストン域外の地方銀行の伸びが高い（46行（1830年）～95行（1837年））。メーン州では，17行（1830年）から55行（1837年）と，約3倍増である。ニューハンプシャー州でも，21行（1831年）から27行（1837年）に伸びた（表3-1）。当時，州法銀行は，各々が所在する州議会の承認を受けて交付された特許をもとに，株式銀行の形態で運営された。

州法銀行の数が激増する一方で，各々の特許法の条項で規定された法定限度額（「発券は払込資本金総額の……倍まで」と規定され，適宜改定される）を大きく上回る発券で与信する銀行が，各地で増える。これは，輸入銀の滞留とイギリスからの資本流入とによる，銀の国内流通量の増加に起因する。すなわち，1820年代，メキシコから輸入銀が大量に入る。また，1820年代末から，アメリカ国内ではエリー運河の開通で投資ブームが生じ，イギリスから資本が流入する。正貨たる銀は国内に多量に滞留する。これが各行の正貨準備高を押し上げる。正貨準備高の押し上げが，各行の発券による通貨供給量の増大を後押しした。自行銀行券の濫発による各行の与信膨脹は，1837年恐慌に陥るまで，

アメリカ国内の景気高揚を推進させた。また，この時期，NEでは，中心地ボストンと各地とを結ぶ鉄道建設が続々と着工される[3]。この鉄道投資需要の増大も，各行の与信膨脹を誘発した。

かくして，各地で，州法銀行数の激増と共に，法定限度を大幅に上回る発券を常態化させる州法銀行が増える。この影響で，NEでは，The Suffolk Bankによる各種銀行券の買取り・兌換総額が急増する。この状況を受けて，The Suffolk Bankは，サフォーク・システムに参加の各行に対し，4点の具体策を自発的に展開する。

第1に，買い取った銀行券を発行元に兌換請求する作業を，原則週1回から1日1回に変更した（1831年から）[4]。サフォーク・システムで，各種銀行券が発行元に直接に兌換請求されるのは，2つの場合である。まず，発行元がシステム不参加の銀行券の場合である。次に，システム参加銀行が発行元で，その銀行券の買取り総額が，発行元がThe Suffolk Bankに置く兌換準備のうち，「当座の兌換準備金」の額を超えて「永久預託金」の額に食い込むほど多額になった場合である[5]。兌換請求を原則週1回から1日1回に変更せざるをえないほど，The Suffolk Bankによる各種銀行券の買取り・兌換総額が増えた。買取り・兌換総額の増大は，システムの参加・不参加を問わず，NE各州に所在の各行による発券総額の増大に起因した。

第2に，法定限度を大幅に上回る発券が常態化しているサフォーク・システム参加銀行に対し，財務内容の健全化を求める回状を送付した（1833年から）。

第3に，上記の回状を送付後もいまだ財務内容の健全化に着手できていないサフォーク・システム参加銀行に，再度その旨を督促した（1833年9月から）。催促にもかかわらず改善の兆しが見られない場合，その銀行の銀行券の兌換を，サフォーク・システム不参加銀行の銀行券の場合と同様にする。つまり，買取り後に額面通りの兌換を請求すべく，発行元にその銀行券を直接送還する。

第4に，サフォーク・システム参加銀行に対し，正貨準備高を超える分の発券総額を総額1万ドル以内に抑えるよう，強く求めた（1833年から）。サフォーク・システム参加銀行からの地方銀行券の入金取扱いを毎日午後1時までとする点も，併せて通達された[6]。

執拗な兌換請求は，サフォーク・システム不参加の各行が対象となった。か

表 3-2 The Suffolk Bank による銀行券の兌換総額（1834〜1849年）

（単位：千ドル）

	兌換総額
1834年	76,248
1835年	95,543
1836年	126,691
1837年	105,457
1838年	76,634
1839年	107,201
1840年	94,215
1841年	109,089
1842年	105,671
1843年	104,443
1844年	126,225
1845年	137,977
1846年	141,539
1847年	165,487
1848年	178,100
1849年	199,400

出所：*Hunts' Merchants' Magazine* [1851] p.467.

ねてから，The Suffolk Bank が買い取った銀行券のうち，システム不参加銀行の銀行券については，額面通りの兌換を発行元に直接請求していた。この請求を，脅迫に近い形で執拗に開始したのである。1832年には，The Bank of Rutsland（バーモント州に所在）に，The Suffolk Bank に準備を置いてサフォーク・システムに参加するよう，The Suffolk Bank は書簡を送って迫っている。その書簡は，The Bank of Rutsland の銀行券を The Suffolk Bank が送還する際に添付されたのである[7]。

だが，こうした「道義的説得」の実践にもかかわらず，各行が自行銀行券を濫発する趨勢は収まらなかった。それゆえ，The Suffolk Bank による各種銀行券の兌換総額は，増加の一途を辿る。1834年には，The Suffolk Bank が1業務日あたりに受け取る各種銀行券の総額が，約8万ドルから約40万ドルに激増した。その兌換総額は，1834年時点で7624万8000ドルに上る。その後も，9554万3000ドル（1835年），1億2669万1000ドル（1836年）と，飛躍的に伸びた（表3-2）。

この状況に，The Suffolk Bank は，さらなる2つの手を打つ。

第1の手は，ボストン所在の各行から The Suffolk Bank に持ち込まれる各種銀行券について，The Suffolk Bank が1日に買い取りうる総額の制限である。すなわち，1日あたりの買取り総額を，それまでの「際限なし」から「ボストン所在の各行が The Suffolk Bank に置く「永久預託金」総額の半分まで」と改めたのである。また，ボストン所在の各行が The Suffolk Bank に持ち込みうる地方銀行券を，ボストン所在の各行が各自の通常業務の過程で手許に入ってきたものに限定した。他方で，サフォーク・システムに参加のボストン所在各行に課される，The Suffolk Bank への「永久預託金」の金額が，漸次引き下げられる。従来の3万ドルから，1万5000ドル（1833年），1万ドル（1834年9

月),最後は5000ドル(1835年)まで引き下げられた。

第2の手は,「ペナルティ・レートの賦課」である。代行決済される各行の債務総額が The Suffolk Bank に置いた準備総額を上回って残高がマイナスになった場合,そのマイナス分に対して The Suffolk Bank が与信する際に,ペナルティ・レートを課したのである。レートは,ボストン所在銀行は月0.1%,地方銀行は月2%と定められた[8]。

かくして,「ジャクソニアン・デモクラシー」のもとで,州法銀行の新設や債務の膨脹が各地で進む。この状況に対し,NE では,The Suffolk Bank が,サフォーク・システムの運営を通じ,システム参加・不参加の各行に対して銀行券の濫発を抑えるために,「道義的説得」や「ペナルティ・レートの賦課」を自発的に講じた。NE の「銀行の銀行」としての監督的な役割が,一商業銀行たる The Suffolk Bank の内に醸成され始めたのである。

2 ロードアイランド州法諸銀行との提携

サフォーク・システムは,兌換準備の預託関係を基盤に,NE 各州の州法銀行からの預金と口座とを集中管理して,銀行間決済を集中化させた。加えて,「道義的説得」を実践した。こうして,NE 各州に所在の各行をじかに統轄するとともに,NE の通貨・信用秩序の健全性を保つ管理を実現した。ただし,ロードアイランド州だけは例外的な方法で統轄された。

ロードアイランド州は,NE でも古くから銀行業が展開された地域である。州域内では,独自の通貨・信用統轄システムが運営された。この統轄システムは,州都プロビデンスにある州法銀行,The Merchants' Bank of Providence を柱に,ロードアイランド州に所在の各行によって自発的に組成されたものである。システムの仕組みは,以下の通りである。

まず,遠隔地の4行を除くロードアイランド州所在の全銀行が,The Merchants' Bank of Providence に「永久預託金」を置く。この「永久預託金」は,各行による自行銀行券の兌換準備として置かれる。「永久預託金」の総額は,各行の資本金総額に応じて,1000ドルから3000ドルの範囲内で累進的に変わる。The Merchants' Bank of Providence は,「永久預託金」を置いたロードアイランド州所在の各行から,NE 各州に所在の各行の各種銀行券を額面通りに受け

取る。受け取った各種銀行券のうち，ロードアイランド州所在の銀行の銀行券は，各行が置いた「永久預託金」で兌換を代行する。それ以外の各行の銀行券は，各発行元に送還し直接兌換を請求する。ロードアイランド州所在の各行について，自行銀行券の兌換総額が「永久預託金」の総額を上回った場合，上回った差額分に付利を課す。以上である[9]。

上記の内容を見る限り，ロードアイランド州域内の通貨・信用統轄システムは，サフォーク・システムの仕組みに強く影響を受けて組成されたことが窺える。異なるのは，サフォーク・システムでは，参加希望の銀行は基本的にすべて受け入れられる。だが，ロードアイランド州のシステムでは，遠隔地に所在の4つのロードアイランド州法銀行が当初から除外されている点である[10]。この通貨・信用統轄システムを通じ，The Merchants' Bank of Providence の下には，約6万ドルもの「永久預託金」が集まった[11]。

The Merchants' Bank of Providence を柱とした通貨・信用統轄システムが運営されたため，対象外の4行を除くロードアイランド州所在の各行は，わざわざボストンに準備を置いてサフォーク・システムに参加する必要がなかった。1831年に，The Merchants' Bank of Providence と The Suffolk Bank とが代理店契約を結び，双方のシステムが提携したからである。両行の代理店契約に基づいて，The Suffolk Bank は，手許に入ったロードアイランド州所在銀行の銀行券を，額面通りに兌換してもらうために，The Merchants' Bank of Providence に送還した。The Merchants' Bank of Providence も，手許に入ったロードアイランド州域外の諸銀行の銀行券を，The Suffolk Bank に送還した。ボストンで額面通りに兌換を代行してもらうためにである[12]。

このように，NE の通貨・信用秩序を直轄するサフォーク・システムではあったが，ロードアイランド州だけは，1831年以降，州域内に自生した統轄システムと提携して間接的な管理を進めたのである。

3　「道義的説得」への反発

かくして，「ジャクソニアン・デモクラシー」の下で，サフォーク・システムは，NE で統轄圏域を拡充させてゆく。この拡充に対し，各行による The Suffolk Bank への牽制も活発となる。

ボストン所在の銀行では，The Massachusetts Bank の反発が顕著である。The Massachusetts Bank は，最古参のボストン所在銀行として，後発の The Suffolk Bank への競争意識が高かった。The Massachusetts Bank は，サフォーク・システムに参加後わずか1年で脱退する。その後は，独自に各種銀行券の受取り・兌換業務を展開してきた[13]。1832年には，The Massachusetts Bank は，サフォーク・システム参加銀行の銀行券の不受理を決めている[14]。

地方諸銀行からも，サフォーク・システムへの反発が，マサチューセッツ州とメーン州とで再燃した。

マサチューセッツ州では，サフォーク・システムに対抗すべく，新規銀行の設立運動が生じた。The Suffolk Bank に反発する一部のマサチューセッツ州所在の諸銀行が，サフォーク・システムと同等の集中決済業務を行いう新規銀行の創設を求めて，マサチューセッツ州議会に特許交付の請願を陳情したのである。実は，マサチューセッツ州では，同様の趣旨による新規銀行の設立運動が，すでに1828年に起こっている[15]。ただし，この時の首謀者が今回の運動に関与したのかどうかは，定かでない[16]。

だが，この特許請願の議案は，州下院議会で「先送り」が勧告される。さらに，州上院議会で，102対86の票差で「先送り」が決まった。The Suffolk Bank やサフォーク・システムを支持する州議員たちによって，議案の凍結が勝ち取られたのである[17]。以後，1836年に The Suffolk Bank の代表者を喚問した以外，州議会による対応は見られなかった。結局，議案は「棚上げ」され，お蔵入りとなった[18]。

メーン州では，1835年に，サフォーク・システム反対運動が勃発した。メーン州では，1832年頃からサフォーク・システムの動向が注視される。州バンク・コミッショナーによる1832年の報告書では，「メーン州所在の各行における手許の正貨保有高はなぜ希少か」という題目が立てられている。そこでは，1832年度のメーン州所在の諸銀行について，未決済の銀行券総額122万633ドルに対し，兌換用資金の総額が50万1151ドル58セントだと示される。内訳は，ボストン所在の各行に置かれた預託金が29万8457ドル54セント，手許の保有正貨が13万763ドル58セント，ボストン所在の各行からの短期融資が7万1930ドル46セントである。ここから，実際に確保が見込まれる銀行券の兌換用資金は，

発券総額の40％以上に上る。それなのに，メーン州所在の各行における手許の正貨保有高は，希少である。これは，ボストンへの他行預金が増え，サフォーク・システムの便宜に依存しつつ，銀行券の兌換用資金が確保されているからだと主張される。

このように，1832年から1833年にかけて，メーン州バンク・コミッショナーによるサフォーク・システムの評価は，概ね良好であった。

だが，メーン州でも新規銀行が増え，与信の拡張が進む。同時に，The Suffolk Bank による「道義的説得」が進む（本節１項）。その影響で，メーン州所在の各行にも，額面通りの兌換を求めて，The Suffolk Bank から自行銀行券が次々に送還されてくる。The Suffolk Bank による，兌換請求に基づく自行銀行券の送還や，銀行券の濫発に対する警告は，各行の与信活動に制御をかける。The Suffolk Bank による「道義的説得」や「ペナルティ・レートの賦課」によってもたらされる窮屈な現況に，1835年，一部の人々からメーン州下院議会に陳情書が提出された。陳情書の内容は，４点から成った。①これ以上銀行特許を認可しない。②現行の銀行制度が続く限り，既存の各行の増資を認めない。③メーン州所在の各行にメーン州法への忠誠を高めさせるべく，自行銀行券の各行窓口による兌換を義務付ける。また，メーン州所在銀行の州域外での活動に，メーン州当局の監査権限を強化する。④通貨をめぐる弊害の阻止に関して，他のNE各州の関係当局と協議する。以上である[19]。しかしながら，陳情書の提出に基づき委員会勧告が出されるも，結局，メーン州議会でも「棚上げ」にされたのである[20]。

第２節　1837・39年恐慌と「最後の貸し手」機能

では，当時未曾有の世界恐慌，1837・39年の両恐慌の襲来に，The Suffolk Bank とサフォーク・システムとは，どう対応してどういう成果を挙げたのだろうか。

１　1837年恐慌とサフォーク・システム

既述のように，「ジャクソニアン・デモクラシー」の下で，各行は，法定限

度を大幅に上回る自行銀行券の濫発を通じて，急激な与信拡張を進める。The Suffolk Bank による「道義的説得」も，「焼け石に水」であった。The Suffolk Bank は，各行による与信の過熱が異常に速く進むのを感じ取る。そこで，以下2つの施策を実践する。

1つ目の施策として，1836年4月，法定限度を大幅に上回る銀行券の濫発が常態化したサフォーク・システム参加44行に，財務内容の改善を求める警告を発し，以下の書簡を送付する。

> 親愛なる貴行へ。昨冬中までに，NE 諸州で銀行数が異常に増え，正貨が希少になりました。その結果，当行（The Suffolk Bank—筆者）は，当行に対するさらなる当座借越（overdraft—筆者）を認めること，もしくは，貴行の残高総額を超えて貴行の銀行券を保有することが不可能となってきました。貴行の口座は現在……ドルの発券過剰の状態にあり，当行はできるだけ早期の履行を当てにしなければなりません。貴行が自行銀行券の兌換用基金を本行に置いていないのならば，今後は正貨との兌換のために貴行の銀行券を貴行に送還せざるをえません。これらの方策が必要となることを残念に思います。だが，貨幣混乱が合衆国全体で生じており，方策の遂行は避けられません[21]。

警告対象となった44行の，The Suffolk Bank に対する「当座借越」にあたる総額は，1836年の時点で66万4000ドルに達していた[22]。

2つ目の施策として，1836年11月，割引・貸付総額を約141万ドルから約50万ドルへ大幅に縮減させた。これは，サフォーク・システムの運営過程で，受取りや代行決済の総額が異常に増え，代行決済時に NE 各州に所在の多くの銀行の準備総額がマイナスとなる。そのマイナス分に対して The Suffolk Bank は自動的に信用供与せざるをえない。したがって，The Suffolk Bank が抱える正貨保有量の目減りが進む。ゆえにこれ以上の与信を抑えよう，との意図からである[23]。

このように，信用恐慌の到来を見越した積極的な信用引締め策を，The Suffolk Bank は事前に執ったのである。

表3-3 The Suffolk Bank の貸借対照表（1831～1849年）

	資産項目					
	割引・貸付	正貨	他行銀行券	他行への債権	不動産	資産総額
1831/10/ 1	1,490,007.06	112,592.99	547,087.28	177,949.55	57,200.00	2,384,836.88
1832/ 8/ 1	1,217,363.51	127,131.43	354,753.40	346,090.67	54,274.58	2,099,613.59
1833/10/ 1	1,012,639.99	158,752.74	380,519.83	669,524.88	53,069.58	2,274,507.02
1834/ 5/ 3	1,173,531.77	69,321.68	360,960.40	494,147.15	53,035.83	2,150,996.83
1835/ 9/ 1	1,327,367.51	49,845.84	549,796.05	475,490.19	77,669.17	2,480,168.76
1836/ 9/ 1	1,188,899.19	126,553.10	429,394.33	1,021,200.26	79,261.59	2,845,308.47
1837/10/ 1	1,381,798.85	109,732.27	413,234.20	1,171,193.15	70,591.64	3,146,550.11
1838/ 2/ 9	1,293,099.63	108,421.70	369,725.24	924,078.72	68,567.89	2,763,893.18
1838/10/ 1	1,380,722.60	135,550.16	400,752.50	1,089,555.25	62,521.64	3,069,102.15
1839/11/ 2	647,725.04	138,453.33	310,458.75	1,161,945.92	60,078.86	2,318,661.90
1840/10/ 1	1,769,811.31	602,114.36	438,815.25	461,280.47	56,883.86	3,328,905.25
1841/ 9/ 4	1,796,259.38	553,718.21	377,313.00	520,540.92	66,872.70	3,314,704.21
1842/10/ 1	1,399,596.94	308,551.10	483,085.87	535,643.09	40,114.89	2,766,991.89
1843/ 8/ 1	1,938,430.64	1,038,808.43	376,822.00	1,302,592.54	34,043.92	4,690,697.53
1844/ 7/ 1	2,041,633.20	784,736.74	505,773.00	621,328.05	100,376.90	4,053,847.89
1845/11/ 1	1,753,555.23	389,989.33	704,599.00	958,578.40	100,412.11	3,907,134.07
1846/10/ 1	1,795,656.03	239,702.01	553,486.00	821,475.07	100,456.91	3,510,776.02
1847/ 9/ 1	2,174,024.98	706,858.36	568,140.00	517,643.42	100,058.62	4,066,725.38
1848/ 9/ 2	1,855,148.48	387,591.30	451,901.57	494,006.49	100,000.00	3,288,647.84
1849/10/ 1	1,427,598.12	369,610.25	779,378.81	725,193.97	100,000.00	3,401,781.15

出所：Weber［1999］をもとに作成。

　1837年，イギリスより恐慌が波及する。未曾有の世界恐慌，1837年恐慌の襲来である。1837年恐慌は，アメリカ全土を震撼させるこれまでにない激発性恐慌であった。恐慌の襲来で，NE の通貨・信用秩序は動揺をきたす。1837年恐慌の襲来は，サフォーク・システムによる通貨・信用管理がどこまで通用するかを占う試金石となった。

　恐慌の波及で，銀行の支払停止がアメリカ各地で生ずる。支払不能に陥る銀行も出た。銀行の支払停止や破綻は，まず南部で顕れる。1837年5月4日にはアラバマ州都モンゴメリーへ，9日には北部地域へ伝播する。10日にはニューヨーク市で正貨支払が停止した。11日には，ニューヨーク州都オルバニーやメリーランド州ボルティモア，NE のロードアイランド州に広がる。12日，ついにボストンに正貨支払停止の流れが押し寄せた。The Suffolk Bank も，やむなく正貨支払を停止する措置を執った。

(単位：ドル)

負債・資本項目					
銀行券債務	預金債務	他行への債務	資本	純利益	負債・資本総額
277,036.00	296,693.96	1,031,374.76	750,000.00	29,732.16	2,384,836.88
239,905.00	112,326.67	944,230.27	750,000.00	53,151.65	2,099,613.59
85,475.00	97,538.54	1,268,429.98	750,000.00	73,063.50	2,274,507.02
113,352.00	111,742.59	1,086,810.13	750,000.00	89,092.11	2,150,996.83
119,453.00	321,118.65	1,285,847.11	750,000.00	3,750.00	2,480,168.76
134,720.00	263,246.40	1,678,592.07	750,000.00	18,750.00	2,845,308.47
23,691.00	404,110.66	1,968,748.45	750,000.00	0.00	3,146,550.11
15,379.00	133,575.42	1,593,163.69	750,000.00	271,775.07	2,763,893.18
219,661.00	205,092.46	1,614,185.01	750,000.00	280,163.68	3,069,102.15
112,863.00	80,041.89	1,064,898.35	1,000,000.00	60,858.66	2,318,661.90
175,093.00	239,320.17	1,831,580.33	1,000,000.00	82,911.75	3,328,905.25
206,661.00	162,275.69	1,811,291.70	1,000,000.00	134,475.82	3,314,704.21
184,543.00	148,017.54	1,329,068.44	1,000,000.00	105,362.91	2,766,991.89
246,543.00	281,019.11	3,019,657.98	1,000,000.00	143,477.44	4,690,697.53
257,170.00	397,194.15	2,188,821.68	1,000,000.00	210,662.06	4,053,847.89
318,027.00	161,417.98	2,219,021.65	1,000,000.00	208,667.44	3,907,134.07
245,362.00	206,800.71	1,825,907.65	1,000,000.00	232,705.66	3,510,776.02
320,063.00	226,912.42	2,215,790.61	1,000,000.00	303,959.35	4,066,725.38
210,038.00	187,926.05	1,572,025.55	1,000,000.00	318,658.24	3,288,647.84
132,145.00	191,451.53	1,787,379.45	1,000,000.00	290,805.17	3,401,781.15

　NEとニューヨーク市で，正貨支払の停止が全面解除されるのは，約1年後の1838年5月末である。ところが，約1年間の正貨支払の停止期間中，NEの通貨・信用秩序だけは他の諸地域に比して極めて安定した状態に保たれた。サフォーク・システムによる自発的な通貨・信用管理が奏効したのである。

　この非常時に，The Suffolk Bank が執った対応策は，2点あった。

　第1点は，「決済システムの運営継続」である。正貨支払の停止期間中も，The Suffolk Bank は，通常通り，各種銀行券を受け取って額面通りの集中決済を続けた。また，The Suffolk Bank は，手許に残る各種銀行券をできる限り兌換する方針を執った。未決済の銀行券通貨に対する正貨総額の比率をできるだけ大きくする意図からである[24]。サフォーク・システムでは，銀行券決済にネット決済方式を導入しており，最終決済手段たる正貨の出動が節約される仕組みをすでに備えていた[25]。ネット決済方式の常備が，正貨支払の停止期間中でも

図 3-1　ボストン所在の主要諸銀行における「他行への債務」総額（1831～1849年）

総額（十万ドル）

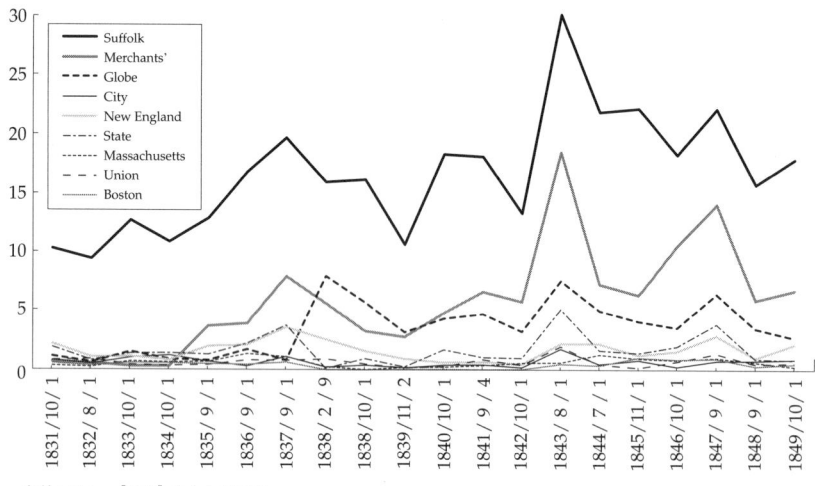

凡例：Suffolk, Merchants', Globe, City, New England, State, Massachusetts, Union, Boston

出所：Weber [1999] をもとに作成。

決済システムの継続を可能にさせた要因だと考えられる。正貨支払の停止期間中，The Suffolk Bank による銀行券鋿却高は，1837年（9月1日）時点で1億545万7000ドルである。正貨支払停止の後遺症が最も強い1838年（10月1日）時点でさえ，7663万4000ドルにまで上った（表3-2）。

正貨支払の停止でどの銀行も各種銀行券を受け取ってくれない非常事態の中で，サフォーク・システム参加銀行の銀行券だけは，The Suffolk Bank によって確実に受け取られ確実に決済され続けた。それゆえ，サフォーク・システム参加銀行の銀行券は，他の各種銀行券に比べて信頼度の高い信用貨幣として評価される。そして，正貨支払の全面停止の間，アメリカ全土はおろかカナダ方面にまで幅広く流通した[26]。幾つかの地域では，サフォーク・システム参加銀行の銀行券が，プレミアムが付くほど高く評価されつつ，次々に受け取られて流通したのである[27]。

第2点は，「他行貸付の増大による流動性供給の安定化」である。正貨支払の停止期間中も，The Suffolk Bank は，サフォーク・システム参加各行からの相当額の「永久預託金」を，無利子の他行預金として，兌換準備の名目で保ち

図 3-2 ボストン所在の主要諸銀行における「他行への債務」総額（1831〜1849年）

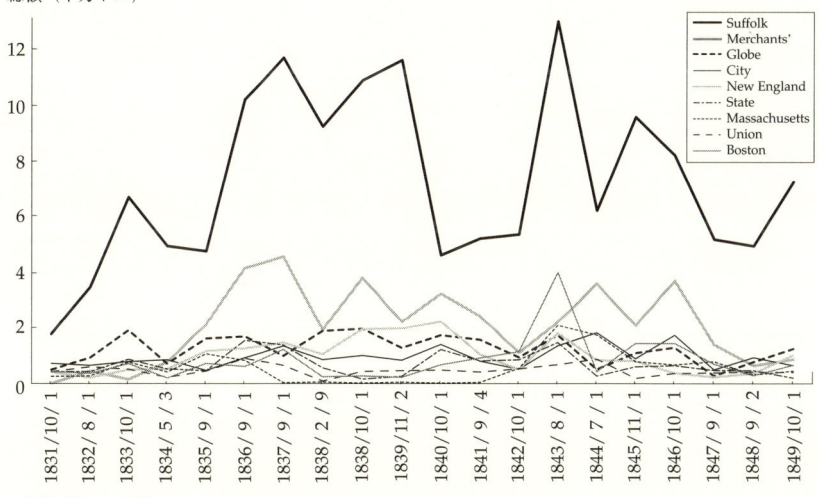

出所：図3-1に同じ。

続けた。この時期の，The Suffolk Bank による「他行への債務」すなわち銀行間預金の総額は，1837年（10月1日）時点で196万8748ドル45セント，1838年（2月9日）時点で159万3163ドル69セントに上っている（表3-3）。これは，銀行間預金の総額で，他の主要なボストン所在の各行を著しく上回る水準である（図3-1）。「永久預託金」を柱とする豊富な銀行間預金の集中保有は，The Suffolk Bank にとって有効な貸付準備となる。この準備を基礎に，The Suffolk Bank は，サフォーク・システム参加各行に対して貸付を継続させた。The Suffolk Bank は，恐慌そして正貨支払の全面停止のさなか，逼迫する NE の通貨・信用秩序に対する安定的な流動性供給の担い手となったのである。

恐慌そして正貨支払停止の間，The Suffolk Bank による「他行への貸付」は，他のボストン所在の各行に比して傑出した。The Suffolk Bank の「他行への債権」総額は，1830年代以降，他のボストン所在の各行のそれを凌駕し続けている。特に1837年恐慌の前後，1836年から1839年までの間，「他行への債権」総額が突出している（図3-2）。

かくして，1837年恐慌の襲来と正貨支払の全面停止という異常な事態に，

The Suffolk Bank ないしサフォーク・システムは、「決済システムの運営継続」と「他行貸付の増大による流動性供給の安定化」という形で、自発的に対応した。The Suffolk Bank は、兌換準備を名目とした豊富な銀行間預金の集中保有を背景に、各種銀行券の口座間決済を継続させて、銀行券通貨の価値を安定化させる。つまり、NE の「銀行の銀行」かつ「通貨の番人」として、有効に機能したのである。また、受取りや決済が確実なサフォーク・システム参加銀行券は、減価のない信頼度の高い信用貨幣として、幅広く流通した。併せて、The Suffolk Bank は、豊富な銀行間預金の保持を背景に、「他行への貸付」を増やし、安定的な流動性供給を続けた。つまり、「最後の貸し手」機能をも自発的に実践したのである。こうして、サフォーク・システムは、1837年恐慌に潰されるどころか、むしろ、逼迫し動揺する NE の通貨・信用秩序を、背後から支えて安定化させることに成功したのである。

2　1837年恐慌後の対応過程

　1837年恐慌を乗り切った経験は、NE 各州当局にサフォーク・システムへの信頼性を高めさせた。同時に、各州当局でも、健全な通貨・信用制度の構築に向けた様々な対応が展開された。

　マサチューセッツ州では、「法定限度を超える発券への罰則金の免除」と「銀行監査制度の導入」という、2点の対策が執られた。前者は、発券総額が払込資本金の総額の75％以下で、ボストンで5ドル以下の、ボストン域外のマサチューセッツ州各地で3ドル以下の、各金種の銀行券の兌換に従う州法銀行について、1839年1月1日までの期間限定で、「兌換に応じない場合に当該行に対し発券総額につき月2％の罰則金を課す」旨を免除するものである[28]。後者は、州銀行当局が年に1度、あるいは、州知事の要請があれば適宜、すべての州法銀行の財務内容を監査するものである。この監査制度はマサチューセッツ州独自のもので、1838年に施行された[29]。

　正貨支払の全面停止から約1年後の1838年4月頃から、The Suffolk Bank は、正貨支払の再開に向けた準備を始める[30]。その際、サフォーク・システム参加各行に対し、各自の口座内容や財務内容を健全化させるよう、改めて通達を出した[31]。イギリスからの正貨流入と共に、5ドル以下の小額金種の銀行券から、

徐々に正貨との兌換が再開される。同年4月16日，2つのボストン所在銀行が正貨支払を再開する。同年5月末までに，NEとニューヨーク市で正貨支払が完全に再開された。

　正貨支払の回復と共に，The Suffolk Bankは，現存するNE各州に所在の各行（当時全321行）に，サフォーク・システムへの参加の可否を改めて問う。マサチューセッツ州，ニューハンプシャー州，バーモント州，コネチカット州に所在の各行は，参加継続をすぐ表明した。特にマサチューセッツ州では，州ウィッグ党（Massachusetts Whig Party）が，サフォーク・システムを積極的に支持する姿勢を示した。サフォーク・システムが自州の銀行制度を恐慌から守り抜いた点を鑑みてのことである。そして，サフォーク・システムをコルレス関係を介したThe Suffolk Bankの独占とみなしてThe Suffolk Bankの事業展開の抑制を目論む州最高裁に対し，それを阻もうと，政治単位で動いたのである[32]。

　だが，メーン州とロードアイランド州の各行は，サフォーク・システムへの参加継続を即座には表明しなかった。その表明までには紆余曲折があった。

　まず，メーン州では，サフォーク・システムに反目する諸銀行が根強く残った。メーン州には，いわゆる西漸運動の中で，投機性が高く価値が不安定な土地や不動産を担保に自行銀行券を濫発して融資する，伝統的な「土地銀行」が多かった。さらに，自行銀行券の兌換にルーズであった[33]。そのうえ，「ジャクソニアン・デモクラシー」の下で，相次ぐ州法銀行の新設と，各行による自行銀行券の濫発に依存した与信膨脹とが続けられた（第1節1項）。メーン州所在の各行は，The Suffolk Bankからの執拗な兌換請求や，銀行券濫発の抑制など，財務内容の改善を求める施策を受け続ける。それゆえ，サフォーク・システムが自行の与信拡張や利益追求の足枷になるとの認識が，各行に浸透していたのである。メーン州所在銀行の中からサフォーク・システム反対運動が生じ，州議会への陳情が行われたのは，既述の通りである（第1節3項）。

　メーン州所在の各行による「反サフォーク・システム」の気運は，1837年恐慌後も続いた。1837年度の州バンク・コミッショナーの調査では，調査対象の55のメーン州所在銀行のうち，サフォーク・システム参加銀行は14行にとどまった[34]。メーン州バンク・コミッショナー自身も，1837年の時点では，サフォー

ク・システムに批判的であった。

　1837年度の州バンク・コミッショナー報告書では，以下の事例が紹介されている。14のサフォーク・システム参加銀行のうち，バンガー（Bangor）所在の2行（The Mercantile Bank of Bangor, The Eastern Bank of Bangor）が，自行窓口で自行銀行券の兌換を実践すべく The Suffolk Bank から「永久預託金」を引き出し，サフォーク・システムからの脱退を試みた，という事例である。次いで，この事例を好意的に評価したうえで，現行のサフォーク・システムに対する運営方法や改善の余地，参加意義の有無を再考すべし，との見解が示されたのである[35]。

　州バンク・コミッショナーによるサフォーク・システム批判の報告書の上申を受けて，メーン州議会では，サフォーク・システムの抵抗勢力を中心に議会工作が進む。そして，メーン州所在各行の銀行券をメーン州以外の地域で兌換することの便宜性，つまり，メーン州所在各行のサフォーク・システム参加の便宜性を問う，合同選任委員会が発足した。

　この委員会メンバーの大部分は，「反サフォーク・システム」の方針にそって報告書を作成する。委員達の論拠は，2点あった。一方は，サフォーク・システムがメーン州所在の各行の発券を抑制し地元メーン州への流動性供給を阻む，という点である。他方は，サフォーク・システムに参加のメーン州所在各行による発券総額を The Suffolk Bank に置く兌換準備総額で除した，銀行券通貨に対する準備率が，約6対1にすぎず，健全な比率（彼らによれば3対1）にない，という点である。提出された報告書には，メーン州所在銀行に，州域外での自行銀行券の兌換に関して州域外での代理人設置を禁止する法案や，銀行券通貨に対する正貨準備の比率を規制する法律など，諸法案の草稿が添付された[36]。

　委員の中には，極少数ながらサフォーク・システム支持派もいた。彼らの論拠は，以下の通りである。ボストンが NE の商業中心地たる以上，メーン州所在の各行の銀行券がボストンに向かう流れには，どの法規制でも抑止できない。むしろ，サフォーク・システムの便宜を利用しつつ，メーン州所在各行の銀行券が，減価せず額面通りに流通され続けるほうが重要である。以上である[37]。

　このように，1837年恐慌直後の時点では，メーン州では，「反サフォーク・

システム」の見方が依然として優勢であった。この状況下で，The Suffolk Bank は，メーン州所在の各行に書簡を送付し，サフォーク・システムへの参加を繰り返し説得する。メーン州バンガー所在の州法銀行，The Mercantile Bank of Bangor の頭取に対して，The Suffolk Bank は，以下の書簡を宛てている。

　　バーモント州所在の各行はサフォーク・システムへの参加継続を決めました。マサチューセッツ，コネチカット，ニューハンプシャー所在の各行も，参照の如く反対の意思表示はあったが，参加継続します。本行は，おもにメーン州との交易に関心を寄せる複数の商人たちから，以下の事柄を要請されてきました。彼らは，参加継続の問題に関して貴行を訪れるもしくは貴行と意見交換する時間を持つまで，貴行の銀行券の受取を続けるよう，要請し続けてきたのです[38]。

　The Suffolk Bank からの度重なる説得に，遂に，多くのメーン州所在銀行が，サフォーク・システムへの参加をしぶしぶ表明した。結局，1838年の時点で，ボストンで自行銀行券を兌換するメーン州所在銀行は，40行に上った[39]。
　次に，ロードアイランド州ではどうだったのか。既述のように（第1節2項），ロードアイランド州では，サフォーク・システムに倣った独自の通貨・信用統轄システムを展開する。このシステムの柱，The Merchants' Bank of Providence との提携を基盤にして，The Suffolk Bank は，ロードアイランド州の通貨・信用秩序を間接的に統轄していた。
　1837年恐慌のあと1838年の夏から，The Suffolk Bank は，The Merchants' Bank of Providence と改めて提携交渉を行う。交渉内容は2点である。第1点は，ロードアイランド州所在の各行にサフォーク・システムとの提携の継続を是認させるよう，The Merchants' Bank of Providence に説得してもらうことである。第2点は，The Merchants' Bank of Providence 自体に，銀行券の濫発を改善してもらうことである。後者に関して，The Suffolk Bank は，1838年7月と9月の2度，The Merchants' Bank of Providence の The Suffolk Bank に対する「当座借越」の総額を最大10万ドルまでとするよう，通達した。
　1838年12月，The Suffolk Bank が2つの条件を付ける形で，両行は合意に至

る。条件とは，第1に，ロードアイランド州所在の各行に対して，準備高を超える発券総額を5万ドルにまで縮減すること。第2に，ロードアイランド州所在の各行が，5万ドルの制限を超えて自行銀行券を濫発する状態を続けている場合，その銀行の銀行券を，The Merchants' Bank of Providence を介さず，各発行元に直接に兌換請求すること。以上である[40]。

　州域外の各地，特にボストンから請求されるロードアイランド州所在銀行の銀行券の兌換に関して，これまでは，The Merchants' Bank of Providence が集中的に受け取って代行決済していた。したがって，ロードアイランド州の通貨・信用システムを統轄する The Merchants' Bank of Providence の自立性は，まだ尊重され，The Suffolk Bank と The Merchants' Bank of Providence とはまだ対等な提携関係にあった。だが，今後は，財務状態の劣悪な銀行の銀行券については，The Suffolk Bank は，The Merchants' Bank of Providence を飛び越えて直接に各発行元に兌換請求できるようになった。それゆえ，サフォーク・システムによるロードアイランド州への統轄は，より直接的なものになったのである。もっとも，サフォーク・システム参加各行における準備高を超える発券総額が通常は1万ドル以内だと，The Suffolk Bank によって決められていた（第1節1項）。だが，ロードアイランド州所在の各行についてはそれが5万ドル以内だとされている。他の諸銀行に比して，ロードアイランド州所在の各行へのシステム規制は，まだ緩い部分があった。ともかく，以後，ロードアイランド州では，各行の未決済の銀行券総額と貸付総額とが共に減少することになる。

　上記の紆余曲折を経て，ロードアイランド州所在の各行も，サフォーク・システムへの参加意思を遂に表明した。

　結局，正貨支払の再開と共に，サフォーク・システムへの参加を継続する銀行は，NE各州で大多数に及んだ。1837年恐慌からNEの通貨・信用秩序を守り抜いたその実績は，改めて，The Suffolk Bank への兌換準備の集中をさらに促し，NE各州に所在の各行によるサフォーク・システムへの信認をさらに集めたのである。

　1839年10月9日から10日にかけて，アメリカは再び正貨支払停止の憂き目に遭う。その状態は1839年末まで続く。ところが，この間，NEだけは，奇跡的

に止貨支払の停止を完全に回避できた。これは，サフォーク・システムがNEの通貨・信用秩序を支えたことによる。1837年恐慌を機に再度高まったサフォーク・システムへの信認と，1837年恐慌時の経験を活かした，サフォーク・システムを通じた The Suffolk Bank による「最後の貸し手」機能の実践によって，すなわち，「決済システムの継続」と「他行貸付の増大による流動性供給の安定化」との実践によって，危機が回避できたのである。

かくして，1837・39年の両恐慌の間，サフォーク・システムは，NEの通貨・信用秩序を守り抜いた。この大試練の間，NE各州で破綻や支払不能に陥った州法銀行は，極少数にとどまり，ロードアイランド州とコネチカット州では，1件も存在しなかった[41]。

第3節 恐慌後の進展

1837・39年の両恐慌の襲来から NE の通貨・信用秩序を守り抜いた実績を背景に，サフォーク・システムには，NE 各州の銀行や関係当局から，続々と信認が寄せられる。高まる信認を基盤に，サフォーク・システムは，1840年代に進展し安定化する。以下では，まず，私的事業としてのサフォーク・システムの進展を支えた要因として，「The Suffolk Bank の利益拡大」と「各種公権力による追認」とに着目する。そのうえで，各種公権力による様々な追認を受けつつ，サフォーク・システムの基盤の安定化がどう顕れたのかを論ずる。

1 The Suffolk Bank の利益拡大

サフォーク・システムは，1826年末以降，The Suffolk Bank の単独事業と化してきた。したがって，サフォーク・システムの進展は，The Suffolk Bank の増益と表裏一体である。1837・39年の両恐慌を経験したあと，The Suffolk Bank の利益や事業規模が一段と拡大する。事業主体たる The Suffolk Bank の業績の堅調さは，サフォーク・システムへの信認の増大に寄与する。この転回を端的に表すのが，1839年の The Suffolk Bank の増資である。増資は1826年以来2度目で，マサチューセッツ州議会へ申請され，州議会で可決された。これを受けて，資本金総額が75万ドルから100万ドルに増えた。では，1837・39

102　第Ⅱ部　金融制度の歴史分析

図3-3　ボストン所在の主要諸銀行における年次配当率（1831～1849年）

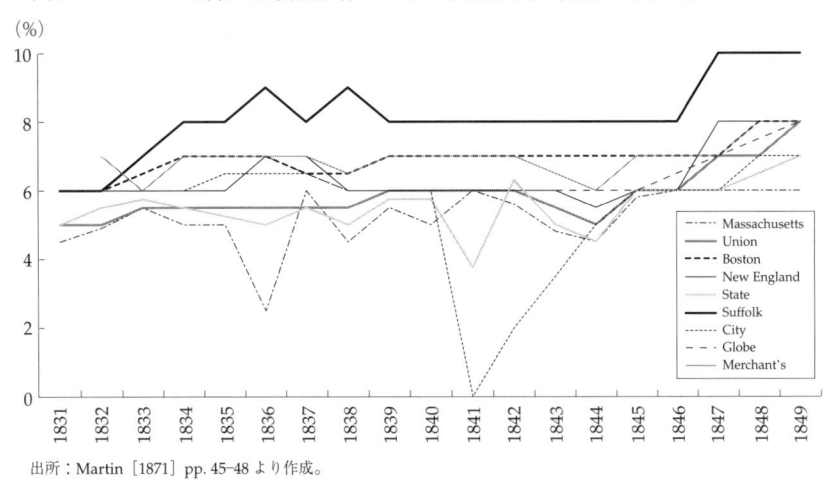

出所：Martin［1871］pp. 45-48 より作成。

図3-4　The Suffolk Bank の株価指数動向（1818～1863年）

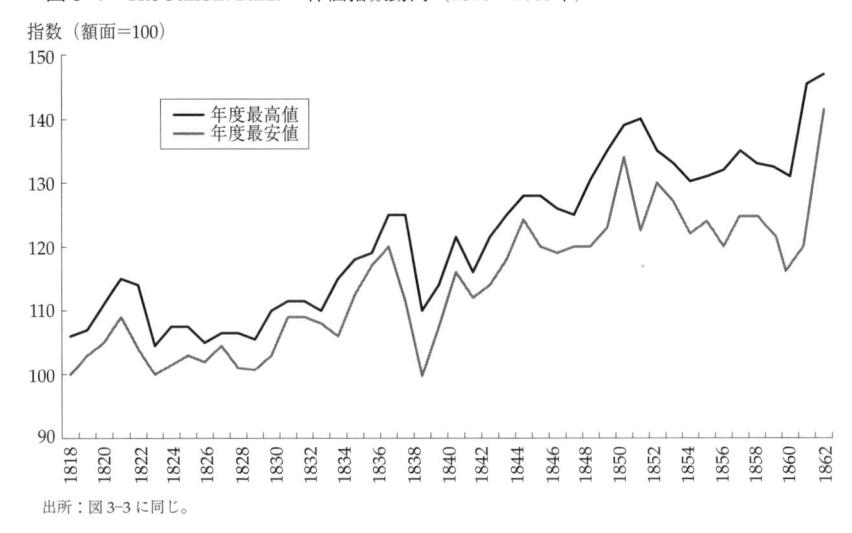

出所：図3-3 に同じ。

年の恐慌後，The Suffolk Bank の利益はどの程度の水準にあったのか。

　まず，The Suffolk Bank の配当率の年次推移を見てみよう（図3-3）。The Suffolk Bank の年次配当率は，開業以来，ボストン所在の銀行の中でも極めて高い水準を維持し続けている。1833年から1846年までは8％前後で推移し，

1847年以降は10％を維持し続ける。輪を掛けて，1839年には，株主に対して，通常の利益配当（8％）に加え，33.3％という驚異的な臨時の特別配当が実施された[42]。The Suffolk Bank は，他のボストン所在各行を凌ぐ，極めて高額の利益配当を提供し続けたのである。

次に，ボストン株式市場における The Suffolk Bank の株価指数の動向を見よう。株価は，1818年から1863年までの間，総じて額面を上回る水準で推移する。額面割れは，1839年の1度だけである。この額面割れも，額面＝100として最安値99.75で，極めて小幅である（図3-4）。これは，The Suffolk Bank の事業展開に対する株式市場の評価が一貫して高かったことを物語っている。

この時期の The Suffolk Bank の主な利益源泉は，2点あった。

1つは，集中化された豊富な預託金を基礎とする貸付収益である。The Suffolk Bank による「他行への債権」総額は，他のボストン所在各行のそれを大きく凌ぐ（図3-2）。また，上述のように，恐慌を防いだ実績から，サフォーク・システムへの参加継続を示す州法銀行が NE 各州で相次ぐ（第2節2項）。The Suffolk Bank が抱える銀行間預金の総額は，1837・39年の両恐慌のあとも，他のボストン所在各行を凌駕しつつ安定的に推移した（図3-1）。

もう1つは，1834年より実施された，サフォーク・システム参加銀行に対する「ペナルティ・レートの賦課」に伴う収益である（第1節1項）。

この賦課収益に関連して，1839年，The Suffolk Bank は，サフォーク・システム参加銀行に対する「当座貸越」の容認限度額を，従来の1万ドルから2万ドルへと大幅に引き上げている。この対応は，The Suffolk Bank が自ら求める，各行による銀行券濫発の常態化を是正する方針と矛盾する。なぜ，敢えて，リスクを冒してまでこの容認限度額を引き上げたのか。その理由は定かでない。ただし，考えられる理由は2点ある。1つは，これまで「ペナルティ・レート」を賦課し続けてきたことによって，サフォーク・システム参加各行の The Suffolk Bank に対する不渡りの度合が低廉の傾向にあると判断されて，NE における弾力的な流動性供給を実現するという公共的な観点と併せて，その容認限度額の引き上げに踏み切った，という点である。もう1つは，敢えてリスクを大きく取ってまでも，サフォーク・システム参加各行に，The Suffolk Bank に対する「当座借越」総額の増大を奨励させて，「ペナルティ・レート」の賦課

による収益を増大させたいという，The Suffolk Bank の私益追求の動機に由来した点である[43]。

かくして，高額な利益配当の継続と高い株価水準の持続，それに，貸付・賦課収益の増大とから，1840年代，The Suffolk Bank の利益総額と利益水準は，ボストン所在の銀行の中でも抜群であったことが窺い知れる。

2 各種公権力による追認

では，NE 各州の各種公権力によるサフォーク・システムの追認は，どう進んだのか。まず，バーモント州では，1842年，サフォーク・システムに参加の州法銀行に税優遇措置が発令される[44]。この優遇措置は，サフォーク・システムへの参加を促す契機となる。また，バーモント州所在の各行の銀行券が，30日ごとに，ボストンで The Suffolk Bank によって集中決済された。さらには，「The Suffolk Bank による銀行券の兌換を拒絶するバーモント州所在の各行に対して発券総額に1％の賦課をかける」，バーモント州法が制定された[45]。また，同年，The Suffolk Bank がバーモント州の各行に「道義的説得」を行っている。融通手形の過度の振出しが常態化しているバーモント州の各行に対し，The Suffolk Bank が財務体質の改善を警告したのである。

コネチカット州では，州バンク・コミッショナーが，報告書を通じて，「サフォーク・システムが地方銀行券の減価防衛に寄与した」と弁明した[46]。1849年の時点で，コネチカット州の各行の銀行券が，60日ごとにボストンのThe Suffolk Bank で集中決済されるに至った[47]。

マサチューセッツ州では，1845年に重要な州法が制定される。それは，「どの州法銀行も支払時には自行銀行券での支払を義務付ける」内容であった。この州法はサフォーク・システムを後援する。これまでは，各行の各種銀行券が支払手段として額面通りに受け取られ通用していた。だが，この州法の制定によって，少なくともマサチューセッツ州法諸銀行に対する支払手段が自行銀行券に限定されたのである。マサチューセッツ州法銀行の The Suffolk Bank は，この州法に基づいて，サフォーク・システム参加各行に対して，自行銀行券以外の銀行券を，兌換請求ゆえに各発行元に送還した[48]。1845年州法は，サフォーク・システムにおける各種銀行券の兌換の推進に拍車をかけ，結果的に，各種

銀行券の平均流通期間が5週間程度にまで短縮された[49]。同時に，各種銀行券の額面通りの流通をも後援したのである。

最後に，かねてからサフォーク・システムへの反感が強かったメーン州では，1840年代を通じて，それまでの全面批判の趨勢から次第にサフォーク・システムを認容する方向へと変わる。

まず，州バンク・コミッショナーによる1838年の報告書では，サフォーク・システムの効能が2点示されている。それは，「公正かつ適正な範囲で銀行券通貨の流通を制限する」点と，「ある統一的な基準で通貨価値を保持する」点とである。両点が公衆に良い影響をもたらすと述べ，サフォーク・システム批判の立場から脱却する兆しが顕れたのである。現に，1839年の時点で，メーン州所在諸銀行の在ボストン預金総額は213万5000ドルに上っている。このうち，約半分の106万4898ドルが The Suffolk Bank に無利子で置かれた[50]。ボストンに準備預金を置いたメーン州所在の各行による，ボストンでの自行銀行券の兌換総額は，平均で，各行の発券総額の約40％を占めた[51]。1837年恐慌のあと，メーン州所在の各行のサフォーク・システムへの依存度は，益々高まったのである。

ただし，まだこの時点では，メーン州バンク・コミッショナーによるサフォーク・システムの全面容認とまではいかなかった[52]。1839年の同報告書で，3点のサフォーク・システム批判が復活している。

①実際，近隣のメーン州法銀行どうしの間で銀行券の交換が実施される。だが，その多くが，近隣銀行の銀行券を，わざわざ遠方の The Suffolk Bank に送付する。これら近隣銀行の銀行券を保護・安定化させることで，サフォーク・システムは，かえって近隣銀行間の競争を煽っている。

②過去3年間で，メーン州所在銀行の破綻はわずか1行（総額：約85万ドル）だが，ボストン所在銀行の破綻は6行（総額：約230万ドル）である。普段はそこに預託金を置いて様々な便宜を享受するはずのボストン所在銀行だが，実は，破綻の不安がメーン州よりも高い。したがって，ボストン所在銀行からメーン州所在の各行への資金融通は不安定である。

③サフォーク・システムの強権性を示す事例に，The Agricultural Bank（メーン州ブリュワー所在）と The Suffolk Bank との兌換をめぐる確執がある。The

Agricultural Bank は，創設以来，サフォーク・システムへの参加を一貫して拒み，自行銀行券の兌換を自行窓口で長らく実施し続けた。1837年6月26日時点で，The Suffolk Bank から3万3000ドル分の兌換請求を突き付けられた。同時に，「永久預託金」を置いてシステムに参加するよう，執拗に迫られた[53]。

1840年の同報告書でも，痛烈なサフォーク・システム批判が盛り込まれている。「兌換準備の名目で The Suffolk Bank に預託金を無利子で置くのは，不当な害悪である。これにより，The Suffolk Bank は莫大な利益を計上している」と[54]。

ところが，1842年末，州バンク・コミッショナーは，一転して，サフォーク・システムを全面容認する意を示す。1842年12月31日付の同報告書では，以下の評価が示された。「サフォーク・システムは，専制的かつ圧制的と信じられてきたが，NE姉妹諸州を襲った全般的危機から我々の金融機関を保護してくれたのは，サフォーク・システムだけであった」[55]。

1842年当時，サフォーク・システム不参加を頑なに続けたメーン州の銀行は，バンガー所在の The Mercantile Bank of Bangor，カレー（Calais）所在の The Calais Bank，ウエストブルック（Westbrook）所在の The Westbrook Bank である。3行の銀行券は，発行元の財務内容が比較的健全であったにもかかわらず，市中では，1〜8％割引されるほど低く評価されて流通し続けた[56]。逆に言えば，「サフォーク・システム参加」という「看板」を持つだけで，その銀行券の銘柄としての信頼性が高く評価される状態にあったのである。

その後，メーン州では，州単位で，健全な銀行制度の構築に乗り出す。1846年8月10日には，メーン州議会で以下の修正法案が可決・成立した。それは，「各州法銀行について，払込資本金総額の50％を超える額の発券に対しては，その超過総額につき3分の1の正貨準備を義務付ける」内容であった[57]。

1848年の時点で，サフォーク・システム不参加を続けるメーン州の銀行は，The Mercantile Bank of Bangor と The Calais Bank との2行に減っていた。両行の銀行券は，所在地から50マイル以上離れた地域では，大幅な減価なしでは流通しえなくなっていた[58]。財務内容に問題のない銀行の銀行券が，「サフォーク・システム不参加」というだけで，大幅な減価を余儀なくされる。サフォー

ク・システムの統轄力とそれに裏付けられる信頼性が社会的にいかに過大に評価されていたかが，窺い知れるのである。

3 システム基盤の安定化

既述のように，「The Suffolk Bank の利益拡大」と「NE 各州公権力からのシステム追認」を介して，1840年代，サフォーク・システムの存立基盤はますます安定化する。存立基盤の安定化は，以下2点で確認される。

1つは，ニューヨーク市に所在の各行との対比である。ニューヨーク市は，1837・39年の両恐慌後，アメリカの金融中心地として頭角を顕す。それまで金融中心地であったボストンやフィラデルフィアに比肩し始めた。アメリカ各地の州法銀行からニューヨーク市所在の各行に銀行間預金が集中し始める。ところが，各地からニューヨーク市に所在の各行に置かれた残高総額のうち，NE 各州に所在の各行が置いた残高総額は，他の諸地域の各行が置いた残高総額よりも著しく低かった[59]。これは，NE 各州に所在の各行が，サフォーク・システムを通じてボストン所在の The Suffolk Bank に銀行間預金を集中化させていたことによる。NE 各州に所在の各行は，サフォーク・システムへの高い信認を背景に，金融中心地としてボストンを重視し続けたのである。

もう1つは，The Suffolk Bank による各種銀行券の買取り・兌換総額の激増である。この激増は，サフォーク・システムの業務規模の拡大を意味する。1840年代，サフォーク・システムによる銀行券の兌換総額がどう増え，この実状に The Suffolk Bank がどう対応したのか。

The Suffolk Bank による銀行券の兌換総額は，1840年以降，右肩上がりが続く（表3-2）。これは，各地での州法銀行の増設と，準備高を大きく超え法定限度さえも上回る自行銀行券の濫発が常態化している銀行とがいまだ多いことによる。1841年12月には，The Suffolk Bank によって，これまでになく強い態度で回状が示される。それは，「財務内容が改善できなければ当該銀行券を The Suffolk Bank で決済せず，当該銀行の窓口に対して直接に兌換請求する」という内容である。この回状は，準備高を大きく超え法定限度も上回る自行銀行券の濫発がいまだ常態化している，103のサフォーク・システム参加銀行に送られた[60]。

こうした The Suffolk Bank の強い姿勢にもかかわらず，銀行券の兌換総額は増加し続ける。1844年の時点で，過去最高（1836年：1億2669万1000ドル）に並ぶ。1847年，兌換総額が1億6548万7000ドルを超えた時点で，The Suffolk Bank による銀行券の兌換は，日ごとでなければ処理できなくなった。1849年には，兌換総額が2億ドル近くに達した（表3-2）。

　1849年10月，The Suffolk Bank は，各種銀行券の集中決済業務を司るフォーリン・マネー担当部局の規模拡張を決めた。具体的には，資金充当の拡大とスペースの拡大である。スペースの拡大には，ボストン所在の The Atlas Bank の一部を1000ドルで間借りして対処された[61]。加えて，サフォーク・システム参加各行に対して，The Suffolk Bank に兌換目的で銀行券を持ち込む際に，フォーリン・マネーとボストン・マネーとの分別を義務付けた[62]。これは，銀行券の兌換業務における煩雑の緩和を狙った措置である。The Suffolk Bank による銀行券の兌換総額は，1858年のサフォーク・システムの停止時まで顕著に伸び続けることとなるのである。

むすび

　筆者の究極の目標は，中央銀行なきフリーバンキングの時代と呼ばれた南北戦争以前のアメリカ・NE で，地域単位で通貨・信用秩序の健全性の維持に寄与したとされるサフォーク・システムの特異な「自生性」の全容を探り，フリーバンキング論をめぐる歴史的論拠の当否との関連で再評価することにあった。この目標のもと，本論では，1830・40年代のサフォーク・システムの実態を論究し，以下の内容が解明された。

　1830年代，州主権の連邦統治を推進する「ジャクソニアン・デモクラシー」の風潮のなかで，NE 各地でも州法銀行の新設が激増する。同時に，各行による法定限度を大きく超えた自行銀行券の濫発で，与信量が膨脹する。これに対し，The Suffolk Bank は，「道義的説得」や「ペナルティ・レートの賦課」を実践し，発券総額の抑制と未決済の各種銀行券の兌換請求とを促した。The Suffolk Bank による「道義的説得」や「ペナルティ・レートの賦課」は，マサチューセッツ州やメーン州の一部地方銀行からの反発を生んだ。

第3章　サフォーク・システムと1837・39年恐慌　109

　アメリカ全土を揺るがした1837・39年の両恐慌の襲来にも，NE だけは通貨・信用秩序の著しい動揺を免れた。The Suffolk Bank による，サフォーク・システムの運営を通じた「決済システムの継続」と「他行貸付の増大による流動性供給の安定化」が，奏効したためである。恐慌が波及し正貨支払が停止された時に，The Suffolk Bank は，NE の「銀行の銀行」として，「最後の貸し手」機能を自発的に実践した。サフォーク・システムの生成過程を通じて，一商業銀行の The Suffolk Bank には，「銀行の銀行」としての中央銀行的な機能の一部が内生していた。1830年代，特に1837・39年の両恐慌の経験を通じて，「道義的説得」や「最後の貸し手」機能が実践され，中央銀行的な機能がさらに育成される。The Suffolk Bank は，NE の中央銀行としての性格により近づいた。

　1837・39年恐慌から NE の通貨・信用秩序の動揺を防いだ実績を機に，1840年代，サフォーク・システムは業務規模を拡延させる。この拡延は，「The Suffolk Bank の利益拡大」と「NE 各州公権力による追認」とを軸に展開された。システム基盤の安定化は，NE 各州の各行による金融中心地としてのボストンの重視と，The Suffolk Bank による銀行券の兌換総額の激増とに顕れた。

　以上の分析結果は，フリーバンキング論の擁護・批判のどちらにも有力な歴史的論拠として引き合いに出される，特異で曖昧な性格を帯びたサフォーク・システムの「自生性」を，フリーバンキング批判の見地から再評価されるべきことを裏付けるものである。サフォーク・システムの「自生性」とは，実は，中央銀行のない通貨・信用秩序の不安定な時代のなかで，一商業銀行たる The Suffolk Bank が，地域ならびに民間単位で，様々な「利害対立」を内包しつつ試行錯誤しながら中央銀行的な役割を自発的に担おうとした，特殊な過程だったのである。本論で解明されたように，1830年代の景気高揚，そして1837・39年の両恐慌の襲来とそれへの対応のなかで，The Suffolk Bank は，NE 各州の各行に，自行銀行券の濫発抑制と決済推進とを迫るため，「道義的説得」と「ペナルティ・レートの賦課」を実践し，「銀行の銀行」としての監督的な役割を担う。正貨支払の停止が波及して信用秩序が逼迫すると「最後の貸し手」機能を自発的に実践し，集中決済業務を持続させて，各種銀行券の通貨価値の減価を防衛したのである。この実績が，NE 各州の州法諸銀行や各種公権力から

のさらなる信認を集め，1840年代，システム基盤を安定化させたのである。

だが，1840年代のシステム基盤の安定性はやがて消え，1850年代，サフォーク・システムは，紆余曲折の果てに運営停止を余儀なくされる。NEの中央銀行的な性格を強めていたはずのThe Suffolk Bankや，NE各州の各種公権力や各行から信認を集めていたはずのサフォーク・システムが，なぜ崩壊したのか。この点の分析は今後の課題である。

注
1) サフォーク・システムの「自生性」を，フリーバンキング擁護の観点から論じたものに，Trivoli [1979] が挙げられる。フリーバンキング批判の観点から論じたものに，Rolnick, Smith & Weber [1998] [2000] やGoodhart [1988] が挙げられる。
2) 第2次合衆国銀行は，米英戦争後の連邦単位でのインフレ管理を名目に，1816年，連邦法に基づいて創設された銀行であった。Biddleによる拡延施策については，大森 [2002b] 77-78頁を参照。
3) 着工区間は，ボストン―ノゥイッチ―ニューロンドン（共にコネチカット州），ボストン―ローウェル（マサチューセッツ州），ボストン―ウスター（マサチューセッツ州），ボストン―プロビデンス（ロードアイランド州）であった。いずれも1835年に開通する。これらの建設に，当初は地元各紙の反対が相次いだ（Erving [1925] p. 15.)。
4) Dewey [1910] p. 87.
5) 大森 [2002b] 66頁。
6) Whitney [1878] pp. 23-24.
7) 書簡の内容については，Whitney [1878] p. 22 を参照。
8) Redlich [1947] p. 71.
9) ロードアイランド州域内の通貨・信用統轄システムについては，Magee [1923a] p. 355, Redlich [1947] p. 260, The Monetary Commission [1898] を参照。The Monetary Commission [1898] は，このシステムを「サフォーク・システムのサブシステム」と評している。
10) 除外銀行は，The Cranston Bank, The Kent Bank, The Village Bank, The Fall River Union Bank である。
11) Magee [1923a] p. 355.
12) Whitney [1878] p. 20. The Suffolk Bank と The Merchants' Bank of Providence とは，代理店契約を結ぶ以前も，銀行券の兌換で緊密な関係にあった。提携が締結される以前の1829年，The Merchants' Bank of Providence へ銀行券を移送中，The Suffolk Bank 初の強盗事件が発生した。

第 3 章　サフォーク・システムと1837・39年恐慌　111

13)　大森［2002b］3.3。
14)　Gras［1937］p. 103.
15)　大森［2002b］3.4。
16)　Redlich［1947］p. 75.
17)　Kroszner［1996］p. 801.
18)　Lake［1947］p. 193. Mullineaux［1987］p. 894.
19)　Stackpole［1900］pp. 72-73.
20)　Chadbourne［1936］pp. 43-44.
21)　Whitney［1878］p. 25.
22)　Whitney［1878］p. 25.
23)　Whitney［1878］p. 26.
24)　Rolnick, Smith & Weber［2000］p. 7.
25)　大森［2002b］3.1。
26)　奥田［1926］89頁，Kilborne［1932］p. 166. また，Hildreth［1837］は，1837年恐慌の襲来を眼前に，サフォーク・システムを軸とする NE の信用システム（彼のいう New England System）が合衆国全土に拡張適用されることが必要である，と主張した。Hildreth［1837］pp. 141-142. Hildreth は，合衆国銀行の拡延的展開に反対の立場を採り，自由銀行論の指導者の一人として銀行制度の変革に尽力した人物である。Hildreth については，豊川［1972］18-19頁も参照。
27)　Whitney［1878］p. 28.
28)　この罰則金制度は，1811年，マサチューセッツ州法銀行の The Union Bank の銀行特許に編入されたのを機に，他のマサチューセッツ州法各行にも盛り込まれ，運用され続けた（奥田［1926］75, 79頁）。
29)　この監査制度は，1843年に廃止される。ただし，州銀行当局の判断次第で適宜監査可能となり，事実上残存した（町田［1962］99頁）。
30)　1838年初頭，The Suffolk Bank は，1836年に解散した第 2 次合衆国銀行の残高の一部を譲り受けた（Whitney［1878］p. 31）。この点も，正貨支払の再開への準備を助長したと考えられる。さらに，The Suffolk Bank は，支払手段として呈示される旧合衆国銀行券の受取りも始めた。旧合衆国銀行券の兌換が正貨支払の再開時に保証されることになったためである（Whitney［1878］p. 31）。第 2 次合衆国銀行は，解散後，ペンシルバニア州法銀行として再出発したが，1839年恐慌の影響で破綻を迎えてしまう。
31)　Whitney［1878］p. 30.
32)　Dalzell［1987］pp. 187-188.
33)　Redlich［1947］p. 75.
34)　Stackpole［1900］p. 73. 14行の内訳は，メーン州ポートランド（Portland）所在の 9 行，それに，The South Berwick Bank, The Augsta Bank, バンガー（Ban-

gor) 所在の 2 行 (The Mercantile Bank, The Eastern Bank), ブリュワー (Brewer) 所在の The Agricultural Bank である.

35) Stackpole [1900] p. 73.
36) Stackpole [1900] p. 73.
37) Stackpole [1900] p. 73.
38) Whitney [1878] p. 29.
39) Stackpole [1900] p. 74.
40) Whitney [1878] pp. 30–31.
41) Hepburn [1924] p. 142.
42) Whitney [1878] p. 31.
43) Lake [1947] は, サフォーク・システム参加諸銀行に対するこの賦課が, The Suffolk Bank の私益追求動機に由来するだろう, と推断する. だが, その私益追求の動機が容認限度額の引き上げに直結したかどうかについては, 評価を留保している (Lake [1947] p. 190)。
44) Lockwood [1958] p. 10.
45) Helderman [1931] p. 32.
46) Dewey [1910] p. 90.
47) Sumner ed. [1896] p. 417.
48) White [1914] p. 295.
49) Holdsworth [1928] p. 211.
50) Chadbourne [1936] p. 44.
51) Stackpole [1900] p. 74.
52) Helderman [1931] は, 「1838年時点でメーン州バンク・コミッショナーがサフォーク・システムを健全なシステムと評した」と記している (Helderman [1931] p. 31)。だが, 1841年頃までは, サフォーク・システムへの評価が善悪併在する (第3節2項参照). 彼らの評価が完全に覆ったのは, 1842年以降である.
53) Stackpole [1900] p. 74.
54) Chadbourne [1936] p. 44.
55) Magee [1923a] pp. 355–356.
56) Magee [1923a] p. 354.
57) 奥田 [1926] 82頁。
58) Magee [1923a] p. 354.
59) Myers [1931] p. 109.
60) Whitney [1878] p. 32.
61) Whitney [1878] p. 43.
62) Whitney [1878] p. 43.

参考文献

Chadbourne, W. W. [1936] *The Banking History in Maine 1799-1930*, University Press.
Dalzell, R. F. [1987] *Enterprising Elite*, Harvard University Press.
Dewey, D. R. [1910] *State Banking before the Civil War*, U. S. Government Printing Office.
Erving, H. W. [1925] *The Connecticut River Banking Company 1825-1925*, Hartford.
Goodhart, Charles [1988] *The Evolution of Central Banks*, MIT Press.
Gras, N. S. B. [1937] *The Massachusetts First National Bank of Boston 1784-1934*, Cambridge.
Hammond, Bray [1957] *Banks and Politics in America from Revolution to the Civil War*, Princeton U. P.
Hepburn, A. B. [1924] *A History of Currency in the United States*, Macmillan.
Helderman, L. C. [1931] *National and State Banks*, Boston.
Hildreth, Richard [1837] *The History of Banks*, Routledge/Thoemmes Press.
Holdsworth, J. T. [1928] *Money and Banking, 6th ed.*, D. Appleton-Century Co.
Hunts' Merchants' Magazine [1841] Vol. 5.
Hunts' Merchants' Magazine [1851] Vol. 25.
Kilborne, R. D. [1932] *Principle of Money and Banking, 3rd ed.*, McGraw-Hill Co.
Kroszner, R. S. [1996] "Comment on the efficiency of self-regulated payments systems: Learning from the Suffolk System." *Journal of Money Credit and Banking*, 28-2.
Lake, W. S. [1947] "The End of the Suffolk System." *Journal of Economic History*, Vol. 7.
Lockwood, W. M. [1958] *Eighty Seven Years! Of Banking in Vermont*, The Newcomen Society in North America.
Magee, J. D. [1923a] *Materials for the Study of Banking*, Prentice-Hall Inc.
Martin, J. G. [1871] *Sevent-three years' history of The Boston Stock Market*, The Author.
Mullineaux, D. J. [1987] "Competitive monies and the Suffolk Banking System: A contractual perspective", *Southern Economic Journal*, 53.
Myers, M. G. [1931] *The New York Money Market*, Columbia University Press.
Redlich, Fritz [1947] *The Molding of American Banking*, Vol. Ⅰ, New York: Hafner.
Rolnick, A. J., Smith, B. D., & Weber, W. E. [1998] "Lessons From a Laissez-faire Payments System: The Suffolk Banking System (1825-1858)", *FRB of Minneapolis Quarterly Review*, 22-3.
Rolnick, A. J., Smith, B. D., & Weber, W. E. [2000] "The Suffolk Bank and the Panic of 1837", *FRB of Minneapolis Quarterly Review*, 24-2.
Root, L. C. [1895] "New England Bank Currency", *Sound Currency*, Vol. Ⅱ, No. 13.
Stackpole, E. B. [1900] "State Banking in Maine", *Sound Currency*, Vol. Ⅶ, No. 5.

Sumner, W. G. ed. [1896] *A History of Banking, Vol. I*, The Journal of Commerce & Commercial Bulletin.

The Monetary Commission [1898] "Bank Note Redemption", *Sound Currency*, Vol. V, No. 10.

Trivoli, George [1979] *The Suffolk Bank: A Study of a free-enterprise clearing system*, Adam Smith Institute.

Weber, W. E. [1999] "Balance Sheets for U. S. antebellum state banks", *FRB of Minneapolis. Research Department*. http://woodrow.mpls.frb.fed.us/research/economists/wewproj.html.

White, Hoarce [1914] *Money and Banking, fifth ed.*, Boston, Mass.

Whitney, D. R. [1878] *The Suffolk Bank*, The Riverside Press.

大森拓磨 [2002a]「サフォーク・システムの起源」,『金融経済研究』(日本金融学会) 18。

大森拓磨 [2002b]「サフォーク・システムの生成」,『経済学論集』(東京大学) 68-3。

奥田勲 [1926]『米国銀行制度発達史』内外出版, (復刻版) 有明書房, 1988年。

豊川卓二 [1972]「アメリカ産業革命期の金融恐慌と銀行」,『金融経済』((財)金融経済研究所) 133。

町田義一郎 [1962]「マサチューセッツ州の金融制度」, 塚本石五郎編『アメリカ諸州の金融制度』所収, (財)大蔵財務協会。

第4章　アメリカにおける1907年恐慌
―― 制度論的景気循環分析の試み ――

阪上亮太

第1節　問題意識と分析視角

　本章は1907年に米国で発生した恐慌の分析を行う。これは以下の点で固有の意義を有すると考えている。第一に，FRB設立のきっかけとなった恐慌であり，その成立史を考える上で内実が解明されている必要がある。第二に，いわゆる「帝国主義段階」における代表的な恐慌であり，発展段階論について考察する際の参照基準としての意義がある。第三に，米国固有の制度がどのような歴史的役割と限界とを有していたのかを明らかにする上でもこの恐慌の分析は欠かせないものである。

　分析視角としては景気循環論的視角と制度論的視角を重視している。前者は経済事象を歴史的な因果関係の連鎖のもとで捉える視角を指し，後者は個々の経済の時代的，地域的な固有性を重視する視角を指している。本章がこの両視角を兼備しようと試みているのは，先行諸研究がいずれか一方の視角しか有しておらず，そのために不十分なものとなっているとの認識の故である[1]。これらの視角を併せ持つ現実分析の重要性を提起することも本章の目的のひとつである。

第2節　1907年恐慌の形態的特色

　従来の米国経済史研究では，1907年恐慌の特色として，①米国を発生源とする史上初の世界恐慌であった点，②19世紀に見られた，ほぼ10年という世界恐慌の周期性が初めて失われた恐慌であった点，が主に指摘されてきた。

　これに加え，1907年恐慌および米国での他の主な恐慌における主要指標の動

表 4-1 主要経済指標の比較表

	WPI				
	ピーク	トラフ	下落期間	下落率	月平均下落率
1907年恐慌	07年6月	08年5月	11ヵ月	14.6%	1.32%
1920年恐慌	20年4月	21年5月	13ヵ月	48.8%	3.80%
大恐慌	28年4月	33年2月	58ヵ月	52.7%	0.91%
1937年恐慌	―	―	28ヵ月	14.8%	0.53%

	バブソン指数				
	ピーク	トラフ	下落期間	下落率	月平均下落率
1907年恐慌	07年7月	08年5月	10ヵ月	28.6%	2.86%
1920年恐慌	20年1月	21年3月	14ヵ月	31.9%	2.28%
大恐慌	29年6月	33年3月	45ヵ月	52.1%	1.16%
1937年恐慌	37年5月	38年5月	12ヵ月	30.3%	2.53%

	D-J指数				
	ピーク	トラフ	下落期間	下落率	月平均下落率
1907年恐慌	06年1月	07年11月	22ヵ月	43.5%	2.00%
1920年恐慌	20年4月	21年9月	17ヵ月	30.2%	1.78%
大恐慌	29年9月	33年2月	41ヵ月	84.8%	2.07%
1937年恐慌	37年2月	38年4月	14ヵ月	41.1%	2.94%

注:総合指標に関しては,侘美[1994] 9頁より作成。ここで振幅度とは AT&T, Pearson-Barrons, Ayres による

きを比較すると,1907年恐慌の形態的な特色として次の点を指摘することができる(表4-1)。①景気下降期間が短いこと(いずれの経済指標でも最短),②実体経済の下降スピードが急速であること(事業活動指数の月平均下落率が4つの恐慌のなかで最大),③株価下落が他の経済指標の下落に大きく先行していること(S&P株価指数のピークは事業活動指数のピークに16ヵ月先行),の3点である。特に最後の点は,他の恐慌時には事業活動指数と株価指数がほぼ同時期にピークを打っていること(20年恐慌:S&P株価指数のピークが事業活動指数のピークに2ヵ月遅行,大恐慌:同3ヵ月遅行,37年恐慌:同3ヵ月先行)を踏まえると,1907年恐慌の顕著な特色であると言えよう。

また,事業活動指数が07年半ばから低下している点も注意を要する。先行諸研究の多くでは,07年恐慌の開始時点を10月に発生した大規模な金融パニックとするものが多い。しかし,実体経済がそれ以前に下降を開始していることは,

Miron & Rome 指数				
ピーク	トラフ	下落期間	下落率	月平均下落率
07年8月	08年4月	9ヵ月	33.6%	3.73%
20年3月	21年5月	14ヵ月	47.3%	3.38%
29年2月	33年2月	48ヵ月	61.5%	1.28%
37年6月	38年7月	13ヵ月	44.0%	3.38%

S&P指数				
ピーク	トラフ	下落期間	下落率	月平均下落率
06年1月	07年11月	22ヵ月	36.7%	1.70%
20年3月	21年8月	17ヵ月	25.6%	1.51%
29年9月	33年3月	42ヵ月	80.8%	1.92%
37年2月	38年4月	14ヵ月	44.0%	3.14%

総合指標			
ピーク	トラフ	下落期間	振幅度
07年5月	08年6月	13ヵ月	29.50%
20年1月	21年7月	18ヵ月	34.70%
29年8月	33年3月	43ヵ月	75.10%
37年5月	38年6月	13ヵ月	45.40%

事業活動指数の趨勢からの変化率の平均を指す。

そのような先行諸研究の捉え方が不十分であることを示唆している。07年恐慌は10月に突発的に発生した金融パニックによって引き起こされたのではなく，それ以前に醸成された要因によって07年半ばに発生したと考えるのが適当である[2]。そこで，本章は07年10月の金融パニックではなく，それ以前の好況過程と株式ブームのなかに，07年恐慌の発生要因を求めることになる。

第3節　株式ブームの発生──1904〜06年

1　実体経済の好況過程

　まず，1907年恐慌に先立つ1904〜06年における米国経済の好況および，株式ブームの内実を明らかにしておきたい。
　米国経済は1903年に軽微なリセッションを経験したが（いわゆる1903年恐慌），

早くも04年半ばから全般的な好況を迎えた。この時期の景気回復は，主に農作物輸出の増加に主導された[3]。04年の米国では，主要輸出品であった綿花が前年比＋36.4％[4]と記録的な豊作となった。同じ年に欧州では綿花が不作となったこともあり，米国の綿花輸出額は前年比17.3％増加した[5]（03年の米国輸出総額におけるシェアは約24％）。その後も，04～07年の平均年率で，原材料品[6]輸出が＋9.6％，加工食料品輸出が＋1.7％となるなど，農産物関連の輸出が好調に推移し，好況過程の一翼を担った。

1907年恐慌に先立つ好況期で注目される点としては，重工業部門の好調も挙げられる。主要製品別に04～07年の生産額の伸びを見ると，鉄鋼製品は平均年率＋9.7％，機械工業製品は同＋5.5％となっている。

重工業部門の好調は，国内鉄道業からの需要増加によるところが大きかった[7]。鉄鋼レールが鉄鋼製品総生産量の約2割を占めていた[8]のに加え，技術革新によってレール以外の需要もこの時期に増大した。すなわち，機関車は従来鋳鉄を素材としていたのが，より強力な蒸気機関とより高圧力に耐えるボイラーを使用する必要から多くの鋼を素材として使用するようになり，また機関車自身も大型化した。貨車や客車は従来一部を除いて木製であったが，この時期全鋼製のものが急増した[9]。

1904～07年の間に，操業マイル数は平均年率2.7％，使用機関車数は同6.0％，使用貨車数は同4.8％増加した[10]。加えて，複線化や側線，構内線の敷設による整備の充実，既存路線取替え等も鉄鋼需要を高める一因となった。これらの結果，貨物輸送量は平均年率8.1％増加した[11]。鉄道業の活動が活発化した背景には，農産物輸出の好調による旺盛な輸送需要に加え，路線の敷設余地が多く残されていたことがあったと考えられる。

鉄道輸送力の増大は，他産業に以下の影響を及ぼしたと考えられる。①西部に未開拓地を多く残していたこの時期の米国にとって，路線の拡大は販路拡大を意味していた，②鉄道業の発展による原材料や製品の安定的な輸送は，各製造業にとって，流通期間の短縮や流通費用の節減をもたらした。

一方，産業全体の好況が輸送需要の増加につながり，鉄道の繁栄をもたらすという関係も存在した。鉄道業と鉄鋼業について言えば，互いが重要な顧客という関係にあった。鉄鉱石，石炭をはじめとする原材料輸送の面，工場間での

中間生産物輸送の面，そして完成品の市場への輸送の面で，鉄鋼業からの輸送需要は大きなものがあった[12]。そしてこの輸送需要に応える形で鉄道建設や整備拡張が行われることは，鉄鋼業への需要増加につながった。

鉄鋼業の繁栄は，設備投資を増加させたが，さらにU. S. スチールを中心とする独占体の成立が積極的な設備投資に拍車をかけた。すなわち，U. S. スチールの成立によって市場の安定が図られ，価格競争がなくなったことは[13]，U. S. スチールだけでなく他の鉄鋼企業にも安定した高利潤をもたらし，生産能力の拡大のための設備投資が積極的に行われることになったのである。この結果，1903～06年の間に，米国の製鋼能力は14.6％増加した[14]。

一般に，いったん好況過程に入ると諸産業は産業連関を通じて相互に依存しながら全般的な好況を迎える。この時期の米国のように，企業合同運動によって大規模な鉄鋼業が成立し，それが強大な国際的競争力を有し，また原材料も基本的に自国内で賄える場合，好況過程はより顕著なものとなる。加えて，この時期の米国には，農産物輸出の好調とそれに伴う鉄道輸送需要増加，鉄道建設の増加および整備拡張とそれに伴う鉄鋼需要増加，鉄鋼業の繁栄に伴う鉄鋼製品の輸送需要増加という連関が存在していた。つまり，農業国型の貿易構造を有すると同時に大規模鉄鋼業が成立し，また国内に広大な未開拓地と市場を抱えるという米国特有の条件によって，1904年以降の好況過程は一層顕著なものとなったと考えられるのである。

2 株式ブームの内実

実体経済の好調と歩みを合わせる形で，03年以降，重工業企業の株式を中心にブームが発生した。株式取引高は総計で03年の約1.6億株から，06年には約2.8億株まで76.5％増加した。また，株式の回転率は，05年は244％，06年は240％と異常な高率を示した（1920年代のピークである28年でも株式回転率は130％程度）[15]。株式投機が極めて短い間に，活発に行われたと考えられる。

株式取引高では，一部株式への取引の集中が顕著である。03年の取引高上位10社で全体の55.9％を占めている。注目されるのは，取引高上位のほとんどが鉄道会社株だという点である。03～08年までの上位10社に入っているものの内，鉄道会社でないのは，U. S. スチール，Amalgamated Copper, American

Smelting & Refining のみである。05年時点で上場している企業数は，鉄道業が97社166銘柄，運送業が4社4銘柄，鉱業が15社18銘柄，工業が57社105銘柄，その他が35社45銘柄であることを踏まえれば，株式ブームはごく一部の大鉄道会社および大産業会社を対象に発生したと言える[16]。

　ガルブレイスは「バブル」の歴史を詳細に検討した後，その発生のために必要なものは，①新しい投機対象，②好況を根拠づける「もっともらしい理論」および神話，③投機を可能にするレバレッジの3つであると結論づけたが，この時期の米国にも「バブル」発生の3条件が存在した。新しい投機対象としては，企業合同の過程で市場に多く供給され，受け入れられるようになった重工業企業株と鉄道株があった[17]。「もっともらしい理論」としては，大企業不倒理論があった。これは大合同によって成立した諸大企業はそれ以前の企業とは異なり，過当競争を排除し安定した利潤を生むため，倒産しないというものである。投機を可能にするレバレッジとしては，証券購入における証拠金取引があった。投資家がブローカーから証券を購入する際，それは証拠金の現金支払によって完了した。証拠金を受け入れたブローカーは無担保で銀行から借入をしてそれによって証券を購入し，この証券を担保として銀行からコール・ローンを借り入れ，この借入で最初の無担保借入を返済した。この時の証拠金率は担保証券が鉄道証券の場合で20％，それ以外の場合は25〜30％であったとされている[18]。投資家は手持ち資金の4〜5倍の株式を購入することができたのである。

　株式ブームの背景としては，著しい金融緩和が存在したことも指摘できる。財務長官Shawは03年末以降意図的に金融市場を緩和し，コール・レートは03年12月の5.50％から大きく低下，04年中はほぼ1％台で推移した。

　株式ブームにおいては好況の進展による収入増も手伝って，多くの大衆が投資を行った。彼らの多くは証拠金取引に手を出した[19]。一般に，証券投資はブローカーに設置している勘定を通してなされた。顧客勘定は証拠金勘定と現金勘定から成り，証拠金率は前述のように20〜30％であった。証拠金勘定を通して取引がなされる場合は，ブローカーは証券を担保として商業銀行からブローカーズ・ローンの供与を受け，その中心はコール・ローンの形態をとった[20]。このコール・ローン形態での短期資金が投資資金の中心となったことは，短期

的な投機を誘発する要因と もなったと考えられる。証 拠金勘定で取引を行ってい たのは零細な大衆投資家で あり，現金勘定取引を行っ ていたのは大投資家・機関 投資家であった。しかしこ れら大投資家もすべてを自 らの現金で賄っていたわけ ではなく，証券担保貸付を 直接商業銀行から受けてい た。対ブローカー以外の証 券担保貸付は無規律に行わ れたわけではなく，信用力 のある顧客としての大投資 家に対してのみ行われた[21]。

表4-2 国法銀行の資産（1904～06年平均）

	原数値（$）	構成比（％）
貸出・割引	3,912,438,235	53.2
貸越	38,655,096	0.5
国債（発券準備）	462,652,747	6.3
国債（公金預託担保）	90,783,659	1.2
その他国債	12,177,996	0.2
有価証券（公金預託担保）	17,459,230	0.2
その他有価証券	622,014,902	8.5
国債配当	14,694,984	0.2
銀行建物等	130,074,708	1.8
国法銀行（非準備市）への預金	325,847,275	4.4
州法銀行への預金	116,316,536	1.6
準備市国法銀行への預金	564,820,663	7.7
手形交換所証券	291,733,478	4.0
正貨	479,387,027	6.5
法貨	163,463,128	2.2
財務省証券	22,530,982	0.3
その他	83,466,254	1.1
合計	7,348,516,900	100.0

出所：*Annual Report of the Comptroller of the Currency*, 1907, pp. 494-496 より作成。

これら大投資家の中心は金融機関であった。彼らは，投資銀行を中心とする引受シンジケートに参加することを通して手数料として証券を受け取ったり，証券投資を行ったりして，資産における証券保有の比率を増大させていたのみならず，ブローカーを通じての証券の購入も行っていたのである[22]。

以上を踏まえるとこの時期の証券市場における中心的な主体は諸金融機関であったと言えよう。彼らは，一般大衆の証券投資に対してはブローカーズ・ローンの出し手としてかかわりをもった。機関投資家に対しては直接証券担保貸付を行った。また，彼ら自身が有力な機関投資家でもあった。さらにシンジケートへの参加を通じても証券投資額を増大させたのである。

3 諸金融機関の証券市場とのかかわり

ただし，諸金融機関と証券市場とのつながり方は金融機関の種類によって多様であった点は注意を要する。この点について各金融機関の資産構成をもとに検討してみよう[23]。

表4-3　国法銀行の貸出の内訳（1904～06年平均）

	N.Y.		Chicago		St.Louis	
銀行数	41	0.7%	13	0.2%	8	0.1%
要求払（手形）	9,858,533	3.0%	15,586,018	4.8%	10,874,597	3.3%
要求払（証券担保）	356,694,534	42.8%	24,613,929	3.0%	25,026,851	3.0%
定期（複名手形）	140,911,042	10.1%	72,285,747	5.2%	30,371,266	2.2%
定期（単名手形）	113,158,835	16.4%	58,114,106	8.4%	12,152,292	1.8%
その他定期貸出	151,037,307	20.0%	35,134,212	4.6%	19,372,656	2.6%
貸出合計	771,660,251	19.3%	205,734,012	5.1%	97,797,662	2.4%

出所：*Annual Report of the Comptroller of the Currency*, 1907, p.166より作成。

　国法銀行の保有資産においては，有価証券が占める割合が比較的高い。04～07年の平均で全体の16.4％となっている。うち国債が7.7％，国債以外が8.7％である（表4-2）。このような国法銀行の資産構成には法的規制が影響を及ぼしていた[24]。国法銀行制度では，銀行券発行のためには準備資産として国公債を通貨監督官に預託する必要があった。国法銀行は関税を除く政府の租税収入の預託機関として認定されていたが，これに対しても一定の国公債を担保として通貨監督官に預託せねばならなかった。これらが国法銀行の国公債保有量を増大させることにつながったと考えられる。

　また1902年に通貨監督官が国法銀行の投資銀行業務に制限を加え，証券担保貸付の貸倒れに伴うもの以外の株式保有を禁止した[25]。このため国法銀行は証券子会社を設立し，行内の証券業務部を移管し，証券投資業務は基本的に子会社が行うことになった。証券子会社は州政府認可の信託会社または貯蓄銀行の形態をとった[26]。国法銀行が保有する企業証券の多くは社債であったと考えられる[27]。したがって，この時期における国法銀行の機関投資家としての役割はほぼ社債金融に限定されていたと言える。

　一方，国法銀行資産の過半を占める貸出・割引について内訳を見ると次のことがわかる（表4-3）。第一に中央準備市・準備市へのコール貸出[28]の集中，特にニューヨークへの集中が顕著なことである。全国の1％に満たない銀行が全国法銀行コール貸出の50％近くを行っている。総じて，中央準備市・準備市銀行でコール貸出の8割程度を占めている。第二に地方国法銀行においては，複名手形割引が圧倒的な比重を占め，全国比でもそれは6割を超えている。複名

その他準備市		地　方		合　計	
288	5.0%	5,419	93.9%	5,769	100%
108,567,279	33.4%	179,954,087	55.4%	324,840,514	100%
248,023,311	29.8%	179,331,498	21.5%	833,690,123	100%
300,329,048	21.4%	856,436,406	61.2%	1,400,333,509	100%
195,930,834	28.3%	312,735,341	45.2%	692,091,408	100%
184,593,425	24.4%	366,788,142	48.5%	756,925,742	100%
1,037,443,897	25.9%	1,895,245,474	47.3%	4,007,881,296	100%

　手形割引は従来より銀行業務の中心をなすもので，各々の地方での短・中期的な資金需要に対応するものである。20世紀初頭の金融構造について，一般に国法銀行業務の Commercial banking から Financial banking への転化が指摘されるが，この傾向はニューヨーク国法銀行を中心とする中央準備市・準備市の国法銀行についてあてはまり，地方国法銀行は従来通りの Commercial banking を行っていたと言えよう。貸出資産合計を見ると，全国の7％に満たない数の中央準備市・準備市国法銀行が過半を占めているが，これは銀行準備金の準備市銀行への集中によってもたらされたものであったと考えられる。そして集中された地方準備金が少数の大銀行の手によって，主にコール貸出を中心に運用されたのである。銀行間預金がコール・ローンとして運用されたのは，手形再割引市場をはじめとする，集中された準備金の融通を可能にするような機構が存在しなかったためであると指摘されている[29]。以上から，株式ブームにおいては中央準備市・準備市国法銀行がコール・ローンの供与を通じて投機資金の供給という重要な役割を果たしたと考えられる。

　次に国法銀行以外の金融機関について順に見てみよう（表4-4)[30]。州法銀行は他の金融機関と比して1行当たりの規模の小ささが顕著である。これは，国法銀行が設立時の資本規模について規制されていたため，大資本を有する銀行を設立しても需要が見込めない開発途上の地方，農村地方において設立されなかったのに対し，それら地方に多数小規模な州法銀行が設立された結果であった[31]。この州法銀行業務の性格は，資産構成において，その他貸出・割引が過半を占め，証券担保貸付はさほど大きな比重を占めていないことに現れている。

表 4-4 各種金融機関の資産 (1904〜06年平均)

	州法銀行		信託会社		貯蓄銀行	
銀行数	7,860		670		1,238	
不動産担保貸付	132,350,348	4.1%	140,307,728	5.1%	1,209,845,826	35.8%
証券担保貸付	103,341,970	3.2%	838,926,070	30.7%	52,831,154	1.6%
その他貸出・割引	1,705,164,467	52.6%	456,219,554	16.7%	277,356,965	8.2%
当座貸越	25,463,598	0.8%	517,903	0.0%	871,913	0.0%
合衆国債	5,865,100	0.2%	1,582,789	0.1%	12,719,711	0.4%
自治体債	10,437,478	0.3%	18,203,077	0.7%	136,459,228	4.0%
鉄道証券	2,373,966	0.1%	36,996,766	1.4%	320,005,369	9.5%
銀行株	621,411	0.0%	6,218,397	0.2%	27,211,110	0.8%
その他証券	374,261,889	11.5%	675,570,595	24.7%	1,048,655,819	31.1%
他行への預金	468,008,147	14.4%	330,858,355	12.1%	150,815,309	4.5%
不動産・備品等	96,217,382	3.0%	76,213,552	2.8%	52,357,012	1.6%
小切手・現金代替物	72,084,688	2.2%	6,146,592	0.2%	130,197	0.0%
現金	218,927,331	6.7%	64,980,538	2.4%	26,099,889	0.8%
その他	28,784,181	0.9%	82,423,003	3.0%	60,161,051	1.8%
合計	3,243,901,956	100%	2,735,164,920	100%	3,375,520,553	100%

注:1) 5大生保とはエクイタブル，ミューチュアル，N.Y.ライフ，メトロポリタン，プルデンシャル。
2) 5大生保については1905年の数字。
出所:*Annual Report of the Comptroller of the Currency*, 1915, pp. 382-384; 1908, p. 414, Keller [1963] 邦訳, 208-212頁。

一方，証券投資額は高い比率となっている。これは州法銀行が証券取引業務に積極的に関与していたことの現れと考えられる（表4-5)[32]。

信託会社は州法銀行とは対照的に1行当たりの規模が非常に大きい。またこの時期信託会社は著しい発展を遂げている（03〜07年の間に信託会社数は平均年率10.6%，保有資産は同7.6%増加)。当時信託会社は信託業務に加えて銀行業務一般を行っており[33]，多額の預金を運用していたが，法的規制が緩かったことが発展要因として指摘される[34]。すなわち，不動産担保貸付を認められ，預金準備率規制が他の商業銀行と比べて緩かったのである。信託会社に関しては企業合同運動の段階から投資銀行との密接なつながりが指摘されており[35]，さらにシンジケートに参加するのみならず自らもそれを結成し[36]，また会社の組織変更に際して積極的に用いられた議決権信託など本来の信託業務とも合わせて積極的に証券取引に関与していた。証券担保貸付と証券投資にその資産が集中していることは，この現れであろう。また証券担保貸付に関してはこの時期，信託会社は平均して8100万ドルをコール・ローンとして供給し，残りはタ

表 4-5 各金融機関の証券関連業務の比較

	証券担保貸付		民間証券投資	
国法銀行	1,607,072,662	57.15%	542,415,525	11.84%
州法銀行	128,399,159	4.57%	396,969,644	8.67%
信託会社	965,617,090	34.34%	768,358,673	16.77%
貯蓄銀行	50,015,970	1.78%	1,385,532,218	30.25%
5大生保	30,000,000	1.07%	801,100,000	17.49%
合計	2,781,104,881		3,894,376,060	

出所：表4-4と同じ。

5大生保	
103,400,000	6.8%
279,000,000	18.2%
40,600,000	2.7%
43,200,000	2.8%
772,800,000	50.5%
52,100,000	3.4%
62,400,000	4.1%
72,200,000	4.7%
103,400,000	6.8%
1,529,100,000	100.0%

イム・ローンであったとの推計がなされている[37]。さらに，州別で見た場合，ニューヨークへの資産集中が顕著である。全国の証券担保貸付の81.4％，その他証券投資の21.5％，総資産の46.9％がニューヨークのものである。また，ニューヨーク信託会社の資産中46.1％が証券担保貸付である[38]。先に挙げた試算とあわせて考えれば，信託会社の全資産のうち半分弱はニューヨークに集中し，さらにその半分弱が主にタイム・ローンの形で供与されていたということになる。多数の大規模信託会社がニューヨークにおいてかなり積極的に証券担保貸付を行っていたと言うことができよう。加えて，これらニューヨークの信託会社の多くは国法銀行の証券子会社であったり，投資銀行および生命保険会社と密接な提携関係にあったことも指摘されている[39]。

貯蓄銀行に関しても銀行数に比しての資産額の多さが目立つ。この時期の貯蓄銀行についての資料は少なく，詳しいことはわからないがプライベート・バンクを代理店としての農村地帯での農地担保金融が基本的な業務であったといわれている[40]。資産に占める不動産担保貸付の高い比率からこれは裏づけられ

るだろう。加えて，貯蓄銀行の形態で国法銀行の証券子会社が多数設立されたことに留意せねばならない。鉄道証券とその他証券を合わせると概ね4割程度になるほど証券投資が多いのはこの現れであろう。証券投資の内訳は不明であるが，国法銀行自身が社債保有は認められているなかで設立した子会社であることを踏まえると，株式投資を中心的に行っていたと考えられるだろう。

最後に保険会社について見てみよう。生命保険会社はこの時期，投資銀行とのつながりを強め，証券投資を積極的に行っていた。背景には19世紀後半から20世紀初頭にかけての生命保険会社の資産増大があった。投資銀行と生命保険会社との結びつきに関しては多くの指摘がなされており，また生命保険会社自身も信託会社などを系列化において積極的に投資銀行業務に乗り出したとも言われている[41]。その中心はいわゆる5大生命保険会社であり，彼らの資産力は他を圧倒していた[42]。彼らの資産構成を見ると証券投資への傾斜は明らかである。特に3大生保の場合，元帳資産の内，エクイタブルは54％，ミューチュアルは55％，N.Y.ライフは73％を証券投資に充てている[43]。なかでも鉄道社債が圧倒的な比重を占めている。これは彼らがシンジケート業務を通じて鉄道業と密接なつながりを有したことの現れであろう。

最後に，各金融機関の証券市場における比重について簡単な比較を行うと，証券担保貸付では国法銀行と信託会社が，民間証券投資では貯蓄銀行，信託会社，5大生保が大きな比重を占めていることがわかる。前者が証券市場への資金の供給をもっぱら行い，後者が大機関投資家として証券市場にかかわっていたと結論づけられる。

第4節　株式ブームの終焉要因——金融逼迫と反独占立法

1　株式ブームの終焉要因①——金融逼迫

04年半ばからの株式ブームは，早くも06年には終焉を迎えた。その第一の要因としては金融逼迫が挙げられる。図4-1によると，05年9月末以降コールレートの上昇が顕著となっている。10月は比較的変動幅が小さいが11月以降大きく騰落し，12月に入ると常に高い水準に達し，12月の最終週には125％という異常な水準にまで達している。

図 4-1　株価指数の推移

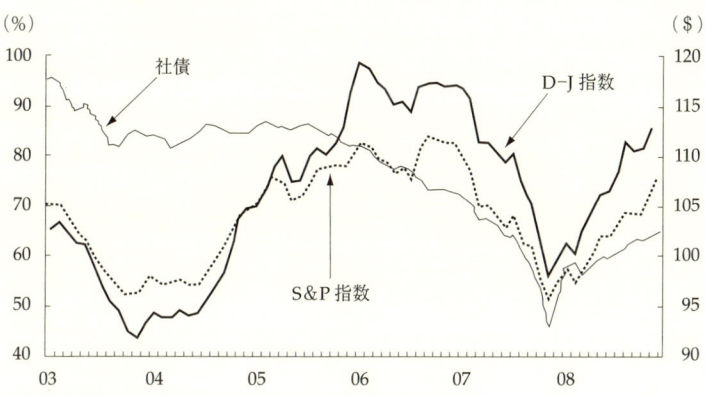

注：D-J 指数は1921/1＝100。S&P 指数は1935〜39＝100。社債価格は Macaulay [1938] Table 10 の優良鉄道債利回りをもとに計算されたもの。
出所：D-J 指数：Moore [1961] p. 109. 原典は *The Wall Street Journal* 各号の Dow-Jones Averages. S&P 指数：Moore [1961] p. 108. 原典は Standard and Poor's. *Security Price Index Record*, 1955ed, 社債価格：Ayres [1939] pp. 191-193.

図 4-2　NYSE におけるコール・レート（各週平均値）

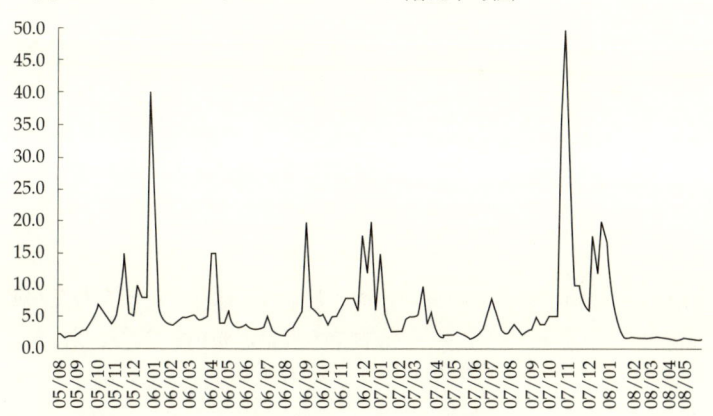

出所：National Monetary Commission [1911] pp. 134-137 より作成。

　国法銀行制度固有の金融逼迫現象については多くの研究が行われているが，行論の必要上重要な点についてまず確認しておくと，第一に通貨供給の非弾力性が挙げられる。国法銀行制度下では発券担保として国公債を預託する必要があったが，これは①金融逼迫が発生した場合に弾力的に信用供与を行えな

表 4-6 対内・対外金移動

	ニューヨーク〜地方 (100万$)	アメリカ〜他国 (100万$)
1905年 1月	27	−14.7547
2月	18.1	−14.0087
3月	8	1.043077
4月	9	0.014577
5月	10.3	0.15187
6月	12.9	−3.14543
7月	13.3	−0.57187
8月	0.3	0.319295
9月	−19.9	1.596836
10月	−4.6	7.360401
11月	−5.1	0.08674
12月	−9.6	0.095157
1906年 1月	23.3	−0.75386
2月	12.4	−2.32237
3月	6.6	1.565597
4月	−29.1	10.64827
5月	−27.4	28.723
6月	3.3	0.621038
7月	18.8	4.10937
8月	−4.4	1.305348
9月	−20.0	25.75233
10月	−26.6	17.11877
11月	0.1	0.590397
12月	5.2	0.365302
1907年 1月	21.5	−0.9787
2月	4.2	0.894555
3月	−4.2	1.507506
4月	−4.8	2.249453
5月	6.6	−2.6326
6月	9.6	−21.3546
7月	19	−4.11489
8月	−1.5	−2.38216
9月	−6.1	0.513252
10月	−29.5	−1.57158
11月	−74.3	57.5504
12月	−33.8	36.54508
1908年 1月	63.4	7.518834
2月	15.2	0.664753
3月	16.1	1.789877
4月	34.6	−10.7764
5月	39.1	−24.097
6月	35.2	−6.9986
7月	28.1	−0.48987
8月	15.0	1.09173
9月	−6.4	0.847848
10月	3.7	0.994475
11月	1.1	0.056319
12月	19.0	−5.10203

注：−は流出。
出所：National Monetary Commission [1911] pp. 170-171, Goodhart [1969] pp. 186-187 より作成。

いこと，②銀行券の発行が国公債の利回りによって左右されること，につながった。第二に地方での金融逼迫の中央への波及が挙げられる。準備金の上位銀行への預託が認められたために各地の準備金がニューヨークをはじめとする中心都市に集中した。銀行間で不足金を融通する機構が存在しなかったため，集中した資金はコール・ローンとして貸し出された。このことは，地方での金融逼迫が，地方銀行による準備金回収を介して中央でのコール・レート上昇をもたらすことにつながった。第三に資産の分散的保有が指摘できる。国法銀行制度下では，支店銀行の設置が認められなかったために膨大な数の銀行が存在した。景気が悪化すると，各々が資産保護のために貸出の制限を行ったが，小規模であるが故に過度に慎重となり金融逼迫が深刻化した。

なかでも重要なのは第二の点であり，これは典型的にはコール・レートの季節的変動として顕れた。すなわち，地方農村での資金需要が秋の収穫期に大きくなることが地方銀行による預託金の引出につながり，ニューヨーク諸銀行の準備金が枯渇し，コール・レートが上昇することになったのである。1900〜13年までの各種利子率の平均をとると9月から利子率が上昇し始め，12月にピークを迎え，その後下落するという傾向を見て取るこ

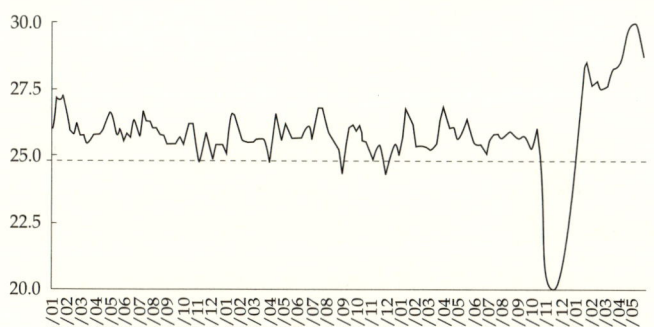

図4-3 ニューヨーク手形交換所加盟銀行準備率（週別）

注：1）ニューヨーク手形交換所に加盟する国法銀行についてのデータ。
　　2）各週末の値。
　　3）「準備率」とは個人預金と他行への純支払債務を合わせた「純預金」に対する正貨準備の割合。
出所：National Monetary Commission [1911] pp. 113-116 より作成。

とができる[44]。もちろん地方での資金需要が高まれば他の季節であってもコール・レートは上昇するが，一般化しつつある金融逼迫がこの季節性に規定されて顕著なものとなり，秋～冬にパニックが発生するということが歴史的にも多く観察されている。コール・レートの上昇は投機家の金融負担を増大させ，新規需要の減退や利払のための保有株式の売却などを通じて株価を下落させる要因になる。ブーム期における証拠金取引の流行はこれをいっそう悪化させることになる。では，06年初頭からの株価下落の背景でもこのような要因が作用したのだろうか。

地方への季節的金流出に着目すると，05年9月以降12月まで一貫して地方へと金が流出し合計で約4000万ドルの流出である。ただし05年合計では大幅な金流入となっていること（地方からニューヨークに約6000万ドル流入）に注意せねばならない（表4-6）。

05年全体ではニューヨークへは金が流入していたにもかかわらず，年初来ニューヨーク国法銀行の準備率は低下し，9月に地方への金流出が発生するまでに，すでに25％台にまで達している。秋の季節的流出が準備率低落の直接的契機となったことは間違いなくとも，全体としての金量の低落をもたらす何か別の要因が存在したと考えられよう。そこで注目されるのが，国庫の影響である。

この年財務省は,国法銀行への預託金を回収し,その残高は05年1月が約1億1000万ドルであったのに対して同年12月には約6000万ドルと5000万ドル程度減少している。正貨準備が概ね3億ドル程度であることを考えると,かなりの負担を加えるものであったといえるであろう。このような国庫金引揚げの背景としては,財政収支の悪化が考えられる。04年度の財政収支は約4000万ドルの赤字,05年度の財政収支は2300万ドルの赤字となっていて,これらの補塡のために預託金が引き揚げられたと考えられるのである[45]。

財政赤字をもたらしたのは,輸入減少による関税収入の減少およびパナマ運河の建設による財政支出の増大であった[46]。加えて考えられるのは,この時財務長官のShawは財務省預託金を通じての金融市場の保護・監督に積極的に乗り出しており,株式ブームの進展のなかでの金融引締めの役割も同時に担っていた可能性である。財政赤字が発生しても国債を発行すれば,それが国法銀行券の増発につながり,金融逼迫の影響を緩和しつつ赤字を補塡することが可能となる。にもかかわらずそれが行われなかったのは,Shawの主体的な政策的意図が存在した可能性が考えられるのである。

以上のように合衆国政府の財政的事情と金融政策的判断とによる預託金の引揚げを一般的背景とし,そこに季節的な金流出が発生することで,この時期のコール・レートの急上昇がもたらされたものと考えられる[47]。

次に株価の下落が始まった06年初頭について見てみよう。06年1月第1週は60.0%と著しく高いコール・レートとなっているが,その後は比較的落ち着きを見せるようになっている。その要因は地方からの季節的な資金の還流であると言ってよい。海外への金流出は見られるものの,それは1月,2月合計で300万ドル余りにとどまっており,地方からの還流が1月,2月合計で3500万ドル余りであることを考え合わせれば,小さなものと言えよう。国法銀行の準備率を見ても,1月5日は25.05%と落ち込んでいるが,それ以降26%台にまで回復させている。

ところで,株価が下落し始めるのは,この1月からであった。以上で見たコール・レートの推移は株価下落にいかに作用したのであろうか。ニューヨーク証券取引所における株式取引高を見ると,05年11月から急増し,06年1月にピークを迎えた後大きく落ち込んでいる。これは売り注文が多数出され,その後株

式への需要がなくなったためと考えられる。しかし，05年11月，12月には株価は下落していなかった。とすれば，11月，12月の取引高の上昇は，一方的な売り注文だけではなかったということになる。

見たように，05年11月，12月にはコール・レートは大きく上昇し，また11月10日以降高水準を維持していた。このようななか，ブローカーや投機家の破産，返済のための手持ち株式の売却，以後の投資手控え，などの行動がとられたと推察される。しかしこの時には株価は下がらず，06年1月に入ってから急落したのである。06年1月に何があったのか？

また，次の点も指摘できる。コール・ローンが株式市場での主要な資金源泉であることに疑いはない。しかしコール・ローンだけが資金の主要な源泉ではない。信託会社は極めて多額の証券担保貸付を行っており，しかもそれを行う主体はニューヨークに集中していた。ニューヨーク信託会社は全国の信託会社の81.4％にあたる6億6000万ドル余りの資金を証券担保のタイム・ローンで運用していたのである。これはニューヨークとシカゴの全国法銀行の，コール・ローンを合わせた額よりもさらに多い。しかもタイム・ローン利子率はこの時期，コール・ローンよりもはるかに低かった[48]。だとすれば，金融逼迫によるコール利率の上昇のみを株価下落要因とするのは不正確と言えよう。

2 株式ブームの終焉要因②——ボトルネックとヘップバーン法

19世紀末から20世紀初頭のアメリカ経済は，歴史的には「革新主義政治」の時代として銘記される。特に本章の対象である1907年恐慌の前後の時期にあっては，大統領 Th. ルーズベルトを中心とする反独占政策が最も盛んな時期であった[49]。その反独占政策の一つとして，1906年に成立したヘップバーン法がある[50]。

ヘップバーン法は1887年の州際商業法の改正を図ったものであった。州際商業法は，①すべての運賃は公正で妥当であるべきことを規定し，②特別料金，払戻しその他の形態による個人的な差別待遇を禁止し，③地域・貨物の種類・接続路ほかの形態による個別的な差別待遇を禁止し，④短距離に対して長距離以上の高い運賃を課すことを禁止し，⑤プール制を禁止し，⑥すべての料金や運賃は印刷して公示することを命じ，また10日間の予告期間なしに値上げを行

わないことを命じた。この法律の運営は州際商業委員会が担った[51]。しかし州際商業法は裁判所の判断によって骨抜きにされ[52]，実効性をあまり持たなかった[53]。

　この改正を図ったヘップバーン法では，州際商業委員会は人数を増やされ，また適切で合理的な運賃を定めそれを強制する権限を与えられた。鉄道会社は自分が製造した商品を運搬することも禁じられた[54]。それまでは州際商業委員会の措置に従わない企業に対して委員会側が裁判所に提訴する必要があったのが，逆にその措置には強制力が付与され，不服な場合は企業の側が提訴する義務を有することとなった。この法律の制定は，運賃の規制によって鉄道会社の利潤が切り下げられることを意味していた。彼らの発行する証券は投資家にとって魅力を減ぜられ，新規債券発行の多くが断られることとなった[55]。と同時にこの法律は鉄鋼業に対しても影響を与えた。というのは，既述のように鉄鋼業と鉄道業とが互いに重要な顧客であっただけではなく，U. S. スチールなど大鉄鋼会社は，鉄道会社を子会社化したり，自ら鉄道業に乗り出したりもしていたからである。ヘップバーン法は1906年1月に議会に提出され[56]，2月に下院で，6月に上院で圧倒的多数で可決成立した[57]。

　以上の内容から見て，ヘップバーン法の提案が，鉄道株および鉄鋼株の下落をもたらしたと考えられる。同時に，この時期鉄道輸送におけるボトルネックが発生していたことにも留意せねばならない。たとえば，Great Northern Railroad の社長である J. J. Hill は11月10日のシカゴでの講演で，次のように述べている。「11.5～12万マイルの新たな路線が緊急に必要である。この追加的路線の供給のためには，必要設備やその他必要物が適切な時間内に必要である。しかしこの目的に資本を発行することは，実際のところ我々の能力を超えたものである。というのは，これを成し遂げるようなマネーもレールも世界中のどこにもないからである。」[58]「長期間継続し緩やかに商業の死滅を導くであろう商業的停滞を阻止するためには，今後5年間の間，1年につき10億ドル以上の新規資本を獲得する必要がある」[59]。この講演自体は秋のものであるが，ボトルネックはそれ以前から存在していたものと考えられる[60]。このようなボトル・ネックの存在は経済全体が好況過程にあるにもかかわらず，貨物輸送量の増加率が06年に入って減退していることからも裏づけられる。

輸送能力の限界が明らかになりつつある状況下でのヘップバーン法成立による鉄道利潤の侵食は，他産業にとっても，その発展の限界をはっきりと画するものとして，重大な影響を与えるものと感じられたと考えられる。鉄道利潤の減退は，投資資金の減少を通じて，ボトルネックの解消がより困難となることを意味するからである。06年1月からの株価下落に決定的な影響を与えたのはヘップバーン法であったと結論づけられよう。

3 ブーム終焉後の証券市場

　1月以降，06年半ば（S&P指数：7月，D-J指数：5月）に一時的な好転を見せるまで，株価は下落を続けた。以下ではこの株価下落期における重要な出来事と，7月以降株価が一時的に上昇した要因について確認する。

　1月第1週以降季節的な地方からの金の還流によって国法銀行は準備率を回復し，コール・レートも比較的安定した推移を示すようになっていたが，2月にはアメリカ経済全体にとって重大な出来事があった。1905年に始まったアームストロング調査[61]の最終報告が提出されたのである。これはニューヨーク州議会に設立された，州内で事業活動を営む生命保険会社の業務の調査を行う上下両院合同委員会による調査であり，W. W. アームストロング上院議員が委員長となったため，一般にアームストロング調査と呼ばれる。大生命保険会社は投資銀行との協調関係を強め，また自らも証券投資を行い，引受シンジケートを主宰してきたが，その証券投資業務および投資銀行との結びつきが調査において問題とされた。調査において，生命保険会社と投資銀行との間で重役の兼任が多く見られること，彼らがシンジケートに積極的に参加し，証券を大量に保有していたことなどが明るみに出されていくと[62]，世論の非難が高まり，5大生保は深刻な影響を受けることになった。

　第一に，彼らの保有契約高および新契約高が著しく減少した。彼らは06年2月の調査報告の提出以来新規契約の減退を蒙ることになり，特に投資銀行との結びつきが強かった，いわゆる3大生保（エクイタブル，ミューチュアル，N. Y. ライフ）において顕著であった。これは彼らの機関投資家としての能力の減退を意味した。第二に，各州で彼らの投資活動を制限する立法措置がなされた。06年4月には他の諸州に先駆けてニューヨーク州議会において，新しい

図 4-4　ニューヨークにおけるロンドンあて為替相場

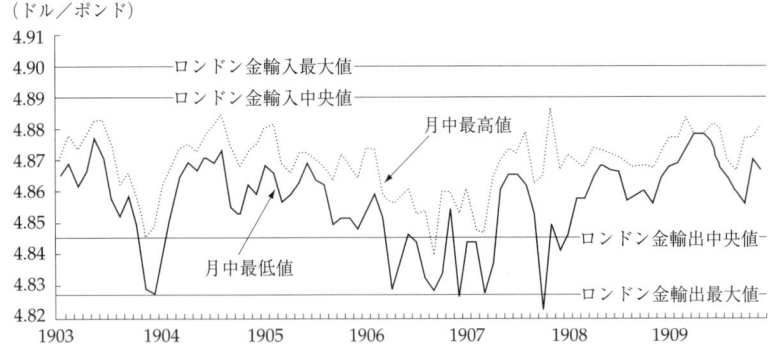

（ドル／ポンド）

注：ロンドンの金輸出入点は輸出最大値4.8270, 中央値4.8450, 輸入最大値4.900, 中央値4.8900である。
出所：National Monetary Commission [1911]

法律ができた。この法律の重要な項目は，①生命保険会社による証券売買の一切を禁じたこと，②生命保険会社による株式および証券担保貸付への投資を禁止したことの2点であった。生命保険会社は保有している証券のすべてを11年末までに手放すよう要求された。そして07年末までには19の州で同種の法律が制定された[63]。彼らが資産を手放す期限までは時間はあったが，非難する世論の高まりと法的規制は大きな圧力となり，保有契約高および新契約高が減退したことも相俟って，新規の証券引受シンジケートへの参加などはこれ以降不可能となった[64]。これは各企業の証券市場での資金調達を困難にした。

4月のサンフランシスコでの大地震と大火災も重要な出来事として銘記されねばならない。4月18日に発生したこの災害は居住地の2分の1に当たる3000エーカー，520ブロック，2万5000の建物を燃やしたとされている。そしてこれによって失われた富は3億5000万ドルに達し，その80％の2億4000万ドル程度が保険会社によって支払われることになった[65]。これが持つ意味は，ニューヨーク証券市場からの生命保険会社および火災保険会社の撤退である[66]。機関投資家としての保険会社は，アームストロング調査と震災の影響を同時に受けることとなり，ニューヨーク市場から資産を引き揚げたのである。さらに，サンフランシスコの大地震はニューヨークに対する地方からの切迫した資金需要をもたらすことになり，それが，4月，5月のニューヨークから地方への金流

出となって現れた。合計で約6000万ドルの流出である。しかしながら，ニューヨーク国法銀行の準備率は4月6日に法定準備を割り込んで以降は回復し25％台後半〜26％台にまで戻している。この間，貸出額，純預金額は大きな変動を見せていない一方で正貨準備が増大しており，準備率の回復は貸出制限ではなく，正貨流入によってもたらされたと考えることができる。対内金流出が続くなか準備率の上昇および正貨準備の増加がもたらされたのは対外金流入によるものである。

4月，5月合計で約4000万ドルの金流入が記録されている。この金流入に関して4月，5月は最低値ではロンドン金輸出点の中央値を割っており，為替差益を求めての金流入がもたらされたと考えられる。しかしながら周知のように為替差益目的での金移動は為替相場を正常化させる機能を有するので，この要因による金流入は大きなものではなく，実際，4・5月ともに最大値ではロンドン金輸出点を割り込んではいない。つまりこのときの金流入の一部は為替差益を求めてのものであったが，多くは為替相場にかかわりのない形態でのものであったと考えられる。そのような為替相場の金輸出入点以内での金移動は金融手形の振出によって行われた。金融手形の振出額について詳細は定かではないが，たとえばSpragueは「（金融手形の振出額は一筆者）1906年には最大値に達し4億〜5億ドルの金融手形が振り出されたと一般に信じられた」[67]と記しているし，A. D. Noyesも「慎重な人々からの情報においても，5億ドルを上回る信用がヨーロッパから獲得された」[68]と述べている。この形態での短期信用がかなりの金流入をもたらしたことは間違いないだろう[69]。さらにこの時期には金輸入を促進する政策がとられた。財務長官Shawは4月14日に金を輸入する契約をし，その到着が見込まれている国法銀行に対して同額の現金を財務省から引き出すことを認めると発表した[70]。この引き出された現金は金が到着すれば返済される一時的な貸付であったが，以上の措置は金輸入期間中の利子分だけ輸入コストを引き下げる効果を有するものであった。つまり金輸入に伴うコストの一部分を国庫が負担したのである[71]。またShawは同時に，一部の銀行に対して輸入される金がニューヨークに届くまでの間も，準備金に算入することを認めた[72]。これは輸送に時間がかかることによって，金輸入契約が即座に準備率の好転をもたらさないことを阻止するものであった。これらの措置

よってより円滑に，ニューヨーク国法銀行による準備金の強化がなされえたのである。加えて4月には，前に述べた預託金の増大という手段もとられた。4月1日から5月1日の間に国法銀行への財務省預託金は，約7600万ドルから約1億ドルへと2500万ドル程度増加したのである。ただし，5月30日の財務省預託金は9200万ドルに減少しており，4月第1週の準備率の著しい低落に対応する形でのみこの手段はとられたと考えられる[73]。ともかく，以上の政策が採られることによって，対内金流出が続くなかでの準備率低落が阻止され，4月第1週以降ニューヨーク国法銀行の正貨準備の増大がもたらされたのであった。同時に，財務省政策の援助に支えられて金融手形の振出による金の獲得がロンドン市場で行われることは，対ドルでのポンド安を引き起こし[74]，為替レートのロンドン金輸出点割れを引き起こすことで，為替差益を求めてのロンドンからの金流出を惹起するという関係も存在した。

　さて，以上のような出来事が進展するなかで，各々の株価指数は7月まで下落した後，D-J指数で10月まで，S&P指数は9月まで一時的に回復した。この背景について，触れておこう。7,8月の貨幣市場について確認すると，上に述べた政策の影響による対外金流入によって，準備率は25%台後半〜26%台後半の水準に維持され，コール・レートも比較的低水準で推移した。このような貨幣市場の緩和は株価が回復する背景をなした。一方で，鉄道会社を中心に配当の引上げが行われた。Union Pacific は配当を2月に5%から6%へ引き上げ，その後8月にはさらにそれを10%にまで引き上げた。また Soutern Pacific, Norfolk & Western, Michigan Central, Baltimore & Ohio, New York Central, Pennsylvania R. R., Atchison Topeka & Santafe など主要な鉄道会社も同時期にこぞって配当を引き上げ，U. S. スチールはそれまで停止していた普通株の配当を再開した[75]。配当引上げの裏には投機的な株式の買い支えが存在した。すなわち，株式を担保に資金を借り入れ，その資金をもってさらに株式の購入を行ったのである[76]。特に Union Pacific は04年に Northern Securities 社が解散したことによって獲得した Northern Pacific 鉄道および Great Northern 鉄道の株式[77]を売却したり，それを担保に借り入れた資金および自社小切手を元に獲得した資金をもって買支えを行った。彼らは7月初頭段階で1年前の約730万ドルに対して約5600万ドルをコール市場から借り入れ，合計で約1

億3000万ドル程度を7月以降鉄道株に投資したと言われている[78]。買支えの裏には，株価の上昇を引き起こした上で，配当を引き上げ，資金を惹きつけて再び株価を上昇軌道に乗せる，という狙いがあったものと考えられる。以上の要因によって株価は7月以降上昇した[79]。

　しかしながらこの上昇は一時的なものにとどまり，再び9月，10月以降株価は下落を始めた。背景としては，貨幣市場の逼迫が再び発生したことが指摘できる。4月第1週以降回復したニューヨーク国法銀行の準備率は8月に入って徐々に悪化し始め，9月第1週には再び法定準備率の25%を割り込んだ。コール・レートは8月第5週には最大12.0%，9月第1週には40.0%を記録し，9月いっぱい高水準にとどまった。06年9月と05年8月末とではニューヨーク国法銀行はかなりコール・ローンを縮小していること（約1億ドル），貸出全体でみても大きくは増大していないこと，一方，正貨準備は7月末以降減少していることから，この貨幣逼迫は（ニューヨークにおける）資金需要の増大ではなく正貨の流出によって引き起こされたと考えられる[80]。06年8月～10月まで対内金流出が発生しており，特に9月，10月には合計で約4700万ドルが流出している。これは例年見られる季節的な金流出と考えられる[81]。加えて，前月に政府によって10～30年期限のパナマ運河債が3000万ドル売り出され，多くはニューヨーク国法銀行に引き受けられたが，その支払が8月にあり，準備金不足に一定の影響を与えた[82]。以上の要因による準備率の低下とコール・レートの上昇は鉄道会社自身の投機的買支えを困難にするとともに，一般の投機を惹起することも困難にしたと考えられる。

　投機的買支えと配当引上げによる株価上昇は一時的なものにとどまったが，その後準備率は9月第1週に25%を割り込んで以降10月中盤まで回復した。この背景には，第一に対外金流入がもたらされたことがある。9月，10月合計で約4300万ドルの純流入が記録されている。これは前に触れたように，06年中に大量に発行された金融手形によるものであった[83]。金融手形の振出によって，為替レートも最大値で見れば8月，9月，10月とロンドン金輸出点を割り込み為替差益目的での金流入ももたらされた。財務省による金輸入促進政策も引き続きとられ，8月，9月，10月には財務省預託金も増大された。8月1日のそれは約8500万ドルだったのが，9月1日には約1億1000万ドル，10月1日には

1億3000万ドル，11月1日には1億5000万ドルとなっている[84]。しかし準備率上昇は一時的なものにとどまり，10月第4週以降再び低下し始め，11月第2週，12月第1週，第2週には再度25％を割り込むようになった。コール・レートも11月第1週以降上昇し，06年いっぱい常に高い水準を記録することとなった。ここで準備率の回復が一時的なものにとどまったのは，海外からの金の獲得が困難となったためである。06年を通じて多くの金融手形が振り出され，アメリカへ大量の金が流出したことは，ヨーロッパ諸国の金不足をもたらし，金流出を防ぐための措置としてライヒスバンクは10月10日に5％から6％へと，イングランド銀行は10月11日に4％から5％へと，さらに19日には5％から6％へとバンクレートを引き上げた[85]。特にイングランド銀行のバンクレート6％という数字は，過去20年間で3度しか記録したことのない，非常に高いものであった[86]。加えてロンドンではイングランド銀行がニューヨークに対する信用供与を停止するよう命じ，従わなければバンクレートをさらに7％に引き上げると脅したことが公然の秘密となった[87]。以上を受けて，新たな金融手形の引受けは概ね停止され，契約が存在したもの以外は更新も拒否され，12月以降返済が広範に求められることとなった[88]。また財務省による金輸入促進政策は10月23日に廃止され[89]，8月，9月，10月と増加された財務省預託金も11月には初頭の約1億5000万ドルから1億4000万ドルへと減少した[90]。ここに，ニューヨーク国法銀行は準備金不足を緩和する手段を失うこととなり，継続的に低い準備率が記録されることとなった。また9月以降再度下落に転じた株価も回復することなく，一貫して下落することとなったのである。

4　3月パニックの発生

06年後半，慢性的に不足したニューヨーク国法銀行の準備金は07年に入って1月第1週以降回復し，コール・レートも年初には45.0％と非常に高い値を記録したが，その後下落して3月8日まで比較的低水準にとどまった。これは季節的な金の還流によるもので，07年1月，2月合計で約2600万ドルの対内金流入が記録されている。また財務省は前に預託され，1月21日と2月1日にそれぞれ600万ドルずつ払い戻される予定であった預託金の支払を，2月1日と2月15日に延期した[91]。

少額ながら財務省預託金も増額され，1月1日の約1億5000万ドルに対して2月1日には1億6000万ドルとなった。さらに2月中旬の預託金払戻しの影響を緩和するために，2月11日に財務省は，被預託銀行から2500万ドル分の合衆国債を買い上げた[92]。これらの要因によって，貨幣市場の逼迫は緩和されたが，しかし07年に入っても株価下落は続いた。06年中盤の買支えと配当引上げによる株価の上昇は，その後の貨幣市場の逼迫によって一時的なものにとどまったが，貨幣市場がある程度緩和された後も株価が回復しなかった背景には，ヘップバーン法による鉄道利潤の先行き見通しの悪化，鉄道輸送面でのボトルネックなど，すでに指摘した要因が存在したものと考えられる。

　加えて07年1月にはヘップバーン法によって権限を強化された州際商業委員会が，Union Pacific鉄道とその関連企業をはじめとする多数の鉄道会社に対して，法律違反で摘発するための調査を開始し，それが鉄道会社の利潤見通しをさらに悪化させた[93]。貨幣市場の逼迫ではなく，先行き見通しの悪化が，証券市場の回復を阻害する要因として存在したのである。こうして株価は07年に入っても継続的に下落したのであるが，3月の証券市場パニック，いわゆる3月パニック[94]によってその崩落は決定的なものとなった。S&P指数で見ると3月に株価は10.0％下落し，D-J指数では9.7％下落した。06年から07年にかけての株価下落全体で見た場合の平均下落率は3％程度であるから，これらの数字はかなり大きいと言えよう。

　3月パニックによる株価下落を個別株についてみると，14日または25日が底であったこと，その後3月末にかけて株価はいくぶん回復したことがわかる[95]。また，下落率を見ると大企業株は概して高い数値となっているが，特に取引高および回転率の高かった株式の下落率が高くなっている。株式ブームにおいて投機的に取引されていた株式が，3月パニックにおいて大量に売られたのである。

　ではこのパニックは何によってもたらされたのであろうか。まず，貨幣市場について見てみると，1月5日以降貨幣逼迫は緩和され2月中は比較的落ち着いた水準を維持していたが，3月に入って再び徐々に逼迫傾向が現れ始め，コール・レートは3月7日～15日には25.0％，23日～29日には14.0％という高い値を記録した。一方，準備率を見ると，これも2月下旬以降下落しているが，法

定準備率を割り込むには至っておらず，また高いコール・レートを記録した3月29日は26.28％とかなり高い準備率となっている。正貨準備額は2月1日～3月15日まで減少を続けたが，その後回復に転じ，3月23日～29日にかけては大きく増加している。金移動について確認すると，対内的には420万ドルの流出，対外的には約150万ドルの流入となっている。コール・レートの上昇が株価急落の背景をなしたことは間違いないであろうが，問題はなぜ準備率が低落およびコール・レート上昇の背景である。対内金流出の額は大きなものではなく，また少ないとはいえ対外金流入によってそれはさらに緩和されたのであるし，さらに3月後半について言えば準備率は高かったにもかかわらずコール・レートは上昇しているのである。ここでは問題を，3月中盤まで準備率が低落した原因と，3月後半に準備率が回復したにもかかわらずコール・レートが上昇した原因とに分けて考えることが適切であろう。

　前者に関して言えば，少ないながら金流出が発生したのに加えて，財務省による政策の影響が考えられる。前に述べたように，2月に財務省は預託金を増大させず，他の手段でもって貨幣逼迫に対応したが，一度延期した預託金払戻しなどが行われたため預託金は減少し，2月1日の約1億6000万ドルから3月1日の1億5000万ドルへと約1000万ドルの減少を記録した。3月に入っても，程度は定かではないが，中盤の貨幣逼迫によるコール・レートの急上昇がもたらされるまでの間財務省による預託金の引出が続いたと言われている[96]。これが正貨準備額の減少をもたらす一因となったと考えられる。正貨準備の減少は準備率の低下を引き起こした。このようななか3月4日にオルドリッチ通貨法が可決成立した[97]。この法律は従来財務長官によってとられていた政策を追認するとともに，財務省預託金に対して被預託銀行が預けねばならない担保の種類を財務長官の自由裁量とし，またそれまで禁じられていた関税収入の預託を認めるものであった[98]。オルドリッチ通貨法によって，それまで事実上不可能となっていた財務省政策が積極的に展開されうることとなり，3月中盤に貨幣市場の逼迫傾向が顕著となったのを受けて，財務省は対応策を講じた。3月13日，財務長官 G. B. Cortelyou は[99]前年9月に預託された3000万ドルの返済期限を無制限に延長するとの発表を行った。彼はまた，翌14日に，07年7月1日に満期となる国債2500万ドルに関して利子をすべて支払った上で即座に買い上

げること，財務省預託金への担保債権を，ニューヨークおよびマサチューセッツの貯蓄銀行が投資することを認められているあらゆる債権と交換すること，4月1日に支払われることになっている国債の配当を即座に全額支払うこと，を発表した[100]。財務省預託金は増額され，2月末と3月末との比較では約1400万ドル増となった。これらの政策によって3月22日以降正貨準備は増加し，準備率も上昇することになった。にもかかわらずコール・レートが低下せず3月23日〜29日には14.0％と高い値を記録したのは，貸出の縮小が行われたためと考えられる[101]。ニューヨーク国法銀行がコール・ローンをどれだけ縮小させたのかは定かではないが，貸出総額で見ても2月から3月にかけて減少しており，3月1日と29日とを比べても約2300万ドルの減少となっている。3月14日に株価は急落して投機が決定的に崩壊し，証券ブローカーの破産も発生した[102]のであるから，ニューヨーク国法銀行が貸出を縮小させたのは自然な対応と考えられる。

以上をまとめると，3月前半は，主に財務省預託金が減少したことから正貨準備の減少，準備率の低落，コール・レートの上昇がもたらされ，その後オルドリッチ通貨法が成立したことで財務省が対応策をとることができるようになり準備率は回復した。しかし株価急落を受けて貸出が縮小されたためにコール・レートは下落せず，貨幣逼迫は緩和されなかった，ということになる。この貨幣市場の逼迫が3月における2度の株価急落の背景をなすことになったのである。

貨幣市場の逼迫に加えて，いくつかの行政的・立法的措置が企業利潤の見通しを悪化させ，3月パニックを引き起こす要因となった。1月に始まった州際商業委員会による調査は3月も続き，これを受けて多くの州で1マイルあたりの運賃を2セントに制限する法律 2-cent-a-mile passenger rate laws を制定する動きが活発となった[103]。3月4日に閉会した連邦議会においては，鉄道従業員の労働時間を制限する法律，法律違反の疑いがある企業を政府が直接告発する権利を付与する法律，さらに「移民排除法 Immigration Exclusion Bill」が成立した[104]。これらはいずれも，鉄道業を中心に企業利潤の悪化をもたらすことが予想されるものであった。これらの諸立法による利潤見通しの悪化が3月14日の株価急落の背景となった。このようななか，ルーズベルト大統領の

反大企業政策を緩和する目的で, J. P. モルガンは主要鉄道会社の代表者と大統領との会談をセッティングした。しかしこの会談は結局実現されず, 利潤見込みの悪化は決定的なものとなった[105]。株価下落を受けての銀行貸出の縮小によって, 貨幣市場の逼迫が解消されないなかでの利潤見込みの決定的な悪化は, 再度株価が急落する要因となったと考えられる。

第5節　実体経済の下降要因——投資の減退と金融不安定性

　3月パニックによって投機が崩壊して以降, ニューヨーク証券市場での取引量は07年3月が約3200万株であったのに対して4月は約1900万株, 5月は約1500万株, 6月は約1000万株と減少していった。3月, 4月にはドル高が進み[106], 為替差益目的での金移動が発生して3月には約150万ドル, 4月には約220万ドルが流入した[107]。オルドリッチ通貨法によって政策の余地を拡大された財務省は, 3月前半にも預託金を増大させたが, 貨幣逼迫が解消せず25日に株価が再度急落したのを受けてそれを急増させた。ニューヨーク手形交換所加盟銀行への預託金は3月23日には1500万ドルであったのが4月27日には3200万ドルとなった[108]。国法銀行全体で見ても預託金は, 3月1日に1億5000万ドル, 4月1日に1億7000万ドル, 5月1日に1億8000万ドルと着実に増大した[109]。このように, パニックを受けて取引が低調となり貨幣需要が減退した一方で, 対外金流入および財務省政策によって準備金が急増したことによって, 3月パニック以降貨幣市場の状態は著しく緩和されることになった。3月中盤から財務省政策によって回復しつつあった準備率は4月に入ってさらに上昇するとともに, コール・レートは04年後半からの株式ブーム期以降最も低い水準にまで低下した。これを受けて株価は, 下落基調を維持しつつも, パニックによって急落した水準よりは若干持ち直し, 3月から4月にかけては若干の上昇を記録した。そのようななか実体経済が下降に転じた。バブソン指数が5月, Miron & Romer 指数が8月, 工場雇用指数が7月からそれぞれ低下基調に転じた。ここで留意しておくべきは, この減退が本格的なものであったということである。下落開始時点から10月までの間で見ても, Miron & Romer 指数が11.6%, バブソン指数が5.9%, 工場雇用指数が10.4%の低下となっている。こ

の07年中盤からの実体経済の下降＝07年恐慌の開始，は何によってもたらされたのであろうか。

先行研究に目を転じると，Friedman & Schwartz ［1963］は07年5月から8月にかけての対外金流出がマネーサプライの減少をもたらし，実体経済に下降圧力を加えたと主張している[110]。この点についてまず検討してみよう[111]。

表4-7によると，07年5月から08年2月までマネー・サプライは一貫して減少している。彼らによれば，このマネー・サプライの減少は，①金輸出の結果としてのハイパワード・マネーの減少，②ハイパワード・マネーの総量が減少しているにもかかわらず，諸銀行がハイパワード・マネー保有量を増加させたことで預金・準備比率が低下したこと，によるものである[112]。そこでまず，対外金流出によるハイパワード・マネーの減少，という論点から確認してみよう。

ハイパワード・マネーは07年5月から9月まで減少しており，特に5月から6月にかけて約2600万ドルの減少となっている。ほぼ対外金流出に対応した動きと考えられる。しかし，このハイパワード・マネーの減少が，マネー・サプライの減少に大きく影響を与えたとは言えない。対外金流出によるハイパワード・マネー減少が，マネー・サプライ減少の主因であるならば，他の月に比べて群を抜いて多くの金が流出した6月に，マネー・サプライも最も減少するのでなくてはならないが，6月よりもむしろ8月のほうがマネー・サプライの減少は大きい。つまり，ハイパワード・マネーの減少とマネー・サプライの減少とは厳密な対応関係にはない。これは，6月には預金・準備比率と預金・通貨比率が上昇しているためである。

次に預金・準備比率の低下について考えてみよう。諸銀行の準備金増大の経路としては，①財務省による金融緩和，②銀行間預金の引揚げ，③貨幣需要の減退および銀行の貸出態度の変化による貸出の減少，が考えられる。①に関しては前述のように財務省預託金は引き揚げられていたから，準備金増大の要因とはなりえない。②について，残念ながら細かい銀行間預金に関する統計を利用できるのは国法銀行に関してのみであるが（その他の金融機関は年別しか利用できない）07年5月から8月にかけて銀行間預金が減少している。

いずれの金融機関による国法銀行への預金も減少しており，総額で約1億ド

144　第Ⅱ部　金融制度の歴史分析

表 4-7　各種マネー指標

	現金通貨		商業銀行預金総額		相互貯蓄銀行預金総額		M2		M3	
	$M	%p-p	$M	%p-p	$M	%p-p	$M	%p-p	$M	%p-p
1907年5月	1,715		9,942		3,019		11,657		14,676	
6月	1,697	−1.05	9,918	−0.24	3,011	−0.26	11,615	−0.36	14,626	−0.34
7月	1,662	−2.06	9,941	0.23	3,017	0.20	11,603	−0.10	14,620	−0.04
8月	1,654	−0.48	9,898	−0.43	3,027	0.33	11,552	−0.44	14,579	−0.28
9月	1,631	−1.39	9,743	−1.57	3,030	0.10	11,374	−1.54	14,404	−1.20
10月	1,730	6.07	9,540	−2.08	3,023	−0.23	11,270	−0.91	14,293	−0.77
11月	1,784	3.12	9,373	−1.75	3,021	−0.07	11,157	−1.00	14,178	−0.80
12月	1,861	4.32	9,183	−2.03	3,017	−0.13	11,044	−1.01	14,061	−0.83
1908年1月	1,893	1.72	9,018	−1.80	3,021	0.13	10,911	−1.20	13,931	−0.92
2月	1,814	−4.17	8,990	−0.31	3,021	0.00	10,804	−0.98	13,825	−0.76
3月	1,757	−3.14	9,133	1.59	3,018	−0.10	10,890	0.80	13,908	0.60
4月	1,744	−0.74	9,227	1.03	3,018	0.00	10,971	0.74	13,989	0.58
5月	1,707	−2.12	9,384	1.70	3,019	0.03	11,091	1.09	14,110	0.86
6月	1,719	0.70	9,503	1.27	3,000	−0.63	11,222	1.18	14,222	0.79
7月	1,712	−0.41	9,637	1.41	3,010	0.33	11,349	1.13	14,359	0.96
8月	1,668	−2.57	9,799	1.68	3,024	0.47	11,467	1.04	14,491	0.92
9月	1,676	0.48	9,908	1.11	3,032	0.26	11,584	1.02	14,616	0.86
10月	1,698	1.31	10,042	1.35	3,036	0.13	11,740	1.35	14,776	1.09
11月	1,684	−0.82	10,221	1.78	3,044	0.26	11,905	1.41	14,949	1.17
12月	1,712	1.66	10,271	0.49	3,055	0.36	11,985	0.67	15,040	0.61
1909年1月	1,678	−1.99	10,405	1.30	3,068	0.43	12,083	0.82	15,151	0.74
2月	1,682	0.24	10,459	0.52	3,079	0.36	12,141	0.48	15,220	0.46
3月	1,672	−0.59	10,549	0.86	3,086	0.23	12,221	0.66	15,307	0.57
4月	1,683	0.66	10,654	1.00	3,096	0.32	12,337	0.95	15,433	0.82
5月	1,677	−0.36	10,773	1.12	3,124	0.90	12,450	0.92	15,574	0.91
6月	1,687	0.60	10,889	1.08	3,133	0.29	12,576	1.01	15,709	0.87
7月	1,672	−0.89	10,970	0.74	3,149	0.51	12,642	0.52	15,791	0.52
8月	1,687	0.90	11,049	0.72	3,168	0.60	12,736	0.74	15,904	0.72
9月	1,708	1.24	11,120	0.64	3,181	0.41	12,828	0.72	16,009	0.66
10月	1,704	−0.23	11,179	0.53	3,195	0.44	12,883	0.43	16,009	0.00
11月	1,703	−0.06	11,204	0.22	3,208	0.41	12,907	0.19	16,115	0.66
12月	1,709	−0.35	11,292	0.79	3,221	0.41	13,001	0.73	16,222	0.66

出所：Friedman & Schwartz［1963］pp. 704–706, 799–800 より作成。

ルの減少となっている。このとき，ニューヨークからの対内金流出は発生していないことを考えると，ニューヨークへの預託準備金の引揚げではなく，銀行間預金全般についての引揚げがなされたと解するべきであろう。引き出された預金が各金融機関によって現金として保有されたならば，預金・準備比率は低

第4章 アメリカにおける1907年恐慌

ハイパワード・マネー		預金・準備比率		預金・通貨比率	
$M	%p-p		前月差		前月差
2,841		8.83		5.80	
2,815	-0.92	8.87	0.04	5.84	0.04
2,823	0.28	8.56	-0.31	5.98	0.14
2,818	-0.18	8.50	-0.06	5.98	0.00
2,815	-0.11	8.23	-0.27	5.97	-0.01
2,885	2.49	8.26	0.03	5.51	-0.46
2,889	0.14	7.78	-0.48	5.25	-0.26
3,069	6.23	7.60	-0.18	4.93	-0.32
3,093	0.78	7.52	-0.08	4.76	-0.17
3,095	0.06	7.02	-0.50	4.96	0.20
3,085	-0.32	6.88	-0.14	5.20	0.24
3,109	0.78	6.76	-0.12	5.29	0.09
3,060	-1.58	6.94	0.18	5.50	0.21
3,081	0.69	6.98	0.04	5.53	0.03
3,097	0.52	9.96	-0.02	5.63	0.10
3,097	0.00	6.86	-0.10	5.87	0.24
3,099	0.06	6.96	0.10	5.91	0.04
3,104	0.16	7.14	0.18	5.91	0.00
3,104	0.00	7.20	0.06	6.07	0.16
3,105	0.03	7.38	0.18	5.99	-0.08
3,091	-0.45	7.36	-0.02	6.20	0.21
3,091	0.00	7.42	0.06	6.22	0.02
3,091	0.00	7.43	0.01	6.31	0.09
3,112	0.68	7.46	0.03	6.33	0.02
3,120	0.26	7.47	0.01	6.42	0.09
3,143	0.74	7.48	0.01	6.45	0.03
3,135	-0.25	7.50	0.02	6.56	0.11
3,129	-0.19	7.66	0.16	6.55	-0.01
3,152	0.74	7.70	0.04	6.51	-0.04
3,136	-0.51	7.81	0.11	6.56	0.05
3,140	0.13	7.80	-0.01	6.58	0.02
3,138	-0.06	7.90	0.10	6.61	0.03

下することになる。ここで，銀行間預金の引出の理由および影響を確定するためには③の貨幣需要および銀行の貸出行動について考える必要がある。

前者について，証券価格の下落，特に3月パニックを受けてニューヨーク証券取引所での株式取引高は激減したのであるから，この面で貨幣需要は減退したと考えられる。06年中盤と07年中盤との比較しかできないので必ずしも正確ではないが，国法銀行全体で資産に占めるコール・ローンの比率は低下しており，特にニューヨーク国法銀行のコール・ローンの減少が著しい。国法銀行と並んで証券市場金融を担っていた信託会社も，証券担保貸付を減少させており，資産全体に占める比率も低下している。以上から証券市場金融の縮小は明らかである。この時利子率は上昇していないのであるから，証券市場での取引に伴う貨幣需要が減退していたと考えることができる。一方証券市場以外での貨幣需要については微妙である。というのは，いずれの金融機関についても貸出種類別の統計は年別のものしか用いることができず，またこの時期は実体経済の下降がまさしく開始された時期であるので，生産縮小に伴う貨幣需要減退が生じていたとは言い切れないからである。しかも，証券価格の下落に伴って，は

表 4-8　国法銀行における各種預金額

	個人預金		国法銀行による預金		州法銀行による預貯		蓄銀行による預金	
1906年 1月29日	4,088,420,135.60	71.27%	825,732,807.01	14.40%	364,221,046.34	6.35%	368,223,878.59	6.42%
1906年 4月 6日	3,978,467,885.79	71.05%	812,036,485.63	14.50%	357,407,892.12	6.38%	351,013,088.68	6.27%
1906年 6月18日	4,055,873,636.60	71.38%	796,650,184.46	14.02%	362,693,480.22	6.38%	349,804,181.05	6.16%
1906年 9月 4日	4,199,938,310.35	71.36%	830,119,644.11	14.10%	381,553,534.46	6.48%	346,514,194.77	5.89%
1906年11月12日	4,289,773,899.28	71.27%	839,065,296.31	13.94%	379,757,662.57	6.31%	337,113,941.89	5.60%
1907年 1月26日	4,115,650,294.21	69.30%	900,574,124.58	15.17%	396,632,800.85	6.68%	341,254,100.87	5.75%
1907年 3月22日	4,269,511,629.17	70.60%	859,867,389.84	14.22%	407,338,791.49	6.74%	330,909,599.22	5.47%
1907年 5月20日	4,322,880,141.39	69.97%	875,767,697.86	14.17%	397,038,414.98	6.43%	372,404,269.35	6.03%
1907年 8月22日	4,319,035,402.62	71.30%	823,680,087.29	13.60%	395,745,494.77	6.53%	337,927,872.50	5.58%
1907年12月 3日	4,176,873,717.48	72.17%	708,919,278.08	12.25%	318,969,686.72	5.51%	323,321,475.33	5.59%
1908年 2月14日	4,105,814,418.48	69.45%	807,361,613.80	13.66%	364,501,815.93	6.17%	379,277,945.83	6.42%
1908年 5月14日	4,312,656,789.59	69.83%	837,330,002.14	13.56%	371,549,628.54	6.02%	447,651,903.99	7.25%
1908年 7月15日	4,374,551,208.33	69.26%	877,776,257.32	13.90%	402,928,617.10	6.38%	502,539,153.92	7.96%

出所：*Annual Report of Comptroller of the Currency.* 1907, p. 497; 1912, pp. 311-312 より作成。

やくから各企業は投資資金・運転資金を銀行貸出に依存する傾向を見せており，貸出額自体は全般的に増大傾向にあった。しかし，この時期に実体経済が下降に転じたことを踏まえれば，新規貨幣需要は減少したと考えるのが自然であろう。

次に，③の後者，銀行の貸出態度について考えてみよう。まず具体的な事例から確認しておくと，06年末以降徐々に長期金融から短期金融への移行が発生していたことが指摘されている[113]。すなわち，証券価格の下落によって長期資金の調達が困難となり，社債償還のためには高利付の手形を発行せねばならなくなり，巨大企業でさえ運転資金をごく短期の借入に依存せねばならなくなった。つまり，証券価格の下落と相次ぐ配当引上げによって長期金利が上昇していたが，それをもってしても資金を得ることができなくなり，また銀行からの短期資金借入も高い利子率を要求されるようになったというわけである。ではこのような銀行行動の変化の背景には何があったのだろうか。

この時期，実体経済が下降し始めたことおよび06年以降反大企業政策が継続したことを考えれば，企業利潤の先行き見通しの悪化が銀行の貸付行動の慎重化をもたらし，長期貸付が制限された可能性が指摘できる。だが，より強く作用したと考えられるのは，株式ブーム崩壊に伴う銀行資産の劣化である。

株式ブームに深く関与していたのは国法銀行，信託会社，貯蓄銀行であった。

準備市銀行による預金		銀行間預金合計		政府預金		預金合計	
37,316,986.52	0.65%	1,595,494,718.46	27.81%	52,207,533.07	0.91%	5,736,122,387.13	100.00%
36,799,973.68	0.66%	1,557,257,440.11	27.81%	64,133,036.76	1.15%	5,599,858,362.66	100.00%
36,119,635.43	0.64%	1,545,267,481.16	27.20%	80,922,909.92	1.42%	5,682,064,027.68	100.00%
30,814,088.31	0.52%	1,589,001,461.65	27.00%	96,775,894.79	1.64%	5,885,715,666.79	100.00%
44,006,766.97	0.73%	1,599,943,667.74	26.58%	129,193,379.35	2.15%	6,018,910,946.37	100.00%
38,465,679.03	0.65%	1,676,926,705.33	28.24%	145,891,090.03	2.46%	5,938,468,089.57	100.00%
39,042,929.39	0.65%	1,637,158,709.94	27.07%	140,801,794.06	2.33%	6,047,472,133.17	100.00%
40,329,665.77	0.65%	1,685,540,047.96	27.28%	170,062,674.50	2.75%	6,178,482,863.85	100.00%
38,139,918.96	0.63%	1,595,493,373.52	26.34%	143,282,393.15	2.37%	6,057,811,169.29	100.00%
36,675,751.06	0.63%	1,387,886,191.19	23.98%	223,117,082.61	3.85%	5,787,876,991.28	100.00%
33,285,360.82	0.56%	1,584,426,736.38	26.80%	221,437,650.19	3.75%	5,911,678,805.05	100.00%
35,890,168.98	0.58%	1,692,421,703.65	27.40%	170,700,222.87	2.76%	6,175,778,716.11	100.00%
39,609,640.66	0.63%	1,822,853,669.00	28.86%	118,576,923.89	1.88%	6,315,981,801.22	100.00%

　国法銀行は主にコール・ローンの供与を通じての関与であり，証券担保貸付の貸倒れによる担保の獲得としてのみ民間証券保有を認められていた。コール・ローンは即座に回収できるから，貸倒れの危険は少なく，事実，何度か述べてきたようにニューヨーク国法銀行は株価下落を受けてコール・ローンを縮小している。この部面での資産の劣化はあまりなかったと考えられるであろう。一方，07年1月以降08年9月まで国法銀行のその他証券保有は一貫して増大している。この一部には自治体債が含まれるが，多くは貸倒れによって獲得した担保証券であると考えられる。国法銀行は新規民間証券投資は法律によって禁止されているから，この点で証券保有額が増大した可能性は存在しない。証券価格が下落し続けているなか，これが増加しているのは，コール・ローン以外での証券担保貸付を中心に貸倒れが発生したこと，証券価格の急落によって売却されえなかったか，売却による損失の顕現を避け含み損として保有され続けたこと，およびそれに伴って獲得した証券価値が日々下落したことを示している。
　信託会社は資産額においてニューヨークへの集中が顕著で，それらはニューヨーク証券市場でタイム・ローンの形での証券担保貸付を多く行っていた。また証券保有額も多かった。貸出内訳を見ると，06年から07年にかけて証券担保貸付が大きく減少している。その一方，鉄道証券保有額，銀行株保有額は減少しているが，その他民間証券保有額が増大し，民間証券全体でも増大している。

06年以降証券価格は低下していることを考えれば，この証券保有額の増大は新規投資ではなく証券担保貸付の貸倒れによる証券保有と解するのが自然であろう。信託会社は国法銀行と異なり，タイム・ローン形態での貸出が中心であったから，貸倒れの影響を受ける可能性も高かったものと考えられる。民間証券保有額は信託会社資産の約25％を占めており，この価格が下落することは，彼らの資産がかなり劣化していたことを示しているだろう。

　貯蓄銀行の多くは証券投資を禁止された国法銀行の証券子会社として設立され，多額の証券投資を行っていた。彼らの資産は06年から07年にかけて激変しており，証券投資が激減し，証券担保貸付が激増している。鉄道証券保有額は約2億6000万ドル増大しているが，銀行株は約100万ドルの減少，その他民間証券は約7億ドル減少して民間証券投資は全体として相当の減少である。一方，証券担保貸付は約1億5000万ドルの増加である。また，合衆国債および自治体債の保有額も激増していて，合衆国債が約650万ドルの増加，自治体債が約4億7000万ドルの増加である。この資産選択の変化は，安全性への逃避と考えられる。すなわち，証券投資を専門的に行う彼らは，証券価格の下落を受けてすばやくその売却を行い，その上で資産を安全性の高い自治体債に移したと考えられるわけである。また，彼らが証券担保貸付を増やしているのは，証券価格の下落後，国法銀行や信託会社が証券担保貸付を大きく減少させたのを受けて，満たされない貨幣需要に対して行ったものと考えられる。その引受けに際しては，証券子会社としての知識を利用して十分な担保を要求したであろうし，これを前提とすれば証券の売却によって得られた資力を新たな民間証券投資に振り向けるよりも，証券担保貸付として運用することは，安全性の高いものであっただろう。とはいえ彼らの民間証券保有額は，なお資産全体の約25％を占めていたのであるから，その部面での資産の劣化が大きかったことは間違いない。

　以上のように，証券市場との結びつきが強かったこれら金融機関は，それぞれの繋がり方に対応した形で，証券価格下落の影響を受け，保有資産の劣化を経験したとみられる。これは，5月から9月の間で約2億ドルの民間預金の流出を引き起こすとともに，銀行の貸出行動にも影響を与えたと考えられる。また，資産の劣化と預金引出に対応するために，銀行間預金の引出も行われたのだと解することができる。この預金流出と，貸出の制限および銀行間預金の引

出による準備金の増大は，当然預金・準備比率の下落をもたらすものであった。

ここまでの検討をまとめると次のようなる。Friedman & Schwartz が指摘するように，07年5月以降マネー・サプライは減少した（ただしそれ以前に減少していたかどうかは統計上定かではない）。この要因として彼らが挙げるものの内，対外金流出によるハイパワード・マネーの減少は直接的な要因とは考えられない。マネー・サプライの減少は主に預金・準備比率の低下によってもたらされたものであった。この低落を引き起こしたのは，証券市場の崩壊および景気下降に伴う貨幣需要の減退と，銀行の貸出行動の変化であると考えられた。銀行の貸出行動が変化した要因は，景気下降による利潤見込みの減退と，証券価格の下落による銀行資産の劣化およびそれに伴う預金引出への対応であった。これらのうち，実体経済の下降の結果によるものではなく原因となったものと考えられるのは，銀行資産の劣化による貸出行動の変化である。その影響は2つに分けて考える必要がある。まず，先に挙げた事例のように，社債や株式発行による資金調達が困難となり，過去に起債された社債償還のための資金を銀行借入に依存せざるをえなかったことは，当該企業にとって利子コストの増大を意味し，実体経済への下降要因となった。証券発行の困難化に伴う利子コストの上昇は既に06年の証券価格の下落によって始まっていたと考えられるが，見込み利潤の低落に銀行資産の劣化が加わることでより深刻なものとなったであろう。一方，各企業が主に銀行借入に依存していた日々の運転資金について言えば，この側面での影響は比較的軽微であったと考えられる。というのは，長期利子率は比較的高止まりしていたとはいえ，その急激な上昇は検出されないことから，銀行の貸渋り以上に貨幣需要の減退が存在したと考えられるからである。もちろん一部の企業に対しては信用割当の存在によって影響があったであろう。それがどの程度であったのかは定かではないが，短期の金融にシフトしてもなお貸出を受けることのできない企業に関してのみ下降圧力となったものと考えられる。

また次の点に注目しておく必要がある。06年からの見込み利潤低落に伴う証券価格の下落は，長期資金の調達コストを上昇させ，さらに銀行資産の劣化を引き起こして，銀行貸出における長期金利の高止まりを招いたが，それを受けての，資金調達の短期金融へのシフトはいわゆる金融脆弱性の増大を意味した

ということである。社債償還のための資金を短期手形の発行で賄うという事態はまさに象徴的である。実体経済の下降によってこの脆弱化はさらに進行したであろう。金融脆弱性の増大は，経済全体をより利子率感応的なものにする。この時期には利子率の急上昇が見られないことから，金融脆弱性の増大がこの時期の実体経済の下降の原因となったわけではないが，逆に実体経済の下降のなかで一層金融脆弱性が進行したと見るべきである。このことは，後に利子率が急上昇した時期に実体経済の急下降をもたらす要因として重要であると考えられる。

　以上のように証券価格の下落がマネー・サプライの減少という貨幣的要因に影響を与え，実体経済下降の一因となったと考えられる。しかし，証券価格低下の影響はこれにとどまるものではない。以下ではより詳しく，証券価格の下落が07年中盤からの実体経済の下降に与えた影響について検討してみよう[114]。

　証券価格低下による長期金利の上昇は，各企業にとっては新規資金調達の困難化，調達コストの増大を意味する。では06年からの証券価格の下落によって具体的に新規資本発行はどのような影響を受けたのであろうか[115]。鉄道業・非鉄道業別に，新規投資資金の調達額を見ると，鉄道業は05年に比べ06年は証券金融による資金調達額を約１億ドル減少させ，07年は約4000万ドル増加させている。06年は社債発行額が大きく減少したのに対して，普通株発行額が大きく増加しており，07年は社債発行額が増加し，普通株発行額が減少している。非鉄道業は05年に比べ06年は資金調達額が増加，07年は減少しており，これはほぼ社債発行額の増減と対応したものである。

　鉄道社債価格は05年後半から一貫して下落していた一方，株価は06年に入ってからの下落であり，またそれが本格的な下落に転じたのは06年後半であったことを踏まえると，鉄道企業は社債価格の下落を受けて06年には資金調達を普通株発行へとシフトし，その後株価が急落したことから再び社債発行に戻ったと解することができる。また07年後半には株価も社債価格も回復に転じたため，06年よりも07年のほうが資金調達が増加したものと考えられる。一方，非鉄道部門の中小企業は相対的に規模が小さく，投資決定においても鉄道業よりも好不況の影響を強く受けたであろうから，07年恐慌以降，08年の不況期にかけて資金調達を減少させたと考えられる。つまり，鉄道業が07年，08年と資金調達

表 4-9　鉄道業・非鉄道業別新規資金調達額　　　　　　　　（単位：百万ドル）

	鉄道業				非鉄道業		
	新規社債発行額	新規純普通株発行額	新規純優先株発行額	合計	新規社債発行額	現金調達のための普通株発行	合計
1900年	345.1	−168.0	28.0	205.1	348.3	12.0	360.3
1901年	735.6	−18.0	−18.0	699.6	753.4	136.0	889.4
1902年	517.0	153.0	−28.0	642.0	492.8	20.0	512.8
1903年	398.7	28.0	−12.0	414.7	520.5	24.0	544.5
1904年	531.6	−11.0	39.0	559.6	560.4	10.0	570.4
1905年	738.0	−15.0	46.0	769.0	488.0	0.0	488.0
1906年	429.8	221.0	17.0	667.8	662.2	11.0	673.2
1907年	556.4	124.0	25.0	705.4	532.9	0.0	532.9
1908年	573.6	194.0	14.0	781.6	538.5	0.0	538.5
1909年	668.8	306.0	−33.0	941.8	595.2	28.0	623.2
1910年	443.7	356.0	−39.0	760.7	689.5	0.0	689.5

出所：Hickman［1953］pp. 300-307, Goldsmith［1955］pp. 505, 510-511 より作成。

を増大しているのに対して非鉄道業は07年に減少，08年も横ばいとなっているのは，規模の違いによって景気の影響を受ける程度に差があったことによると考えられる。加えて，鉄道業においては06年以降ボトル・ネックが発生していたから，低利での資金調達さえできれば，設備投資を行いたいという事情もあったであろうし，運賃が規制されている状況下においては設備拡大への欲求はなおさら強いものがあったであろう。ともかく，鉄道業においては証券市場と対応した形で資金調達額が変動し，非鉄道業においては実体経済と対応した形で変動したのである。

　長期金利の上昇傾向のなかでのこれら新規資金調達が利子コスト負担を増加させる可能性を有するものであったことは言うまでもないが，加えて経済全体にとってみればこれら資金調達額の増減は，直接設備投資需要の増減を意味する。本項が対象としている07年中盤の実体経済下降要因との関連で言えば，06年における鉄道業の資金調達減少に注目する必要があろう。鉄道業による投資需要は06年に少なくとも約1億ドル減少したのであり，またこの時ヘップバーン法や利子負担の増大によって内部資金も減少していたことを考えれば，投資の減退はさらに大きなものであっただろう。

　鉄道業による投資需要は主に鉄鋼業に対してのものである。U. S. スチール

図 4-5　U. S. スチールの受注残高

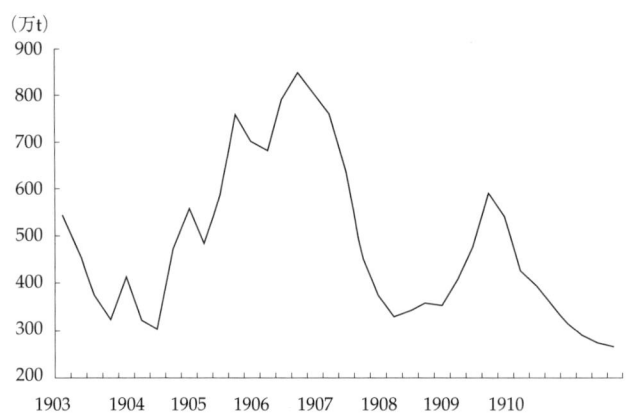

(万t)

出所：*The Review of Economic Statistics*, Jan. 1919, p. 80 より作成。
原典は *The Commercial and Financial Chronicle* に収められている U. S. スチールの Monthly Report 各号。

図 4-6　銑鉄価格・生産量

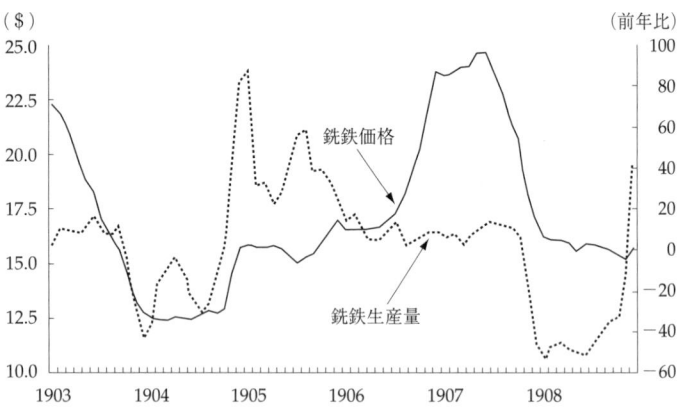

注：銑鉄価格は，No. 1 Foundty, Philadelphia, Bessemer, Pittsburg, No. 2 Foundry, Chicago, Gray Forge, Cincinnati, No. 2 Foundry, Birmingham の平均価格。生産量は前年比の変化率。
出所：価格：Hull [1911] pp. 277-281 より作成。生産量：Hull [1911] pp. 270-274. 原典は *The Iron Age* 各号。

の抱える受注残量を見ると，06年3月から6月にかけて一度下落し，その後持ち直すが，06年12月を境に08年6月まで一貫して下落している。また，07年6月から12月にかけて急激に下落している。受注残の増減は過去の注文に対する

生産量と新規需要との関係で決まるから、生産能力に大きな変動がないとすれば、ほぼ新規需要の増減に対応して動くことになる。U. S. スチールに対する新規需要は06年前半に一度落ち込み、06年末から一貫して下落したということになる。次に、銑鉄価格は、05年12月から06年7月にかけて緩やかに下落し、その後上昇するが06年12月以降5月までほぼ横ばいとなり、その後低下している。特に07年6月以降急激に低下している。銑鉄生産量の前年同月比は05年12月から08年6月までほぼ横ばいで若干低下しており、特に07年10月から12月にかけての低下幅が大きい。また07年5月から8月にかけては若干回復している。生産量で見ても06年はほぼ横ばいないし低下傾向にあり、07年10月以降急激に低下している。

　これらを合わせると、①06年前半には鉄鋼需要は停滞に転じ、一度持ち直すものの07年初頭にははっきりと減少傾向を示し、実体経済の下降後急激に減少したこと、②鉄鋼需要の減少からやや遅れて銑鉄価格が下落したこと、③銑鉄生産量の前年同月比は07年中盤から生産量自体は07年後半から減少したことがわかる。他の物価指数の動きと比べて、鉄鋼需要の減退、銑鉄価格低下の先行性は明らかである。

　このような鉄鋼需要の変動を解するにあたっては次の問題が存在する。すなわち、実体経済が未だ上昇していた06年に鉄鋼需要の減少が起きたのはなぜか、および06年前半から鉄鋼需要が減少しているにもかかわらず実体経済は下降に転じていないのはなぜか、である。前者について言うと、第一に、実体経済全体は好調であったのだから、鉄道以外の鉄鋼需要産業、たとえば機械製造業などにおいては鉄鋼需要全体を左右するほど大きな需要の減少が生じたとは考えにくいこと、第二に、投資資金調達額は非鉄道業では減少していないこと、第三に、鉄鋼需要の変動はほぼ株価の変動に対応しているが株式による資金調達は鉄道業によってのみ行われていたと考えられること、を合わせると鉄道業による需要減少が大きな要因であったとの推測が成り立つ。さらに、鉄鋼製品生産量について見てみると、05年から06年にかけてはいずれの製品も生産量は増大、06年から07年では鉄鋼レールと建設用形鋼材が減少、それ以外は増大、07年から08年にかけてはいずれの製品も減少、となっている。以上から、鉄道業による設備投資需要の減退が06年前半および06年末以降の鉄鋼需要減退の要因

となったと考えられる。次に後者の点，鉄鋼需要の減退と実体経済との関係であるが，まず06年前半の需要減退が実体経済の下降を導かなかった理由は，第一にこの需要減退が軽微であったこと，第二にこの下落は一時的なものでありその後需要は回復したこと，第三に需要減退が直ちに生産の減退を導くわけではない（タイムラグが存在する）ことが挙げられる。特に第三の点は重要で，これは06年末から持続的に需要が減退してもすぐには実体経済が下降しなかった理由ともなったと考えられる。同時にこれは，07年5月以降の銑鉄価格の下落がそれ以前に進行した需要の減退によるものであることも示唆している。またこの価格下落に銑鉄生産量の減少が遅れ，前年同月比が一時的に上昇したのは，銑鉄産業が競争的部門であり[116]，鉄鋼需要減退の影響がはっきりと現れ始めたときに即座に生産制限をするのではなく，価格を引き下げることで対応したことによるものと考えられる。これが利潤減少や在庫増大を招き，10月以降の生産量の激減をもたらすことになった。以上から，06年末以降の鉄鋼需要の減退は，一定の期間を置いてはっきりしたものとなり，それが07年中盤以降の実体経済の下降要因の一つとなったと考えられるであろう。

　鉄道業における設備投資が減退したことは，鉄鋼需要以外の面でも実体経済に影響を及ぼしたと考えられる。前に指摘したように，鉄道の設備投資による輸送能力の増大は販路拡大や流通時間の短縮を通じて経済全般に好影響を与えるものであった。しかしながら，全般的な景気の拡大のなかで，鉄道輸送はボトル・ネックに逢着した。このようななかで設備投資が減退したことは，販路の拡大が遅れ輸送の遅配が解消されないことを意味したであろう。前に指摘したように，鉄道建設や機関車・貨車の増加は一定のタイム・ラグを伴うから，新規投資が減退しても直ちにこれらの増加が停止するわけではないが，徐々に悪影響をもたらす要因となったことは間違いないであろう。

第6節　小　　括

　1907年恐慌の本体を，10月の金融パニックではなくそれ以前の実体経済の下降と考える本章の立場からはほぼ以上でその要因の解明は終了したことになる。10月パニックの発生要因やその影響は個別に重要な分析対象ではあるが，紙幅

の都合から本章では割愛したい[117]。

　1907年恐慌の要因について本章が示した最も基本的な事柄は，先立つ証券価格の下落が中心的な要因として作用したということである。ここから2つの経路をとって経済全体へと下降圧力が波及した。1つは鉄道会社による資金調達の困難化が設備投資需要を減退させたという経路である。これは第一に鉄鋼業への需要の減退をもたらした。このことは同時に，主に留保利潤によって投資資金を賄っていた鉄鋼部門による設備投資も減少させ，需要の減退が広い領域に及ぶことになった。第二に，鉄道による設備投資がなされないことは，既に発生していた輸送ボトル・ネックの解消を困難にし，それによる輸送の遅滞が実体経済全般に影響を与えると共に，販路の拡大や輸送経費の削減といった鉄道投資による実体経済への好影響を遮断することも意味していた。また，鉄道による設備投資の減退に関しては，鉄道利潤規制立法が証券価格の下落要因となったとともに，鉄道業の利潤減退によって投資資金が減少したという点も指摘された。もう一つの経路は，証券価格の下落が諸金融機関の資産に多大な悪影響を与えることを通じてのものである。諸金融機関は各々異なる形で，証券担保貸付や証券投資を行っており，証券価格の下落が彼らの資産価値を低落させることになった。このことは，一方で諸金融機関の貸出行動を変化させ，長期利子率の高止まりから諸企業の資金調達をより短期のものへと移行させて金融不安定性を増大させた。他方でこれが，金融機関への取付けの連鎖を含む「死に物狂いの貨幣の奪い合い」を引き起こす要因となった。以上主に2つの経路を通じての実体経済への下降圧力が07年恐慌を開始させるとともに，後者は10月パニックの要因ともなり，この10月パニックが実体経済の一層の悪化をもたらすことになったのである。

　これらの発端となった証券価格の下落要因は主に2つ考えられた。1つはルーズベルト政権による反大企業政策が主に鉄道会社の利潤見込みの悪化をもたらし，また巨大機関投資家であった生命保険会社を証券市場から退場させたことであった。サンフランシスコ大地震による火災保険会社の証券市場からの撤退も一定の要因として考えられた。もう1つは当時のアメリカの貨幣市場構造であった。当時の構造では，証券取引のための短期資金の供与はニューヨークの巨大国法銀行に集中された，地方金融機関の準備金によってなされており，

このことは季節的にニューヨークから地方への資金流出をもたらして，ニューヨーク市場での貨幣逼迫を引き起こす要因となった。この場合，ニューヨーク市場はロンドン市場から金を輸入することで対応していたが，この最終的な金の供給はロンドン市場の動向いかんによって規定され，これが遮断されたことが，主に07年以降の貨幣逼迫を引き起こし，3月パニックを発生させる要因となった。06年における株式ブームの終焉にあたっては前者が作動する背景を後者が形成し，07年の株価下落においては前者の存在を前提に，後者が株価下落を引き起こす要因として作用した。

　主に以上のような要因で発生した1907年恐慌は証券市場が広範に発達しそこで設備投資資金が調達されるようになった段階の資本主義における恐慌の一形態を示しているように思われる。証券市場の動向が，実体経済にどのような影響を及ぼすのかは，各々の時代，各々の地域の諸制度や経済構造のあり方によって異なる。07年恐慌に関して言えば，証券投資を行っていたのが主に一部の大投機家や金融機関に限られていたから，キャピタル・ロスによる消費需要の低落は直接引き起こされることはなかったし，投資資金を証券市場から調達していたのが主に鉄道会社に限られていたから，一定の時間を置いてその影響が出たし，諸金融機関が密接に証券市場とかかわっていたから，その部面からの影響が出ることになったのである。このように，経済構造のあり方によって恐慌の形態や波及経路は規定されるから，07年恐慌から直ちになんらかの理論的一般化を行うことは慎まなければならない。しかしながら少なくとも言いうることは，証券市場が広範に発達することでそれまでにない恐慌の要因が醸成される土壌が現れ，この新たな恐慌の一形態を07年恐慌は体現しているということである。また証券市場の発達は，証券市場と実体経済とのかかわり，証券市場と金融機関とのかかわりを介しての実体経済への影響，さらに銀行パニックの発生形態やその波及形態といった，いわゆる実体と金融との関係を複雑なものとし，この関係のより今日的なそれに近いものを現出させることになったが，そのような状況下での史上初の恐慌である07年恐慌はこの点で今日に繋がる論点を示すものともなっていると考えられる。つまり，金融と実体とがどのように連関し，どのように影響を与え合い恐慌や不況を引き起こすのかという，きわめて今日的な関心に対して，最後の貸し手も，預金保険も，金融機関の証

券投資の制限も基本的には存在しないもとでの07年恐慌は，そのいわばプリミティブな一例を示すものであると思われるのである。金融と実体とが複雑な関連を有する時代における恐慌のプリミティブな形態を示すものという側面を有するのが07年恐慌だったのである。

とはいえ，それが当時のアメリカに固有の諸制度によって規定された恐慌であったことは本章が再三示してきたとおりである。このことは，07年恐慌の分析が景気循環と制度との関係という問題に対して一定の例証を与えるものとなっていることを表わしている。07年恐慌においては，先立つ証券市場の発達と大独占体の成立，またそれらに規定された資金調達構造の変化という諸制度的枠組みが決定的な影響を有するものであった。同時に，国法銀行制度下におけるニューヨークへの地方準備資金の集中，信託会社の急成長，各々の金融機関の証券市場との関わり方の相違やポンド体制下におけるロンドン市場との繋がり，といったものも重要なファクターであった。これらが，本章が対象とした期間の景気循環形態を規定すると共に，07年恐慌の影響をこれら諸制度が受け，変革されることにもなった。つまり景気循環と諸制度とは相互に影響を与え合い，相互に変化をもたらす関係にあると考えられるのである。

注
1) 1907年恐慌に関する先行諸研究のサーベイおよびそれらの問題点に関しては阪上［2002］1～4章を参照のこと。
2) 詳細は阪上［2002］1～4章参照。
3) もちろん，03年恐慌からの回復要因は農作物輸出の好調だけにとどまるものではない。他の要因としては，①金融緩和政策による証券市場の好転と資金調達環境の改善，②個人消費の好調さ，③ボア戦争終結によるトランスヴァールからの金流入がロンドン金融市場を緩慢化させたこと，が挙げられる。詳しくは阪上［2002］52-53頁を参照のこと。
4) Day［1920］p. 254 から計算。
5) 輸出に占める綿花の割合および綿花輸出額は，*Statisitical Abstract of the United States*, 1915, pp. 664, 665, 694 より計算。
6) 約75％が綿花。
7) 外需の役割は限定的である。たとえば，鉄鋼製品について輸出比率を計算すると，05年の数字で，プレート・シート2.1％，ワイヤー・ロッド0.4％，建設用形鉄鋼材5.0％，鉄鋼レール8.7％，銑鉄0.2％と総じて高くない（*Annual Statistical*

Report of the American Iron and Steel Institute, 1921, pp. 14, 41, 43, 44, 48 より計算)。
8) *Ibid.*, p. 41 より計算。
9) 浜田 [1980] 105頁。
10) *Historical Statistics of the United States*, 邦訳, 第2巻, 710, 730, 733頁より計算。
11) 同上, 710, 730, 733頁より計算。
12) この時期のアメリカの鉄道業と鉄鋼業の関連については浜田 [1980] が「アメリカ金融資本の蓄積構造」という視角から分析を試みている。詳述する余裕はないが, そこでは鉄道業と鉄鋼業が互いに輸送需要と建設需要を通して関連を持っていたことだけでなく, 投資銀行を介して結合関係にあり, そのことがまた U. S. スチールの独占的地位の形成に資したことが指摘されている。
13) U. S. スチールによる価格支配について詳しくは, 石崎 [1963], 溝田 [1982] などを参照のこと。
14) *Annual Statistical Report of the American Iron and Steel Institute* 各号参照。
15) 小林 [1998b] 61頁。
16) 以上, 各株式の年間取引高や上場株式数については *The Commercial and Financial Chronicle* 各号参照のこと。
17) もちろん鉄道株式市場はそれ以前に既に存在しており, 鉄道株自体が新しい投機対象とはいえないかもしれない。しかしながら, 前述の鉄道業における再編過程で成立し, その後急速な資本集中を見せた大鉄道会社の株式は従来存在した鉄道株式とは性格が異なることに注意したい。それ以前の過当競争にあり, 財務基盤が脆弱でしたがって利潤率も配当も安定性を欠いていた鉄道会社株が, 大規模な資本力のもとで安定した利潤を上げる鉄道会社株に取って代わったことは, 新しい魅力的な商品の登場と受け取られたであろう。
18) Myers [1931] pp. 280-286.
19) Sobel [1965] 邦訳, 294頁。
20) ブローカーにとって負債のすべてをコール形態で有することは財務上危険性を伴うので, 一部はタイム・ローンであった (小林 [1997] 7頁)。
21) Beckhart [1932] p. 157.
22) 小林 [1997] 7頁。
23) もちろん証券市場とのつながりが最も強かった金融機関は投資銀行である。だが業務全般を通じて証券市場とかかわっていたとはいえ, 彼らは引き受けた証券を短期間で売却していた。
24) 国法銀行制度について詳しくは, 楠井 [1997], 高山 [1982], 小野 [1971] [1972] などを参照のこと。
25) Carosso [1970] 邦訳, 149-150頁。
26) 同上, 150頁。
27) *Annual Report of the Comptroller of the Currency* に国法銀行保有証券の詳しい内訳

が掲載されるのは1909年分からであり，それ以前の時期については定かではない。09年の数字を挙げておけば，州・自治体債が1.7％，鉄道株式・社債が3.7％，公益事業会社債が1.5％，その他株式・社債が2.2％となっている。これらを合わせると9.1％であるから，ほぼそれ以前の時期のその他証券保有に対応するものと考えられる。

28) この時期無担保でのコール・ローンは存在せず，証券担保要求払貸付が端的にコール・ローンのことを表わしていると考えられる（Myers [1931] p. 272）。
29) 小野［1971］27頁。
30) 個人銀行は資産額においても証券市場とのつながりにおいても他の諸金融機関と比して著しく小さく，また投資銀行をはじめとする多くの大個人銀行は株式会社形態にないため監督を受けておらず，統計が存在しないためここでは考察の対象とはしない。
31) 楠井［1997］33頁。
32) Carosso［1970］邦訳，150頁。
33) 信託会社の商業銀行化については青山［1982］を参照のこと。
34) 春田［1971］269-270頁，青山［1982］11頁。
35) Carosso［1970］邦訳，第2章，呉［1971］第3章。
36) 春田［1971］276頁。
37) Moen & Tallman [1992] p. 624. なお，多くがタイム・ローンで貸し付けられた理由として同論文は，当時信託会社に対しては準備率規制がなかったので，資産を流動性の高い形態で有する必要がなかったためであるとしている。
38) 以上の数値はいずれも Annual Report of the Comptroller of the Currency, 1915, p. 372 のもの。
39) 呉［1971］第3章，第4章。
40) 楠井［1997］41頁。
41) 呉［1971］第3章，第4章，Carosso［1970］邦訳，第2章。
42) Keller［1963］邦訳，第4部。
43) Keller [1963] p. 207.
44) Goodhart [1969] p. 19 を参照のこと。
45) Studenski & Kroosse [1952] pp. 586-587 より計算。
46) Taus [1943] p. 109.
47) 侘美［1976］はこの点について「全般的好況にともなう地方の産業的発展に必要な流動資金が，各種の地方銀行の信用拡張によって補充され」たことによるものであると解しているが，以上の論拠から適切ではないと考えられる。
48) 05年末から06年初頭にかけてタイム・レートは概ね5.0～7.0％で推移していた。
49) 「革新主義政治」全般の詳細な内容の検討や，アメリカ経済史におけるその意義については，M. J. Sklar, E. S. Meade 等の著作を参照されたい。

50) 以下, ヘップバーン法については Carosso [1987] Chap. 15, Faulkner [1960] 邦訳, 640-643頁, Ripley [1973] Chap. 16 を参考にした。
51) Faulkner [1960] p. 640.
52) 州際商業委員会の提訴に対して最高裁判所が1897年に, 委員会には料金を規定する権限がないとの判決を下した。(Ibid., p. 640)。
53) Ibid., p. 641.
54) Carosso [1987] p. 534.
55) Ibid., p. 534.
56) The Commercial and Financial Chronicle, Jan. 5, 1907, p. 8.
57) Noyes [1909] p. 352.
58) The Commercial and Financial Chronicle, Jan. 5, 1907, p. 6.
59) Ibid., Nov. 17, 1906, p. 1198.
60) たとえば The Commercial and Financial Chronicle は06年の経済状況を総括するなかで「鉄道輸送会社は (必要な――筆者) 輸送量に圧倒された。それ以前の年に, 莫大な資金の支出を通じて諸設備, 機関車, 線路, ターミナル施設が大量に追加されていたにもかかわらず, あらゆる方面から彼らに依頼された莫大な量の貨物輸送を必要な期間内にこなすことができなかった。結果として常に配達に遅れることとなった。」(Ibid., Jan. 5, 1907, p. 6) と記している。つまり06年以前の投資にもかかわらず, 06年には広範に輸送面でのボトルネックが生じたとしているわけであり, 06年初めからそのような傾向が存在したことは間違いないと思われる。
61) アームストロング調査については, Carosso [1970] 邦訳, 第5章, [1987] Chap. 15, Keller [1963] 邦訳, 第6部, Noyes [1909a] Chap. 13, Sobel [1965] 邦訳, 第10章を参照のこと。
62) 詳しくは Carosso [1970] 参照。
63) Ibid., 邦訳, 196-197頁。
64) The Commercial and Financial Chronicle, Jan. 5, 1907, p. 10.
65) Ibid., p. 11.
66) Ibid., p. 7.
67) Sprague [1910] p. 230.
68) Noyes [1909] p. 356.
69) 金融手形の振出は為替相場が金現送点内にある場合に金輸入をもたらす主要な手段であった。侘美 [1976] は Banker's Magazine の記事を援用しつつ次のような指摘を行っている。「注意されねばならないことは, このロンドン資金の借入れ (金融手形の振出による借入――筆者) は, たんなる短資借りではなく, かなりの部分が金を引きだすために借入れられたということである。ニューヨーク側から見て最も必要なものは, 銀行準備としての金であったので, ニューヨークの銀行業者は, マーチャント・バンカーによって引受けられた金融手形を直ちにロンドン市場で割

引いてもらい，それでもって金を購入するか，ないしは金に兌換する手続きをとったのであった。……ニューヨークのポンド為替相場は金輸出点をこえていないにもかかわらず，大量の金が金融手形の操作によってニューヨークに輸送された……これは，この段階においてとりわけ注意されなければならない現象である為替相場の金現送点内部における大量の金移動——景気過程において必要とされる世界貨幣としての金の特殊な異動——であった。」(侘美［1976］156-157頁)。

70) Taus［1943］pp. 109-110.
71) このような措置は政府資金の預託期間として認定されていた一部の国法銀行に対してのみとられたので，他の金融機関からは非難されることになった (Taus［1943］p. 110)。これに限らず，Shaw の政策は「自由な」経済活動を阻害するものとして広範な批判を招いた。そのような批判の代表的なものとしては，Andrew［1907］［1908］がある。これらの事例から窺われるように Shaw が企図した「中央銀行的機能」は決して十全に実現されたわけではなかった。国法銀行制度という従来の制度的枠組みと現実の経済活動との間での摩擦の認識から Shaw の政策が生まれたが，さらにその政策の問題点が指摘されることでより安定的，より包括的に現実の経済の要請に応えうる枠組みが議論され，それが周知のようにオルドリッチ・ブリーラント法を経て連邦準備制度の成立へと結実していった。連邦準備制度の成立過程を経済活動と制度との相互依存関係を中心に分析するためには，なお多くの論考や論点を吟味する必要があり今後の課題としたいが，この課題を果たすにあたって上の Shaw の政策とそれに対する批判とが存在するなかで徐々に制度変革の機運が高まり，さらにそれらにこの時期の景気循環が規定され，結果本章の分析対象である07年恐慌が発生した一連の経過を明らかにすることは必要不可欠であると思われる。07年恐慌を10月パニックの偶発的発生とその波及における制度的欠陥という観点からのみ分析し，その点からのみ連邦準備制度の成立を論じるのでは不十分であり，制度と景気循環との相互作用の分析を経て制度の成立も分析されねばならないと思われるのである。
72) Taus［1943］p. 110.
73) なぜこのとき Shaw は，準備金不足に従来の預託金増大の手段を積極的にとるのではなく，主に金輸入促進政策をとることで対応したのかについて，彼自身は説明を行っていない。Taus は他国の中央銀行が公定割引率を高くすることで金流出を阻止したり，金を引き付ける政策をとっていたため，たんに預託金を増大させただけでは海外への金流出が発生し，準備率の回復は望めないと考えたのではないかと指摘している (Taus［1943］p. 111)。
74) 金融手形はポンド立てで振り出され，割り引かれて獲得されたポンドがロンドン市場でドル金貨と交換されるから，ドル高となる。もちろん金現送が行われれば，金本位制の自動調整作用によって為替相場は金現送点内に戻る作用を有するので，前に述べたようにこの形態でのロンドンからの金流出は大きなものとはならない。

75) *The Commercial and Financial Chronicle*, Jan. 5, 1907, p. 7.
76) Noyes [1909] p. 356, 侘美 [1976] 170頁。
77) Northern Securities 社は Northern Pacific 鉄道と Great Northern 鉄道の株式を保有する持株会社であった。これは Union Pancific による Northern Pacific 鉄道株の買占めをめぐって，Union Pacific の背後にいた Kuhn=Loeb 等と買占めを阻止しようとした Morgan 等（Northern Pacific は彼らの支配下にあった）との妥協（Morgan らが支配権を維持するが，Kuhn=Loeb らおよび Union Pacific も大株主となるとの妥協）によって設立されたもので，これらの投資銀行家および Union Pacific が大株主であった。04年に連邦最高裁によって違憲判決を受けて Northern Securities 社は解散したが，その保有していた Northern Pacific 鉄道および Great Northern 鉄道の株式は，これら大株主に交付された（*Fianl Report of the Industrial Commission*, pp. 314-317）。
78) Noyes [1909] pp. 356-357. 原資料は Report of Commissioner Lane, *Interstate Commercial Commission Report*, No. 943, p. 20.
79) Sprague [1910] は，「それ（鉄道会社による配当引上げ—筆者）に前後して，夏の国内金流入による銀行信用の拡張を通じて可能となった，株式の投機的取引が発生した」（pp. 239-240）と記しているが，この「投機」が何を意味するのかは明らかとされていない。株価の上昇がいずれの指数で見てもさほど大きくないことを考えれば，配当引上げによって一般的な株式投機が再び惹起されたと見るよりも，株価上昇を目論んでの買支えが存在したが一般資金はさほど引き付けられなかったと見るほうが妥当であるように思われる。
80) 侘美 [1976] は8月に入って「再び急激な（株式—筆者）投機が開始され」これによってコール・レートの上昇がもたらされたとしている（170-171頁）。もちろん上に述べた投機的な買支えが資金需要の増大をもたらしたことは否定できないが，コール・ローンは縮小していること，貸出総額も増大していないなかで正貨準備が減少していることを考えれば，投機による貨幣需要の増大で引き起こされた正貨不足よりも，他の要因での正貨の流出がより強く作用したものと考えられる。
81) *The Commercial and Financnal Chronicle*, Jan. 5, 1907, p. 11. 前述のようにサンフランシスコの震災によって地方での資金需要は高まっており，それに応えるために4月，5月に金流出が発生していたのであるが，このような資金需要によって地方銀行の資金不足が発生していたとすれば季節的資金需要に応えるためにニューヨークから引き出される額が例年に比べて多くなったとしても不思議ではないであろう。
82) *The Commercial and Fiancnal Chronicle*, Jan. 5, 1907, p. 9-10. 財務省はこの売出が円滑に行われるよう次のような政策をとった。すなわち，パナマ運河債を国法銀行券および財務省預託金の担保として用いることができるとするとともに，従来財務省預託金の担保となっていた一部自治体債をこれら政府債と置き換えねばならない

としたのである。つまり，公金預託を受け入れるためには自治体債を売却して政府債を購入せねばならないようにしたのであり，これによってパナマ運河債も円滑に販売されるよう目論んだわけである（Ibid., p. 9）。

83) 「約5400万ドルが金輸入によって確保され，それは主に金融手形の振出に拠ってもたらされた」（Sprague［1910］p. 240）。
84) *The Commercial and Financial Chronicle*, Jan. 5, 1907, p. 17–18.
85) *Ibid.*, p. 18, Noyes［1909］p. 358.
86) Sprague［1910］p. 241.
87) Noyes［1909］p. 358, Sprague［1910］p. 240.
88) Sprague［1910］p. 240. 同時期フランスでも公的にはあらゆる海外の金融手形の引受停止が命じられた（*The Commercial and Financial Chronicle*, Jan. 5, 1907, p. 19）。
89) Taus［1943］p. 111. 金輸入促進政策が維持されえなかった要因としては，これが利子率の低落を招くことによって，金輸入に抑制的な影響を及ぼすに至ったことが指摘されている（*ibid.*）。だがそれ以前にイングランド銀行がバンクレートを引き上げ，金融手形の引受停止を命じていたことを考えれば，この政策自体が無意味なものとなったが故に廃止されたと考えるほうが自然であるように思われる。
90) *The Commercial and Financial Chronicle*, Jan. 5, 1907, p. 19. このとき預託金がさらに増額されえなかった理由としては，担保証券が不足したことが指摘されている（Taus［1943］p. 113）。
91) *The Commercial and Financial Chronicle*, Jan. 4, 1908, p. 10. これは前に述べたように，このときには預託金を十分に増加させることができなかったためとられた手段であり，準備率低落に対して消極的に対応したものであると考えられる。
92) *Ibid.*, p. 11.
93) *Ibid.*, pp. 10–11. 1月には調査の過程で06年における株価上昇が，Union Pacific鉄道によるグループ内鉄道会社等の株の買支えによるものであったことが明らかにされ，2月にはUnion Pacific鉄道社長で大鉄道グループを有していたE. H. Harriman，同社と関係を有していた投資銀行Kuhn=Loeb商会のO. H. Kahnが州際商業委員会に参考人として呼ばれ，新聞はセンセーショナルにこれらの事態を報じた。
94) なおいくつかの文献においてはこのパニックはSilent Panicと呼ばれており，またSprague［1910］はこれをRich men's Panicと呼んでいる。
95) 一般に最安値を記録した日付とパニックが発生した日時とは必ずしも一致しないと考えられるが，*The Commercial and Financial Chronicle*, Jan. 4, 1908の記事によると，14日と25日にパニックが発生し，大量の売りが生じたとのことである（p. 13）。
96) *The Commercial and Financial Chronicle*, Jan. 4, 1908, p. 12. 前にも述べたが，財務省預託金が増大しなかったのは，増大させえなかったためである。したがってここ

での貨幣市場の逼迫は政策のミスではなく制度的要因によるものである。
97) *Ibid.*, p. 12. Taus [1943] p. 123, Myers [1931] p. 387.
98) Myers [1931] p. 387.
99) G. B. Cortelyou は07年3月4日に L. M. Shaw の後を受けて財務長官に就任した。
100) *The Commercial and Financial Chronicle*, Jan. 4, 1908, p. 12.
101) たとえば R. Sobel は3月パニックにおいて「金利は上昇し、銀行は貸出を拒んだ」と記している（Sobel [1965] 邦訳, 274頁）。
102) *Ibid.*, 邦訳, 274頁。
103) *The Commercial and Financial Chronicle*, Jan. 4, 1908, p. 7.
104) *Ibid.*, p. 12.「移民排除法」はパスポートを持たない移民を国外へと排除する法律であった。当時アメリカには大量の移民が流入しており、彼らは低コストの労働力として重要な存在であったから、その減少をもたらす法律の制定は、賃金に上昇圧力が加わることを意味したと考えられる。また企業利潤見込みとは直接関係を有さないが、企業による政治献金を禁止する法律も成立した。これは企業側に有利となるように政治家に働きかける手段が失われることを意味したと考えられる。
105) *Ibid.*
106) このときドル高となった理由としては、パニックのなかで大量の外国為替の売却が発生したこと、アメリカ鉄道証券のヨーロッパでの発行に伴う支払があったことが指摘されている（侘美 [1976] 179-180頁）。
107) 前述のように新規金融手形の振出はほぼ停止されていたこと、このときの金流入が06年のものに比べて少額であること、例年この時期に金流入が発生しているわけではないことなどを考えれば、この金流入のほとんどは為替差益目的のものであったとしてよいと思われる。
108) *The Commercial and Financial Chronicle*, Jan. 4, 1908, p. 14.
109) *Ibid.*, p. 13.
110) Friedman & Schwartz [1963] pp. 156-158. なお、これ以外には、①過少消費、②資本の絶対的過剰生産を指摘する研究が存在する。前者はたとえば商品種別価格指数（Mitchell [1941] 参照）を見ると、生産財が6月、原材料が5月にピークをつけているのに対し、消費財価格のピークが12月であることから否定されると考えられる。この時期の需要減退は消費需要ではなく投資需要の減退が中心であったと考えられるからである。後者については確かに07年における実質賃金および原材料価格の上昇は確認されるものの、利用できるのは年別データのみであり、それがどの程度企業利潤を逼迫したのかは必ずしも明らかではない。また後者ではコマーシャルローン・レートの上昇が企業利潤を逼迫したとの指摘もあるが、この時期の上昇はさほど大きくなく（06年後半よりも低水準で推移した）実体経済下降の主要因と考えるのは無理がある。
111) ただし、彼らはこの時期のマネー・サプライの収縮を指摘してはいるが、07年

中盤の実体経済の下降は認識していない。同書当該箇所において彼らが扱っているのは，07年恐慌そのものではなく，07年10月の銀行パニックを受けての国法銀行による支払制限が，いかに実体経済の下落を軽微なものにとどめたのかという論点であるので，ここでのマネー・サプライ減少に伴う実体経済の収縮がどのような経路を通じてなされたと考えているのかは明らかにされていないが，07年の実体経済下落の蓋然性がかなり高いものであったことを，10月パニック以前のマネー・サプライの下落を指摘することで主張したいのだと思われる。つまり，早くから実体経済への下降圧力が存在し，10月パニックによるさらなるマネー・サプライの下落によって実体経済は本格的な下降に転じたが，このような意味でかなりの実体経済の収縮が予想されるにもかかわらず，なぜそれが（彼らの認識では）軽微なものとなったのか，という問題視角なのである。

112) Friedman & Schwartz ［1963］p. 157.
113) Sprague ［1910］p. 238, Noyes ［1909］p. 360, Mitchell ［1913］p. 77.
114) なお以下では主に株価下落による企業の資金調達困難という論点に絞って検討を行っている。株価下落が実体経済に影響を及ぼす経路としてはそのほかにキャピタル・ロスの発生による消費需要の減退があることは言うまでもない。しかしながら当該時期については先に見たように消費需要は減退していないこと，またこの時期には大衆による株式投資は大きなものではなかったと考えられることから，この経路は作用しなかったものと考えられる。
115) 19世紀初頭のアメリカでの企業金融に関して，創業資金や企業合同のための資金は，本章でも見てきたように投資銀行を中心に各種金融機関が証券発行を引き受けることでなされ，18世紀末から19世紀初頭にかけては株式発行が中心となったことが明らかとなっており，また，短期営業資金に関してはこれも本章でも指摘したように，各地方の商業銀行や貯蓄銀行によって担われていたことが明らかとなっているが，中長期資金の調達については未だ研究の蓄積が少なく，全貌が明らかになっていない。散見される限りで示されているのは，U. S. スチールやスタンダード・オイルといった巨大独占企業においてはそのほとんどが内部金融で賄われていたこと，鉄道業では設備拡大資金の約4割が内部資金，約6割が証券市場からの調達であったこと，精肉業，醸造業，機械製造業などの部門でも，大企業は内部資金に依存していたこと等である。以上のような事情から，断定することはできないが，本章ではとりあえず，投資資金の調達に関する限り，社債市場と関係があったのは鉄道業およびその他産業における中小企業であり，株式市場とは鉄道業のみが関連を有していたと考えることにする。
116) これは価格変動が大きいことから明らかである。
117) 詳細については阪上［2002］参照のこと。

参考文献

Allen, F. L. [1949] *The Great Pierpont Morgan*, Harper and Brothers Publishers, N. Y.

—— [1935] *The Lords of Creation*, Harper and Brothers Publishers, N. Y.

American Iron and Steel Institute, *Annual Statistical Report of the American Iron and Steel Institute*.

The American Metal Market, *Metal Statistics*.

Andrew, A. P. [1907] "The Treasury and the Banks under Secretary Shaw", *Quarterly Journal of Economics*, Vol. 21, August.

—— [1908] "The United States Treasury and the Money Market: The Partial Responsibility of Secretaries Gage and Shaw for the Crisis of 1907", Publications of the American Economics Association, 3rd Senies, Vol. 9.

Ayres, L. P. [1939] *Turning Points in Business Cycles*, The Macmillan Company, N. Y.

Beckhart, B. H. [1932] *The New York Money Market, Vol. III, Uses of Funds*, Columbia University Press, N. Y., Reprinted by AMS Press, N. Y., 1971.

—— [1972] *Federal Reserve System*, Columbia University Press, N. Y.（矢尾次郎監訳『米国連邦準備制度』東洋経済新報社，1978年）.

Bry, G. [1960] *Wages in Germany 1871–1945*, Princeton University Press, Princeton.

Carosso, V. P. [1970] *Investment Banking in America, A History*, Harvard University Press（小畑二郎ほか訳「アメリカの投資銀行(上)」，『証券研究』第55巻，1978年）.

—— [1987] *The Morgans: Private International Bankers 1854–1913*, Harvard University Press, Cambridge, Massachusetts, and London.

Collman, C. A. [1968] *Our Mysterious Panics 1830–1930*, Greenwood Press, N. Y.

The Commercial and Financial Chronicle.

Conant, C. [1909] *A History of Modern Banks of Issue*, The Knickerbocker Press, N. Y. and London.

Day, E. E. [1920] "An Index of the Physical Volume of Production," *The Review of Economic Statistics*, Sept.

The Economist.

Faulkner, H. U. [1951] *The Decline of Laissez Faire 1897–1917*, Rinehart & Company, Inc., N. Y., Toronto.

—— [1960] *American Economic History, 8th ed.*, Harper & Row Publishers, Inc., N. Y.（小原敬士訳『アメリカ経済史(下)』至誠堂，1969年）.

Final Report of the Industrial Commission.

Friedman, M. and Schwartz, A. J. [1963] *A Monetary History of the United States, 1867–1960*, Princeton University Press, Princeton.

Fricky, E. [1921] "An Index of Industrial Stock Prices," *The Review of Economic Statis-*

tics and Supplements, Vol. 3, August.

Goldsmith, R. W. [1955] [1956] *A Study of Saving in the United States, Vol.* Ⅰ, Ⅲ, Princeton University Press, Princeton.

Goodhart, C. A. E. [1969] *The New York Money Market and the Finance of Trade, 1900–1913*, Harvard University Press, Cambridge, Massachusetts.

Herrick, M. T. [1908] "The Panic of 1907 and Some of Its Lessons," *The Annals of the American Academy of Political and Social Science*, Vol. 31, No. 2.

Hickman, W. B. [1953] *The Volume of Corporate Bond Financing since 1900*, Princeton University Press, Princeton.

Hull, G. H. [1911] *Industrial Depressions*, Codex Book Company Inc., N. Y.

The Iron Age.

Johnson, J. F. [1908] "The Crisis and Panic of 1907," *Political Science Quarterly*, Vol. 23–3.

Keller, M. [1963] "The Life Insurance Enterprise, 1885–1910," *A Study in the Limits of Corporate Power*, The Belknap Press of Harvard University Press, Massachusetts（水島一也監訳『生命保険会社と企業権力――アメリカ生命保険企業史論――』千倉書房，1974年）.

Kinley, D. [1908] "The Relation of the United States Treasury to the Money Market," *Publications of the American Economic Association*, 3rd Series, Vol. 9.

Macaulay, F. R. [1938] *Some Theoretical Problems Suggested by the Movements of Interest Rates, Bond Yields and Stock Prices in the United States since 1856*, N. B. E. R., Inc., N. Y.

Madison, A. [1995] *Monitoring the World Economy 1820–1992*, Organization for Economic Co-operation and Development, Paris（金森久雄監訳『世界経済の成長史1820～1992年』東洋経済新報社，2000年）.

Meyer, E. [1909] "The New York Stock Exchange and The Panic of 1907," *The Yale Review*, May.

Miron, J. A. & Romer, C. D. [1990] "A New Monthly Index of Industrial Production, 1884–1940," *The Journal of Economic History*, Vol. 50, June.

Mitchell, W. C. [1913] *Business Cycles*, University of California Press, Berkley.

―― [1941] *Business Cycles and Their Causes*, University of California Press, Berkley（種瀬茂・松石勝彦・平井規之訳『景気循環論』新評論，1972年）.

Moen, J. and Tallman, E. W. [1990] "Lessons from the Panic of 1907," *Federal Reserve Bank of Atlanta Economic Review*, May/June.

―― [1992] "The Bank Panic of 1907: The Role of Trust Companies," *The Journal of Economic History*, 52, No. 3.

―― [2000] "Clearing Membership and Deposit Contraction during the Panic of

1907," *The Journal of Economic History*, 60, No. 1.

Moore, G. H. ed. [1961] *Business Cycle Indicators, Volume II*, Princeton University Press, Princeton.

Myers, M. G. [1970] *A Financial History of the United States*, Columbia University Press, N. Y. (吹春寛一訳『アメリカ金融史』日本図書センター, 1979年).

—— [1931] *The New York Money Market, Vol. I, Origins and Development*, Columbia University Press, N. Y., reprint AMS Press, N. Y., 1971.

National Monetary Commission [1911] *Statistics for the United States*.

Noyes, A. D. [1909] *Forty Years of American Finance*, G. P. Putnam's Sons, N. Y.

Persons, W. M. [1919] "An Index of General Business Conditions," *The Review of Economic Statistics*, April.

The Review of Economic Statistics.

Ripley, W. Z. [1973] *Railroads: Rates and Regulation*, Arno Press A New York Times Company., N. Y.

Seligman, E. R. A. [1908] "The Crisis of 1907 in the Light of History," *The Currency Problem and the Present Financial Situation*, The Columbia University Press, N. Y.

Sobel, R. [1968] *Panic on Wall Street: A History of America's Financial Disasters*, Macmillan, N. Y., reprint, Beard Books, Washington, D. C., 1999.

—— [1965] *The Big Board, A History of The New York Stock Exchange*, The Free Press, N. Y. (安川七郎訳『ウォール街200年』東洋経済新報社, 1970年).

Sprague, O. M. W. [1910] *History of Crises under the National Banking System*, National Monetary Commission, Washington. D. C.: G. P. O., reprint Augustus M. Kelley Publishers, N. Y., 1968.

Studenski, P. & Krooss, M. [1952] *Financial History of the United States*, McGraw-Hill Book Company, Inc., N. Y.

Taus, E. R. [1943] *Central Banking Functions of the United States Treasury, 1789-1941*, Columbia University Press, N. Y.

U. S. Bureau of Comptroller of the Currency, *Annual Report of the Comptroller of the Currency*.

U. S. Department of Commerce, Bureau of Census [1949] *Historical Statistics of the United States*.

—— [1975] *Historical Statistics of the United States, Colonial Times to 1970* (斎藤眞・鳥居恭彦監訳『アメリカ歴史統計』1986・1987年, 原書房).

U. S. Department of Commerce, *Statistical Abstract of the United States*.

Warren, G. F. & Pearson, F. A. [1935] *Gold and Prices*, John Wiley & Sons, Inc., N. Y.

West, R. C. [1974] *Banking Reform and the Federal Reserve 1863-1923*, Cornell University Press, Ithaga and London.

White, E. N. [1983] *The Regulation and Reform of the American Banking System, 1900-1929*, Princeton University Press, Princeton.
青山和司 [1982]「アメリカにおける信託兼営銀行の形成」,『九州大学大学院経済論究』第55号.
石崎昭彦 [1962]『アメリカ金融資本の成立』東京大学出版会.
小野英祐 [1971][1972][1973a][1973b]「連邦準備制度の成立過程(1)〜(4)」,『経済学季報』第20巻第1・2号, 第21巻第3・4号, 第22巻第1・2号, 第22巻第3・4号.
鎌田正三 [1982]『アメリカ企業金融史』御茶の水書房.
楠井敏朗 [1997]『アメリカ資本主義の発展構造 II——法人資本主義の成立・展開・変質——』日本評論社.
────[1994]『法人資本主義の成立——20世紀アメリカ資本主義分析序論——』日本経済評論社.
────[1989]「独占形成期の金融構造——南北戦争から第一次世界大戦までの貨幣＝信用制度の特徴と限界をめぐる一考察——」, 鈴木圭介編『アメリカ独占資本主義——形成期の基礎構造——』弘文堂.
────[1991][1992][1993]「連邦準備制度成立の社会経済的背景（上）（中）（下）」,『横浜経営研究』第12巻第3号, 第12巻第4号, 第13巻第1号.
────[1979]「アメリカ独占資本形成期の金融構造(上)(下)」,『エコノミア』No.64, 4月, No.65, 7月.
呉天降 [1971]『アメリカ金融資本成立史』有斐閣.
小林真之 [1992]「米国における資本市場の発展」, 酒井一夫・西村閑也編著『比較金融史研究』ミネルヴァ書房.
────[1997]「アメリカ証券市場と銀行制度——ニューヨーク証券市場と地方証券市場——」,『北海学園大学経済論集』第45巻第3号, 12月.
────[1998a]「信託会社の破綻と1907年恐慌——20世紀初頭のアメリカ金融市場——」,『北海学園大学経済論集』第45巻第4号, 2月.
────[1998b]『株式恐慌とアメリカ証券市場——両大戦間期の「バブル」の発生と崩壊——』北海道大学図書刊行会.
阪上亮太 [2002]「アメリカにおける1907年恐慌——19世紀初頭の景気循環と諸制度——」東京大学修士論文.
佐合紘一 [1986]『企業財務と証券市場——アメリカ株式会社金融の成立——』同文舘出版.
塩谷安夫 [1971]「1907年恐慌と連邦準備法」,『千葉敬愛大学研究論集』第5号.
高哲男 [1981]「世紀転換期アメリカにおける投資銀行と金融資本（I）——P. M. スウィージーの諸説をてがかりにして——」,『年報経済学』第1巻.
────世紀転換期アメリカにおける投資銀行と金融資本(II)——信用制度と証券市場——」,『年報経済学』第2巻.

―――［1976］「アメリカにおける『商業手形市場』の発展　1800-1914(1)(2)」,『政経論叢』第26巻第3号, 第4号。

高山洋一［1982］『ドルと連邦準備制度』新評論。

侘美光彦［1976］『国際通貨体制』東京大学出版会。

―――［1994］『世界大恐慌――1929年恐慌の過程と原因』御茶の水書房。

戸原四郎［1972］『恐慌論』筑摩書房。

永田啓恭［1979］「鉄鋼業における独占成立期の諸問題」, 永田啓恭編『アメリカ独占資本主義成立期の研究』同朋舎。

―――［1980］「鉄鋼業における独占形成期の諸特質」, 鈴木圭介編『アメリカ独占資本主義――形成期の基礎構造――』弘文堂。

浜田好通［1980］「第1次大戦前におけるアメリカ金融資本の蓄積構造――鉄鋼業と鉄道業の関連を中心に――」,『流通経済大学論集』第14巻第3号。

―――［1964］「アメリカにおける金融資本の形成」, 鈴木鴻一郎編『帝国主義研究』日本評論社。

春田素夫［1971］「アメリカの信託会社――連邦準備法成立以前――」, 武田隆夫・遠藤湘吉・大内力編『資本論と帝国主義論(下)』東京大学出版会。

吹春寛一［1969］「恐慌と手形交換所貸付証券」, 岡橋保編『金融論体系』東出版。

―――［1964］「州法銀行発展の一側面――国法銀行との関連において――」,『金融経済』第89号。

溝田誠吾［1982］『アメリカ鉄鋼独占成立史』御茶の水書房。

第5章　FDIC のオープン・バンク・アシスタンス（OBA）と最後の貸し手
―― FRS と FDIC の大銀行破綻への対応 ――

平野裕三

はじめに

　20世紀のアメリカ経済のなかで，金融機関の破綻や金融システムの不安定性は，経済変動の発生と深化に大きな影響を与えてきた。1929年に端を発する大恐慌では，相次いで銀行恐慌が発生し，それとともに恐慌全般の深刻化が進むという悪循環が起こり，未曾有の大恐慌の要因のひとつとなった。その後，ニューディール期の制度改革に加えて，第2次世界大戦にともなう経済構造の変化もあって，金融の不安定性は一時沈静化し，戦後しばらくは金融市場は安定的に推移した。しかし，1960年代半ば以降には，民間部門の負債の増加，金融構造と金融規制とのミスマッチなどから，金融の不安定性の問題が再燃し，深刻な金融パニックこそ起こらなかったが，景気の停滞に影響を与えるようになる。1980年代には，貯蓄貸付組合（savings and loan association：以下，S&L）の大量倒産や商業銀行の経営危機が大きな問題となった。1990年代には銀行部門で大きな危機はなくなったが，株価の高騰やデリバティブなどの簿外債務の拡大といった新たな動きがあり，金融面での不安定性が消えたとは言い切れない状況にある。
　こうしたなか，金融パニックを防止するための制度的対応が問われ続けてきた。大恐慌以降，深刻なパニックが起こらなくなったのは，現代経済のうちにパニックを防止するセイフティ・ネットの機能が拡充されていることによる。金融セイフティ・ネットには，中央銀行の最後の貸し手機能と預金保険機構が含まれるが，預金保険機構が大きな位置を占めていることがアメリカの特徴となっている。アメリカの商業銀行の預金保険機構である連邦預金保険公社

（Federal Deposit Insurance Corporation：以下，FDIC）は，大恐慌からの回復を模索するなかで，1933年銀行法によって創設が決定された。S&Lを対象とする連邦貯蓄貸付保険公社（Federal Savings and Loan Insurance Corporation：以下，FSLIC）も1934年に創設されている。アメリカで預金保険機構が大きな役割を持つことになった背景には，多くの州の州法が銀行の支店設置を禁じており，単店銀行が数多く存在していたということがある。

アメリカの金融セイフティ・ネットは，戦後しばらくの安定期には目立つことはなかったが，金融不安定性が再燃してくる1970年代半ば以降，金融機関の破綻に際して前面に立つようになる。預金保険機構はもともと小銀行の預金の保護に適しているものだが，1970年代・80年代には大銀行の危機に際しても対応を求められることになり，FDICは，中央銀行機能を果たす連邦準備制度（Federal Reserve System：以下，FRS）と協調しながら，大銀行の破綻への対応を何度も行っていくことになる。こうした対応に対しては，大銀行を優遇するトゥー・ビッグ・トゥ・フェイルの政策をとっているとの批判がたびたびなされた。本章の課題は，1970年代・80年代のFRSとFDICの大銀行破綻への対応をあとづけ，金融セイフティ・ネットの歴史のなかで位置づけることである。

以下，第1節ではFDICの創設と破綻処理手法の発展について整理しておく。第2節では，金融機関が危機に直面した際のもうひとつの対応手段となるFRSの貸出手法について述べる。第3節で，これらの手法が1970・80年代の銀行破綻に際して実際にどう使われたのかを見ていく。1974年のフランクリン・ナショナル銀行の破綻処理を最初として，1980年代から90年代はじめまで，どのような対処がなされ，破綻処理手法がどう変化したのかをあとづけていく。FDICの破綻処理手法のうち，オープン・バンク・アシスタンス（open bank assistance：OBA）の手法が1980年代に拡充され後に縮小されるという過程をたどっており，この点が中心に検討される。第4節では，この時期の対応の特徴を，金融セイフティ・ネットの歴史のなかで位置づける試みを行い，本章のまとめとする。

第1節　FDICの破綻処理手法

　FDICは現在，3つの手法で銀行の破綻への対応を行うことができる。保険金支払方式（deposit payoff：以下，ペイオフ），パーチャス・アンド・アサンプション方式（purchase and assumption：以下，P&A），オープン・バンク・アシスタンス方式（open bank assistance：以下，OBA）である。ペイオフは破綻銀行を清算して預金者に保険金を支払う方式，P&Aは付保預金をはじめとした銀行業務の一部を他の銀行に継承させる方式である。この両者は，もとの銀行が閉鎖されるという閉鎖型の処理手法である。これに対して，OBAは破綻の危機にある銀行を閉鎖せずに，営業を継続したままで援助を行うというものである。
　ペイオフはFDICの創設時以来の処理手法であり，P&Aは1935年，OBAは1950年に導入されて発展してきたものである。

1　FDICの創設とP&A方式の導入

　FDICは，大恐慌のさなか，1933年銀行法によって創設が決められた。
　1929年10月の株価暴落に端を発した恐慌は，1930年秋には第1次銀行恐慌を引き起こし，各地で銀行取付けが相次ぐこととなる。さらに，1931年には第2次銀行恐慌が起こり，あらゆる種類の経済指標の急落を導いて本格的な大恐慌の過程に入っていく。1930年には1350行，1931年には2293行の銀行が破綻している[1]。こうした事態への対応として復興金融公社（Reconstruction Finance Corporation：以下，RFC）が設置され活発な救済融資を展開したこともあり，1932年の銀行破綻数は1453行と前年よりも減った。しかし，1932年秋には再び銀行危機が深まって第3次銀行恐慌となり，1933年3月に銀行パニックは最高潮に達し，全米でモラトリアムが実施されることになった[2]。この際，緊急銀行法による対応とともに，金融構造自体の改革を目指して銀行法の審議が行われることになる[3]。
　1933年の銀行法審議は，ペコラ委員会[4]による調査で銀行界への不信が広がるなかで行われた。1933年銀行法の焦点は，商業銀行業務と投資銀行業務との分離や，連邦準備局（Federal Reserve Board：FRB）[5]の権限の強化にあったが，

連邦預金保険制度の導入も大きな論点であった。銀行法の審議過程において，小銀行は，預金保険で個々の銀行の安全性が高まれば，単店銀行制度の解体や全国的な州際支店銀行制度の導入が棚上げになるとして預金保険の導入に賛成した[6]。これに対して大銀行側は，健全な銀行が不健全な銀行を助ける資金を拠出することは不当だとして，預金保険に反対した。結局，当面，暫定機構として預金保険機構を導入することが議会で決定され，預金保険に反対だったルーズベルト大統領も銀行危機やペコラ委員会の調査結果に配慮して拒否権を発動せず，1933年銀行法が成立することになった[7]。

こうして，1934年1月1日，FDICは1万3201行の銀行を対象とする暫定機構として発足した。このうち1万2987行は商業銀行，214行は相互貯蓄銀行であり，これは商業銀行の90％，相互貯蓄銀行の36％にあたるものであった。当初は，大統領による任命理事2名と通貨監督官が理事会を構成していた（FDIC [1984] p. 46)[8]。

FDICは1933年銀行法では時限的な機関としてつくられたが，1935年銀行法によって，恒久的な機関に切り替えられた。35年銀行法における変化は，①FDICの銀行監督権限の強化，②預金保険への加盟についての従来より厳しい基準の導入，③保険料率の1/12％への引き下げ，④破綻処理手法の整備などである。そのうち最も重要な変化は，④の破綻処理手法の整備であり，P&A方式が始められたことである。

もともと預金保険機構にとって最も基本的な破綻処理手法はペイオフである。将来の銀行破綻に備えて銀行が保険料を拠出し，この基金をもとにして預金者に付保預金の額の預金を保証することが預金保険の基本である。銀行破綻の際には，預金保険機構が預金者に保険金を支払い，そのことで預金者から預金債権を取得，これをもとに破綻銀行財産に対する請求権を行使し，破綻銀行財産から回収を行うことになる[9]。しかし，P&A方式が導入された1935年以降，FDICの破綻処理の最も重要な手段はP&Aとなり，ペイオフはP&Aが実現できない場合に用いられる最後の手段とされることとなった。

P&Aは，健全な受け皿銀行に破綻銀行の資産と負債を譲渡する方式である。受け皿銀行は，破綻銀行の資産，負債の全部または一部を承継，または，破綻銀行との合併を行うが，この際，預金保険機構はペイオフ・コストの範囲内で

受け皿銀行に資金援助を行う。破綻銀行預金者の預金は受け皿銀行に引き継がれる。1935年銀行法は，破綻銀行を他の健全な銀行が吸収・合併することを容易にするために，FDIC に，貸出，資産購入の権限を与え，これが P&A の始まりとなった（FDIC [1984] p.52）。

ペイオフは，預金者の確認，払戻しなどに大きなコストがかかる上に，破綻銀行を清算してしまうものであり，社会的にはマイナスの作業となる。預金保険が恒久的な機関として位置づけられ，発展していく過程で，P&A 方式が導入されてペイオフ・コスト内での運用が始められたことは自然な発展方向であった[10]。

2 1950年連邦預金保険法と OBA 方式の導入

第2次大戦後，1950年に連邦預金保険法が制定されるが，ここで第3の破綻処理手法として OBA 方式が導入されることになる。

1950年の連邦預金保険法制定当時，FDIC は銀行破綻を防ぐための資金援助ができる立法を求めていた。これは，一時的な資金繰り難の銀行，特に FRS 非加盟銀行に対する資金供与に，連邦準備が消極的であると懸念していたからである。他方，連邦準備は，この立法に対して，最後の貸し手の立場に悪影響を与えるものとして反対した（FDIC [1998a] p.153）。結局，連邦議会は FDIC に OBA の権限を与えたものの，それが実施できる場合について，以下の規定で制限を加えた。

連邦預金保険法第13条（c）
　閉鎖された被保険銀行を再開するため，あるいは，被保険銀行が閉鎖の危機にあると公社が決定した時にこうした閉鎖を防ぐため，理事会の見解でこうした銀行の継続的営業がコミュニティにおいて十分な銀行サービスを提供するのに不可欠（essential）である時，公社は，理事会の裁量により，理事会が指示する期限と条件で，こうした被保険銀行に貸付をなし，あるいはそれらの資産を購入し，あるいはそれらに預金をする権限を持つ。こうした貸付や預金は，預金者や他の債権者の権利に劣後する。

すなわち，金融機関の存続が，コミュニティに十分な銀行サービスを提供するのに不可欠であるとされる場合のみに，OBAの実施が認められたのである。ただし，この不可欠性の認定はFDIC理事会の裁量に委ねられることになり，定義はあいまいなまま残されることになった。

1950年の権限付与は，主にFRS非加盟の小銀行を対象に考えられており，OBAは長らく使われなかった。1971年にボストンの黒人コミュニティ銀行であったユニティ銀行に対し，地域コミュニティにとって不可欠として初めてOBAが行われ，1970年代までは合計で4件のみのOBAが実施された（表5-3参照）。

第2節　連邦準備銀行の割引窓口

連邦準備法（Federal Reserve Act）の10B条と13条の規定により，各連邦準備銀行は預金金融機関に対して割引（discount）あるいは前貸し（advance）の形式で割引窓口を通しての信用供与を行うことができる。パニックを防ぐため，緊急の事態において割引や前貸しを行うことについての規定は，それぞれ連邦準備法の13条(3)と13条(13)でなされており，前者は1932年に，後者は1933年に制定されたものである。

連邦準備法の規定を根拠とした割引窓口からの貸出は，FRBのレギュレーションA（regulation A）によって規制されている。現在のレギュレーションAは，2003年1月に改定・施行されたものであり，短期の流動性供給手段としての①第1次信用（primary credit），それより金利が高く設定された②第2次信用（secondary credit）[11]，季節的必要性に対応するための③季節的信用（seasonal credit），④経済に影響を与える緊急事態に対応する緊急信用（emergency credit）に分類して割引窓口信用を規定している[12]。

1970・80年代に適用されたレギュレーションAは，この改定がなされる前のものであり，以下の3つの分類があった。①調整信用（adjustment credit）：予期せぬ短期の流動性需要に対応する，②季節的信用（seasonal credit）：小規模金融機関の季節的必要に対応する，③延長信用（extended credit），が規定されていた（Clouse [1994] p. 966）。延長信用は例外的事情により長期にわたり流

動性の問題が生じている金融機関に対応するものであり，一般に調整信用よりも高い金利で供与されることになっていた。延長信用の大規模な供与の最初の事例は，1974年のフランクリン・ナショナル銀行の経営危機に際してのものであった。延長信用は，1980年代を通して，金融パニックを防ぐためのFRSの対応手段としてたびたび用いられた。他方で，割引窓口での借入が銀行経営の危機を示唆するものと受け取られることを懸念して，調整信用の利用は1980年代に減少することになった（Clouse［1994］p. 969）。

第3節　1970・80年代の対応と破綻処理手法の変遷
　　　——OBAを中心に————

1　1970・80年代の銀行破綻

　第2次大戦後，1960年代までは，強い経済と銀行の保守的経営のもと，金融機関の経営は安定しており，銀行破綻も年間数件といったところであった。しかし，1960年代の半ば以降，金融不安定性の問題が再浮上してくる。経済変動の不安定化，金融革新とセキュリタイゼーションの進行，銀行持株会社を通じた銀行の系列化の進行など，銀行の経営環境も大きく変化し始め，1970年代にはFDICの対応が問われる金融破綻の事例が増えてくる。

　特に，1980年代は，貯蓄貸付組合（S&L）の破綻，商業銀行の苦境など金融機関に経営の危機が目立つようになる（表5-1）。S&Lの危機は大きく分けて2回にわたって起こっている。第1は，1982年前後の危機である。低金利時代に結ばれた長期住宅抵当貸付の利子に対して預金金利が上昇して，利鞘の縮小・逆転が生じたことで多くのS&Lが破綻した。この時，S&Lの救済を意図して1982年金融法（Garn-St Germain Depository Institutions Act：ガーン・セントジャメーン法）で連邦免許のS&Lの資産運用の弾力化（資産の10％までの商業貸付，40％までの非住宅不動産貸付，30％までの消費者信用——販売金融会社への在庫金融等を含む，10％までの動産リースなど）が定められるが，これによって高リスクの分野に進出したS&Lの破綻が1980年代後半に大規模に起き，S&Lという産業全体に壊滅的な打撃を与えた[13]。1989年には相次ぐS&L破綻のために，預金保険であるFSLICまでもが破綻して解散となり，1989年金融機関

表 5-1 銀行と S&L の破綻処理数と資産規模：1980〜1994年

(単位：件数，10億ドル)

	FDICの破綻処理	資産規模	FSLICの破綻処理	資産規模	RTCの破綻処理	資産規模
1980	11	8.1	11	1.7		
1981	10	5.0	34	30.9		
1982	42	11.5	73	26.4		
1983	48	7.3	51	9.8		
1984	80	36.5	26	5.6		
1985	120	8.4	54	17.7		
1986	145	6.8	60	15.4		
1987	203	9.2	48	8.7		
1988	280	52.7	185	102.1		
1989	207	29.4	8	0.7	318	134.5
1990	169	15.7			213	129.7
1991	127	62.5			144	78.9
1992	122	44.6			59	44.2
1993	41	3.5			10	6.2
1994	13	1.4			2	0.1
計	1,618	302.6	550	219.0	746	393.6

出所：*FDICAR* [2002] pp. 112, 119, FDIC [1998a] pp. 796, 799.

改革・再建・執行法（Financial Institutions Reform, Recovery and Enforcement Act：以下，FIRREA）によって，未処理の破綻 S&L の処理を受け継ぐ暫定機関として整理信託公社（Resolution Trust Corporation：以下，RTC）が創設された。また，FSLIC が行ってきた S&L への預金保険は FDIC が引き継ぐこととなった。ただし，S&L への預金保険は貯蓄組合保険基金（Savings Association Insurance Fund：以下，SAIF）をもとに行われ，銀行保険基金（Bank Insurance Fund：以下，BIF）とは別に運営されることになった。表 5-1 に見られるように，FSLIC と RTC によって処理された S&L の総資産は1980年から1994年までに6000億ドル以上にのぼり，商業銀行の破綻規模を大きく上回るものであった。

商業銀行の場合は，1980年代前半，途上国債務の回収不能による有力銀行の財務状態の悪化，国際農産物価格の低下による農業不況からの小銀行の倒産と破綻が増えてくる。1980年代半ば以降には，テキサスなどで石油開発関連ブームの崩壊による州内主力銀行の壊滅状態，ニューイングランドなどでの商業不動産バブルの崩壊が続く。商業銀行の破綻は1985年から1992年まで3桁を続け，

特に1987〜89年の3年間にはFDICによって200件を超える破綻処理がなされている（表5-1）[14]。この銀行の経営危機は1993年以降は急速におさまり，その後は銀行部面では深刻な危機が起こることはなくなっている[15]。

以下では，商業銀行の破綻処理に絞ってFRSとFDICの対処を検討していく。

2　1974年フランクリン・ナショナル銀行の破綻処理

まず，1970年代までで最大の銀行破綻であった1974年のフランクリン・ナショナル銀行の破綻を見ていこう。この破綻処理は大銀行の破綻処理の先駆けとして重要な位置にある。

フランクリン・ナショナル銀行は，もともとロング・アイランドの小銀行であったが，1960年代にニューヨークに進出，さらに海外事業も展開するようになり，リスクの高い投資も積極的に行って事業拡大をはかった。しかし，外国為替取引の失敗から損失を抱え込み，1974年5月にはその苦境が広く知られ，預金の引出しが進むという事態に陥った。この時点で，FRBはフランクリン・ナショナル銀行がいずれ破綻するということを認識していた（Brimmer [1976] p. 109）。通常は破綻が明らかになった時点でP&Aの準備を始め，早期に閉鎖するはずであったが，フランクリン・ナショナル銀行の場合は規模の大きさと事態の進展の速さからP&Aを行うための調整が十分でなく，この時点で銀行閉鎖に持ち込むことは経済全体に対する悪影響が大きいと懸念された。当時はオイル・ショックを受けて経済が不況局面に向かっており，不動産投資信託（REIT）市場の危機と合わせて大きな金融的混乱が懸念されていた。国内の銀行CD市場，ユーロダラー市場，外国為替市場の混乱の回避のため，フランクリン・ナショナル銀行の閉鎖は先送りにされ，ニューヨーク連邦準備銀行から割引窓口を通じて17億ドルにおよぶ借入を受けて，延命をはかるという措置がとられることになった（Brimmer [1976]）。破綻が確実な金融機関に連邦準備銀行が貸付を行うことは，連邦準備の資産の質の維持という点から危険を伴うもので通常は回避されるものだが，FDICが債務の保証を行うことで全額の返済を保証することにした。実際，フランクリン・ナショナル銀行の閉鎖後，FDICがこの債務を全額返済した。

結局，P&A の準備が整った後の1974年10月8日にフランクリン・ナショナル銀行（総資産36億5600万ドル）は閉鎖され，ヨーロピアン・アメリカン銀行とブラッドフォード・トラストを受け皿銀行として P&A による整理が行われた (*FDICAR* [1974], Wolfson [1994])。

この破綻処理は，大銀行の経営破綻に際して，混乱回避のために延長信用を大規模に供与するという最初の事例となった。1980年代の大銀行の破綻の際にも，各連邦準備銀行は延長信用を供与したが，FDIC にも新たな動きが出てきた。OBA を拡張適用して，銀行の延命のために援助を行うというものである。

3 OBA の拡張と変容

1980年，ファースト・ペンシルバニア銀行が破綻の危機に直面し，OBA が実施されるという事態が起こる。当時，ファースト・ペンシルバニアは，全米で23位の銀行で，80億ドルの資産，53億ドルの預金を有しており，この破綻は当時としてはアメリカ史上最大のものであった。当時，州を越えた P&A は禁止されており，州内で P&A を行いうる規模の銀行は1行あったが合併すると反トラスト法上の問題が生じる可能性があり，そのため P&A は不可能であった。また，この銀行をペイオフ処理することは，地域のみならず全国的に影響が大きいと考えられた。そのため，残った選択肢は OBA のみであった。FDIC は主に規模が大きいことを理由に銀行が「不可欠」であると認定し，OBA を実施した。1980年4月28日，FDIC は通貨監督庁 (Office of the Comptroller of the Currency: 以下 OCC) とともに5億ドルの援助を行うと発表し，劣後債に対して FDIC が3億2500万ドル，ペンシルバニアと全国の主要銀行のグループが1億7500万ドルを融資した。また，連邦準備も融資を補うため，割引窓口で10億ドルを限度とする延長信用の供与を準備した。これによって，ファースト・ペンシルバニア銀行は立ち直り，すべての融資を返済し，FDIC は基金の欠損を受けることなく大銀行の破綻に対する対処を完了することができた。OBA による大銀行救済は成功と考えられ，その後の拡張の背景となった。もともと地域に不可欠な小銀行をつぶさないことを目的としていた OBA が，枠組みは同じままで大銀行の救済手段として転用されるという変質が起こったのである。

1981年から1983年にかけては，ニューヨークを中心とした相互貯蓄銀行の危

機への対処が求められることになった。これらの相互貯蓄銀行は総預金が多く，FDIC の基金への悪影響が懸念されていた。この3年間に FDIC は14件の OBA を実施し，他行への合併を促進することで問題の解決をはかろうとした。同時に，FDIC は大銀行の破綻に対してより柔軟に対処できるように OBA の拡張を求めるようになった。こうした事態を受けて，1982年のガーン・セントジャメーン法で OBA を行う権限が拡張されることになる。既に述べたように，これまでは，コストがペイオフ・コスト以下であり，かつ「不可欠性」要件を満たすことが OBA の実施の前提とされていた。しかし，1982年の法改定により，OBA の実施に際して一般に「不可欠性」の要件を満たす必要はなくなり，OBA のコストがペイオフ・コストよりも小さいと FDIC 理事会が判断すれば，OBA を行うことができるようになった。さらに，OBA のコストがペイオフ・コストを超過する場合であっても，「不可欠性」の認定をすることで OBA が実施可能となったのである。

1984年には，シカゴのコンチネンタル・イリノイ銀行で巨額の預金取付けが発生し，FDIC は OBA を行った。コンチネンタル・イリノイ銀行は，1981年のピーク時点で米国最大の商工業融資を行う大銀行であり，その後，さらに積極貸出路線を走る。コンチネンタル・イリノイ銀行は1982年に破綻したペンスクエア銀行[16]から巨額のエネルギー向け貸出債権を購入していたが，同行破綻によりこれが不良債権となり信用を喪失していた。1984年には ATM を通じて巨額の預金取付けが発生することになる。

1984年5月，FDIC はコンチネンタル・イリノイ銀行の全預金者と一般債権者を保護すると発表し，最終処理が行われるまでの間，流動性への懸念を払拭し預金取付けをなくすため，20億ドルの暫定的な資本注入を行った。そのうえで，処理手法の検討が行われた。同行の P&A には関心を示す銀行がほとんどおらず，候補者がいても銀行を評価するのに相当の時間を要することなどから P&A が断念され，OBA が実施されることになった。この際，経営陣の交替，45億ドルの問題貸出の35億ドルでの買取り，10億ドルの追加資本注入などが行われた。この措置により，FDIC は同行の持株会社（コンチネンタル・イリノイ・コーポレーション）の所有権の80％を取得し，従前の株主は80％の希釈をこうむった。他方で，持株会社の債券保有者は保護された。FDIC の処理に

協力して，1984年5月から1985年9月まで，連邦準備も割引窓口で巨額の延長信用を供与した。

このOBAは大銀行の救済例として典型的なもので，大きな論争の的となった。第1に，政府機関が銀行株式の過半数を保有することへの反対があり，「国有化」という用語で批判された。また，全預金者と一般債権者の保護，特に債券保有者の保護が非難された。さらに，大銀行は「大きくて破綻させられない（トゥー・ビッグ・トゥ・フェイル）」ことになり，モラル・ハザードを生むとの批判も広がった。こうした社会的批判の広がりは，大銀行へのOBAの実施を見直す圧力となっていく。

4　1980年代中盤のOBA増加

1980年代中盤には，相次ぐ銀行破綻への対応で，FDICにコスト面での圧迫が強まり，改革の模索がすすめられることになる。しかし，OBAは減少することなく，逆に増加を見せる。FDICも，S&Lの預金保険機構であるFSLICも，金融機関をできるだけ延命させて破綻数を減らすことで，基金への圧力を弱めようと考えていたのである（*FDICAR* [1986] p. xi）[17]。さらに，連邦準備の延長信用も供与が続けられた。

1986年，FDICはOBAについての政策声明を改訂した。銀行破綻の数，規模，複雑さが劇的に増して，銀行からの援助の要請が増えたことへの対応である。銀行の援助要請に条件をつけようとしたものであり，以下の点が含まれている。

- OBAを提供する際，FDICにかかるコストは，FDICが他の手段をとった場合よりも少なくなければならない。
- OBA要請の計画では，FDIC以外からの資本注入を含めて，十分な資本増強が計画されていなければならない。
- 銀行や銀行持株会社の株主や債権者に対する援助の金融的影響は，銀行が破綻した場合と同様の影響に近いものでなければならない。

1点目にある「FDICが他の手段をとった場合よりも少なくなければならな

い」というのは、あらゆる処理手法のうちで最小という意味ではなく、ペイオフ・コストよりも少ないという意味であった。1982年法で定められた基準を銀行向けに確認したものである。3点目に見られるように、援助によって株主や債権者が特に優遇されることのないように配慮がなされた。ただ、これは、基準を整備することで、より多くOBAを実施していくことにつながった。

　FDICは1987年と1988年に最も多くのOBAを実施した。この時期は原油価格の下落を受けてテキサスを中心とした南西部の銀行破綻が相次いでいる。1987年には19件、1988年には79件のOBAが実施されているが、そのうち1987年の11件はバンク・テキサス・グループ（Banc Texas Group）に関するもの、1988年の59件はファースト・シティ・バンコーポレーション・オブ・テキサス（First City Bancorporation of Texas：以下、ファースト・シティ）に関するものであった。FDICは、銀行からの援助の申し出に条件的に問題があった場合でも、銀行と連絡をとりあって、政策声明に適合するよう申し出を改定する余地を与えた。申し出のコストがペイオフ・コスト以下なら、FDICはOBAを勧めたのである。税制上の優遇措置が存在したこともOBAの増加の要因のひとつであった。営業純損の繰越に関する優遇ルール、FDICからの援助支払いに関する優遇措置等が存在していた。1989年のFIRREAの通過に伴って、OBAと関連する税制上の優遇は廃止されることになる。

　ファースト・シティへのOBAは、その後のOBA減少の一因ともなった処理であった。ファースト・シティは1987年当時、60の銀行子会社を抱える資産110億ドルの銀行持株会社であったが、エネルギーと不動産市場に依存した経営を続けており、両市場の減退から厳しい状態におかれていた。そこで、ファースト・シティはOBAを求めてFDICに接触する。FDICの基本方針は預金者を損失から守ることであり、持株会社の債券保有者や株主、銀行経営者を守ることではなかった。また、銀行が閉鎖された場合と同様の対応を債券保有者や株主に対してとりにくいことはOBAの問題点であった。ファースト・シティはもともとOBAに適したものではなかったが、FDICはテキサスの主要銀行のほとんどが金融的困難に直面しているために公衆の信頼への影響を考慮してファースト・シティの閉鎖に踏み切れなかった。しかし、債券保有者や株主との交渉は難航し、OBAの実施までには9ヵ月の交渉が必要であった。結局、

1988年4月,FDICは59のテキサスのファースト・シティの子会社に9.7億ドルの資本注入を行った。しかし,結果として援助の効果はあがらず,1992年にファースト・シティは閉鎖となる。ファースト・シティへのOBAでの交渉の難航を一因として,FDICはOBAを減少させていくことになる。

5　ブリッジ・バンク制の導入とOBAの要件厳格化

　OBA取引の件数は,1989年以降に減少に転じた。1989年から1992年の間に行われた破綻(あるいは破綻しそうな)銀行の整理625件のうち,7件のみがOBAによるものであった。その要因としては以下が挙げられる。

- 1989年にFDICはOBAの申し出のコストを,競争的入札によるP&Aと比較し始めた。その結果は,ほとんどの事例で,P&Aやブリッジ・バンク活用のような閉鎖型破綻処理の方が,預金保険基金への負担が少ない場合が多いというものであった。コストのより高いOBAを実施する理由はなかった。
- 1989年のFIRREAの通過により,OBAに関連する税制上の優遇措置の多くが廃止された。
- ファースト・シティへのOBAで,交渉の困難に直面した。1987年に始まった債券保有者や株主との交渉は,利益の相違から9ヵ月かかることになった。
- 1987年の競争均衡銀行法(Competitive Equality Banking Act:以下,CEBA)により,FDICにブリッジ・バンクを設立する権限が認められた。ブリッジ・バンクとはP&Aの受け皿銀行の準備ができない時に設立される暫定的な受け皿銀行のことであり,これにより最終的整理を準備する時間を確保しようとするものである。ブリッジ・バンクにおいては,債券保有者や株主の権利が破産管財人であるFDICより劣るものとなるため,彼らの交渉力を無効化することができる。FDICは,1989年にブリッジ・バンクを使って大きな3つの銀行破綻の整理を行った。OBAにより最終処理を準備する時間を確保するという手法は,ブリッジ・バンクにとってかわられることになった。

　S&L危機もOBAの減少に影響した。議会メンバーを含む多くの人から,OBAは,S&L危機をより深刻にさせた延命計画と同列にみなされた。FIRREA

表 5-2　FDIC の銀行破綻処理：1980〜1994年　　　（単位：件数, 100万ドル）

	全ケース	ペイオフ			P&A			OBA		
	件数	件数	総資産	推定損失	件数	総資産	推定損失	件数	総資産	推定損失
1980	11	3	16.1	2.3	7	114.4	28.4	1	8.0	0.0
1981	10	2	54.2	1.1	5	30.1	7.9	3	4.9	772.8
1982	42	7	581.3	71.0	27	1,195.6	54.8	8	9,770.0	1,042.8
1983	48	9	172.8	25.9	36	4,211.1	1,043.4	3	2,890.0	337.7
1984	80	16	816.0	92.4	62	1,567.8	431.5	2	34,147.9	1,116.3
1985	120	29	611.8	112.6	87	1,894.7	535.6	4	5,895.9	359.1
1986	145	40	1,303.2	416.3	98	4,791.9	1,266.2	7	718.8	93.2
1987	203	51	2,466.9	702.8	133	4,255.4	1,159.8	19	2,515.6	160.2
1988	279	36	1,340.9	429.5	164	37,802.8	4,945.9	79	13,539.0	1,540.6
1989	207	32	2,395.0	854.4	174	27,001.7	5,342.1	1	5.7	2.3
1990	169	20	2,471.8	533.6	148	13,241.6	2,250.4	1	15.9	2.3
1991	127	21	1,586.5	467.7	103	60,803.2	5,665.4	3	83.8	3.0
1992	122	25	2,034.1	492.1	95	42,481.7	3,182.8	2	34.9	0.3
1993	41	5	309.5	101.9	36	3,217.3	544.1	0	0.0	0.0
1994	13	0	0.0	0.0	13	1,405.1	179.0	0	0.0	0.0
計	1,617	296	16,160.1	4,303.6	1,188	204,014.4	26,637.3	133	69,630.4	5,430.6

出所：*FDICAR*［2002］pp. 112-113, FDIC［1998c］p. 217.

では RTC に財政資金（税金）を投入して S&L の処理を行うことが決定されたが，これは納税者からの強い反発を引き起こした。

1990年には政策声明の変更がなされた。①銀行からの援助の申し出の引受けは，競争的入札過程での比較を要する，②援助を申し出る機関は，関連当事者による無制限の正当な検査を受け入れなければならない，③保証，引受けは有限のものでなければならないという点が，重要な変更点であった。

こうして，一時期は大銀行の破綻処理に重要な役割を果たした OBA は減少していく。コストが必ずしも低くないこと，銀行を閉鎖しないため利害関係者との交渉に困難が伴うこと，が決定的な理由となった。

6　連邦預金保険公社改革法（FDICIA）の成立

1991年に，連邦預金保険公社改革法（Federal Deposit Insurance Corporation Improvement Act：以下，FDICIA）が成立する。もともと包括的な金融改革を目指して審議されていた法案のうち，預金保険に関する部分のみが残って修正され成立したものである[18]。しかし，それでも預金保険に関する多岐にわたる条

186　第II部　金融制度の歴史分析

表5-3　OBAの全事例　　　　　　　　　　　　　　　　　　（単位：100万ドル）

年月日	対象金融機関	州	銀行数	総資産	総預金	コスト
1971	Unity Bank and Trust Company	MA	1	11.4		
1972	Bank of the Commonwealth	MI	1	1,257.0		
1974	American Bank & Trust	SC	1	150.0	112.7	
1976	Farmers Bank of the State of Delaware	DE	1	426.0		
1980/ 4 /28	First Pennsylvania Bank, N.A.	PA	1	7,953.0	5,300.0	0.0
1981/11/ 4	Greenwich Savings Bank	NY	1	2,529.9	1,881.2	465.1
1981/12/ 4	Central Savings Bank	NY	1	918.6	675.7	127.3
1981/12/18	Union Dime Savings Bank	NY	1	1,437.7	1,172.2	61.5
1982/ 1 /15	The Western New York SB	NY	1	1,022.0	890.2	30.2
1982/ 2 /20	Farmers & Mechanics SB	MN	1	980.4	789.4	52.4
1982/ 3 /11	Fidelity Mutual Savings Bank	WA	1	689.1	550.5	44.5
1982/ 3 /11	United States Bank of Newark	NJ	1	674.7	578.4	77.3
1982/ 3 /26	The New York Bank for Savings	NY	1	3,403.0	2,779.7	751.4
1982/ 4 / 2	Western Saving Fund Society	PA	1	2,112.8	1,956.8	29.3
1982/ 9 /24	United Mutual Savings Bank	NY	1	832.9	777.9	33.1
1982/10/15	Mechanics Savings Bank	NY	1	55.3	50.6	0.0
1983/ 2 / 9	Dry Dock Savings Bank	NY	1	2,500.0	2,038.0	59.4
1983/ 8 / 5	Oregon Mutual Savings Bank	OR	1	260.0	251.3	11.9
1983/10/ 1	Auburn Savings Bank	NY	1	130.0	131.4	0.0
1984/ 5 /17	Continental Illinois	IL	1	33,633.0	17,450.4	1,104.0
1984/ 9 /28	Orange Savings Bank	NJ	1	514.9	494.6	7.3
1985/ 5 /31	Bank of Oregon	OR	1	106.3	93.7	18.8
1985/ 8 /16	The Commercial Bank	AL	1	89.0	76.0	0.0
1985/10/ 1	Bowery Savings Bank	NY	1	5,278.8	4,938.4	334.5
1985/12/31	Home Savings Bank	NY	1	421.8	402.3	5.7
1986/ 4 /16	The Talmage State Bank	KS	1	9.6	8.9	1.5
1986/ 8 /15	State Bank of Westphalia	KS	1	4.3	4.1	0.0
1986/ 8 /30	Mid Valley Bank	WA	1	40.2	38.2	0.2
1986/11/24	Bank of Oklahoma, N.A.	OK	1	468.2	349.9	78.8
1986/11/26	Bank of Commerce	TN	1	67.3	65.6	11.3
1986/12/29	Bank of Kansas City	MO	1	118.8	108.2	5.2
1986/12/31	Citizens Bank & Trust Co.	LA	1	10.4	10.7	0.4
1987/ 2 /25	American National Bank	OK	1	10.3	9.1	1.1
1987/ 2 /26	Central Bank & Trust Co.	LA	1	28.3	28.0	0.0
1987/ 5 /13	Syracuse Savings Bank	NY	1	1,200.0	1,100.0	0.0
1987/ 6 / 5	Security Bank of Rich Hill	MO	1	12.9	12.7	0.2
1987/ 7 /17	BancTexas	TX	11	1,192.6	900.0	150.0
1987/ 7 /31	Valley Bank of Belgrade	MT	1	18.6	16.9	3.0
1987/10/16	Commercial Bank, N.A	OK	1	23.8	22.2	4.5

年月日	対象金融機関	州	銀行数	総資産	総預金	コスト
1987/12/ 3	Crossroads Bank	TX	1	26.0	26.1	1.3
1987/12/29	The Falun State Bank	KS	1	3.1	3.0	0.1
1988/ 1 / 7	The Peoples State B&T Co.	KS	1	40.6	40.0	5.5
1988/ 1 /13	The Jefferson Guaranty Bank	LA	1	287.4	270.0	57.5
1988/ 1 /27	Citizens State Bank	MN	1	30.1	29.3	0.8
1988/ 1 /28	Alaska Mutual Bank	AK	1	822.6	676.7	170.7
1988/ 1 /28	United Bank Alaska	AK	1	462.5	419.1	170.7
1988/ 2 /12	American National Bank	OH	1	27.2	24.7	0.0
1988/ 3 /15	Morehead National Bank	KY	1	8.2	7.8	1.0
1988/ 4 /15	Burns State Bank	KS	1	4.1	3.6	0.6
1988/ 4 /20	First City Texas	TX	59	11,200.0	9,400.0	1,100.8
1988/ 4 /20	Bank of Santa Fe	NM	1	101.2	93.7	22.3
1988/ 4 /25	Bond County State Bank	IL	1	6.6	6.4	0.6
1988/ 4 /28	Citizens Bank of Tulsa	OK	1	8.8	8.7	1.9
1988/ 5 /18	The American State Bank	SD	1	67.3	63.5	2.6
1988/ 6 /14	Bank of Imboden	AR	1	17.8	17.2	2.2
1988/ 7 /14	Texas Bancorp Shares, Inc.	TX	1	76.5	74.2	12.1
1988/ 7 /15	Oak Forest National Bank	TX	1	8.8	8.6	1.4
1988/ 8 / 9	Security State Bank	IA	1	16.8	16.3	0.2
1988/ 9 /16	Guaranty National Bank	TX	1	22.0	23.0	4.2
1988/11/16	Alliance Bank, N.A.	OK	1	9.6	12.0	4.1
1988/12/21	Baton Rouge B&T Co.	LA	1	114.9	115.3	18.0
1988/12/30	Tracy Collins B&T Co.	UT	1	206.0	191.0	17.4
1989/ 1 /31	Metropolitan National Bank	TX	1	5.7	6.4	2.3
1990/ 9 /12	The Pawnee National Bank	OK	1	15.9	15.6	2.4
1991/ 9 /16	First Bank and Trust	IL	1	29.7	28.8	0.6
1991/10/ 2	The Gunnison B&T Co.	CO	1	22.3	21.4	1.5
1991/12/ 4	The Douglass Bank	KS	1	31.9	30.2	1.0
1992/10/16	Freedom Bank	TX	1	21.7	20.9	0.4
1992/12/10	Citizens State Bank	TX	1	13.2	12.6	0.2

注：AK：アラスカ，AL：アラバマ，AR：アーカンソー，CO：コロラド，DE：デラウェア，IA：アイオワ，IL：イリノイ，KS：カンザス，KY：ケンタッキー，LA：ルイジアナ，MA：マサチューセッツ，MI：ミシガン，MN：ミネソタ，MO：ミズーリ，MT：モンタナ，NJ：ニュージャージー，NM：ニューメキシコ，NY：ニューヨーク，OH：オハイオ，OK：オクラホマ，OR：オレゴン，PA：ペンシルバニア，SC：サウス・カロライナ，SD：サウス・ダコタ，TN：テネシー，TX：テキサス，UT：ユタ，WA：ワシントン
出所：FDIC [1998a] pp. 154, 166-169.

項が成立し，大きな影響を持つ法律である。主な内容は，(1)早期是正措置の導入，(2)リスク対応の保険料率の導入，(3)破綻処理手法の選択における最小コスト原則の採用，(4)健全性の観点からの検査の強化などである。

(1)の早期是正措置は、金融機関の資本状況悪化に対応して一定のルールを定めて厳しい監督措置を義務づけ、金融機関の早期改善や早期退出を図っていく制度である。これまで監督当局が裁量により破綻処理着手を遅らせてかえって処理コストを大きくしたことへの対応として導入された。破綻の未然防止と問題銀行への迅速な対応という点で、FDICIA の発想の要をなす改革である。

(2)は保険料の徴収に関する改革である。これまで FDIC は全金融機関に一律の保険料を課してきたが、各金融機関が保険基金に及ぼすリスクを反映するように可変保険料を課すこととした。リスクへの注意を促し、モラル・ハザードを防止することにねらいがある。

OBA の実施に大きな影響を与えたのは、(3)の最小コスト原則の採用である。これにより、保険基金にとって最小コストとなるような破綻処理手法をとることが FDIC に義務づけられることとなった。これ以前はペイオフ・コストを下回ればいかなる破綻処理手法をとってもよかったが、あらゆる破綻処理手法を比較して最小コストのものを選択しなければならなくなった[19]。これにより、OBA も実施の際には、預金保険基金にとって最小コストの破綻処理であることを示さなければならなくなったが、これは現実にはきわめて困難であり、その後はほとんど行われなくなっている。

FDICIA による改革は全体として、OBA をより少なくし、ブリッジ・バンクの活用を多くするという流れにつながるものであった。最小コスト原則はOBAの減少につながるものであったが、OBA の減少は突然の破綻の際の準備期間の確保のためのブリッジ・バンクの必要性をより高めるものであった。早期是正措置により、「自己資本が危機的に不足 (critically undercapitalized)」[20]という事態に陥った場合は、原則として90日以内に管財人等の管理下に置かれなければならないことになり、こうした迅速な対応に際してもブリッジ・バンクが有効である。

FDICIA は、連邦準備銀行が行う延長信用についても、資本不足の機関に貸し出す際の期間について制限を加えた。1985~91年に破綻した300以上の銀行が FRS から借入を行っていたこと、延長信用を受けた銀行の90%が後に破綻したことが議会で報告され問題視された (Gilbert [1994] p. 3)。破綻した銀行への貸付は、FDIC が肩代わりして連邦準備銀行に返済しており、FDIC の財

務への悪影響が問題となったのである。FDICIAによる制限は、延長信用のその後の減少の画期となった。

第4節　最後の貸し手と預金保険機構

1　最後の貸し手機能と延長信用

　1980年代を中心とした銀行破綻への対応は、アメリカの金融セイフティ・ネットの力を試すものであった。大銀行の経営危機に対しては、FRSは延長信用を与えることで対応し、FDICは銀行延命の手段として一時期OBAの仕組みを利用し、後にブリッジ・バンクを活用することとなった。金融史上、セイフティ・ネットが非常に肥大化して運用された時期といえる。

　中央銀行の最後の貸し手機能についての考察は古くからあり、その古典理論は19世紀末のバジョット『ロンバード街』（Bagehot［1873］）によって確立された。バジョットが、イングランド銀行が最後の貸し手として行動する際の準則として挙げたのは以下の2点であった。第1に、パニックの際の貸付は非常に高い罰則的な金利（ペナルティ・レート）でなされるべきである、第2に、適格な担保に対しては選別することなく、公衆の請求する限りどこまでも貸付を行うべきであるとした。パニックの時期にはペナルティ・レートを課しつつも無制限に貸し出すべきとしたのである。中央銀行は最後の貸し手として、市場に流動性を無制限に供給する役割を果たすものとされた。

　1970・80年代の延長信用の活用は、バジョットが述べた中央銀行の最後の貸し手機能とは異質である。そもそもバジョットにおいては、債務超過状態の銀行の救済や延命は念頭に置かれてはいなかった。フランクリン・ナショナル銀行の場合は、P&Aの準備の時間をつくるために延命措置として延長信用が行われたものであった。コンチネンタル・イリノイ銀行の場合も、OBAとともに当面の延命措置として延長信用が活用された。貸出先が破綻した場合は、FDICが債務を引き継ぐこととされており、預金保険の基金の存在が前提となっての貸付と言える。流動性を市場に無制限に供給するという点では、むしろ公開市場操作による流動性供給の方がバジョットの最後の貸し手機能を引き継ぐものと言える。金融不安定性の理論を提唱したミンスキーは、「中央銀行の最

後の貸し手」を非常に広くとって，預金保険機構をも「最後の貸し手」に含むものとしているが，預金保険機構は流動性の供給を第一とする最後の貸し手とは全く異質の破綻処理の機構である。1970・80年代に拡大した延長信用は，この破綻処理の機構である預金保険機構を補完するものとして活用されたものであった。中央銀行による貸付という形態をとりながらも，債権焦付きによる大型破綻への対応として，預金保険機構の存在を前提としつつ，預金保険機構を補う機能を延長信用が果たすようになったのである。

2 FDICの破綻処理手法の進化

FDICが大銀行の破綻処理を行う際には，その準備の期間を確保する必要がある。フランクリン・ナショナル銀行の破綻処理から始まって，OBAの拡張を経て，ブリッジ・バンクの活用に至る破綻処理手法の変遷は，準備期間を確保してパニックを起こすことなく処理を進めるための模索の過程であった。

もともと破綻処理機構として成立したFDICではあるが，大型破綻への対処法は必ずしも当初から確立したものではなかった。成立当初は暫定的機関であったし，パニックを抑えるために預金への不安を抑えるというのが当面の最大の目的であった。1950年のOBA導入の過程で見られたように，中央銀行機構であるFRSは，最後の貸し手機能への影響を恐れてFDICの権限拡張に否定的なこともあった。しかし，大銀行の破綻が相次ぐようになった1970年代以降はFRSとFDICとは協調しあって，既存のさまざまな機能をフル活用しながら破綻処理にあたっていくことになる。

フランクリン・ナショナル銀行の破綻処理の際に見られたのは，延長信用によって銀行の延命をはかり，それによってP&Aによる処理を準備するための時間を確保しようというものであった。1項で見たように，これは預金保険基金の存在によって可能となり，銀行の破綻後はFDICが債務を引き継いで返済を行った。しかし，1980年代になるとさらにさまざまな形で大型破綻が相次ぐようになり，破綻処理の手法も変遷を余儀なくされる。州ごとの独占禁止法制がP&Aの障害になったり，破綻の規模が大きすぎて従来の手法では対応が困難な事例が見られるようになる。そこで，OBAというコミュニティ銀行への対応を念頭につくられた制度が転用され，大銀行の破綻処理への対応策として

使われることになる。これは当面のシステミック・リスクの回避策として機能した面もあるが、その場しのぎの対応であるという面も否めず、大銀行優遇との批判やモラル・ハザード誘発の指摘が広くなされるようになる。コスト面でOBAの活用が必ずしも有利でないとの検討結果、銀行を延命させることに伴う既存債権者や株主の権利の存続からくる矛盾もあり、別の対応策が求められてくる。ブリッジ・バンク制度はこうした問題点を解決するものとして1987年に導入され、その後広く活用されることになった。

　以上のように、大銀行の破綻処理手法は試行錯誤の過程を経て進化を遂げてきたのである。

注
1) FDIC [1984] p. 36. なお、ここでいう「破綻」とは、「銀行窓口閉鎖 (bank suspension)」のことであり、厳密には「銀行倒産 (bank failure)」とは異なる。ただ、実際には、窓口閉鎖から倒産に行き着くことがきわめて多い。高木 [2001] 5頁参照。
2) 1933年の銀行破綻数は4000件にものぼっている (FDIC [1984] p. 36)。
3) この時期のアメリカの銀行組織の修復において、RFCの銀行優先株購入・担保貸付が重要な役割を果たしている。1933～35年にかけて6000行の銀行が援助を受けている。柴田 [1996] 215頁参照。RFCの緊急救済は、営業中の銀行への資金援助という点でOBAと類似している。
4) 上院・銀行通貨委員会（通称ペコラ委員会）が銀行業務や株式取引所に関する実態調査を行った。ペコラ (F. Pecora) 氏が銀行業界の大物への証人喚問を行い、そこで銀行に対する疑惑・不信が高まるような事実が明らかにされた。
5) 現在の連邦準備制度理事会 (Board of Governors of the Federal Reserve System：FRB) の前身である。
6) マーク・ローによれば、預金保険は小銀行を保護するものとして導入されたものであるという (Roe [1994])。
7) FDIC創設の経緯については、FDIC [1984]、高木 [2001] 第1章参照。
8) 現在、連邦預金保険公社 (FDIC) の最高意思決定機関は、5名の理事で構成される理事会である。理事は、通貨監督官、貯蓄金融機関監督庁長官と3名の大統領任命理事（上院の承認が必要）となっている。大統領任命の3名の任期は6年で、このなかから議長・副議長が選ばれる。
9) ペイオフには、保険金の直接支払方式（ペイオフ）と付保預金移転とが含まれる。1980年から1994年までの全銀行破綻1617件のうち、保険金をFDICが直接支払

う方式のペイオフは120件，7.4%，付保預金を他の金融機関に移転する付保預金移転は176件，10.9%であった（FDIC［1998a］p. 818）。
10) 実際の破綻処理にあたっては，銀行の閉鎖の前に徹底した事前準備が行われる。閉鎖される可能性のある銀行について免許当局から通知を受けたFDICは，その銀行の資産・負債についての調査を行い，処理手法にかかる費用を見積もり，最適な処理手法を選択する。P&Aを行う場合は，どの銀行を受け皿とするかを検討し，候補となる銀行に守秘義務遵守の約束をとりつけた上で破綻銀行についての情報を開示し，それらのうちで入札を実施する。こうして，閉鎖の時点で処理の大枠は固まっていることになる。本間［2002］第3章第2節参照。
11) 従来の延長信用（すぐ後で説明）に対応するものである。長期の信用という意味をなくすため，第2次信用という呼称に変更となった。
12) 2002年に提案された改定案について，Madigan and Nelson［2002］参照。
13) 貯蓄機関の資産が金融部門資産残高に占めるシェアは，1980年に16.3%だったのが1990年には9.4%まで下がっている。なお，このシェアは2001年には3.4%である（FFA［2002］）。
14) 表5-1は，FDICの破綻処理数を示すものであり，OBAを含んでいる。そのため，OBAの数だけ閉鎖処理数よりも多い数となっている。
15) 1995年以降は，1995年6件，1996年5件，1997年1件，1998年3件，1999年7件，2000年6件，2001年3件，2002年10件の銀行破綻処理があり，2002年の5件のペイオフ以外はすべてP&Aによる破綻処理であった。なお，この件数は，BIFによる銀行の破綻処理の数字であり，SAIFによる貯蓄金融機関の処理は含まれていない（FDICAR［2002］）。
16) 大銀行であったにもかかわらず，ペイオフで処理された。検査・監督当局であった通貨監督庁（OCC）との連絡が不十分で事前準備の時間がとれなかったことと，同行からのローン購入者が多く，多くの訴訟が提起されることが予想されたことから，ペイオフという選択肢をとった。
17) 同様の理由で，P&Aにおいても破綻銀行の資産の負債のほとんどすべてを受け皿銀行に移転するホール・バンク取引（whole bank transaction）が行われるようになる。
18) 審議の経過は，高木［2001］第6章に詳しい。
19) FDICIAでは，システミックな金融危機が生じていると認められる場合においては，厳格な手続きを経て大統領の判断により最小コスト原則の例外措置をとることが可能となっている。
20) 資本の対総資産比率が2%以下になった場合をさす。

参考文献

Bagehot, Walter［1873］*Lombard Street, a Description of the Money Market.*

Board of Governors of the Federal Reserve System, *Federal Reserve Bulletin*（*FRB* と略記）.
Board of Governors of the Federal Reserve System, Flow of Funds Accounts（*FFA* と略記）.
Bordo, Michael D. [1990] "The Lender of Last Resort: Alternative Views and Historical Experience", *Economic Review*, Federal Reserve Bank of Richmond, January/February.
Brimmer, Andrew F. [1976] "The Federal Reserve and the Failure of Franklin National Bank: A Case Study of Regulation", in J. Backman ed., *Business and the American Economy, 1776-2001*, New York University Press.
Clouse, James A. [1994] "Recent Developments in Discount Window Policy", *Federal Reserve Bulletin*, November.
D'Arista, Jane W. [1994] *The Evolution of U. S. Finance, Volume II: Restructuring Institutions and Markets*, M. E. Sharpe.
FDIC, *Annual Report of the FDIC*（*FDICAR* と略記）.
FDIC [1984] *The First Fifty Years: A History of the FDIC 1933-1983*.
FDIC [1987] *Mandate for Change: Restructuring the Banking Industry*.
FDIC [1998a] *Managing the Crisis: The FDIC and RTC Experience, Volume One-History*.
FDIC [1998b] *Managing the Crisis: The FDIC and RTC Experience, Volume Two-Symposium*.
FDIC [1998c] *Managing the Crisis: The FDIC and RTC Experience, Chronological Overview*.
Federal Reserve System Study Group on Alternative Instruments for System Operations [2002] "Alternative Instruments for Open Market and Discount Window Operations".
FFA→ Board of Governors of the Federal Reserve System, *Flow of Funds Accounts*.
FRB→ Board of Governors of the Federal Reserve System, *Federal Reserve Bulletin*.
Gilbert, R. Alton [1994] "Federal Reserve Lending to Banks That Failed: Implications for the Bank Insurance Fund", *Review*, Federal Reserve Bank of St. Louis, January/February.
Hetzel, Robert L. [1991] "Too Big to Fail: Origins, Consequences, and Outlook", *Economic Review*, Federal Reserve Bank of Richmond, November/December.
Kaufman, George G. [1991] "Lender of Last Resort: A Contemporary Perspective", *Journal of Financial Services Research*, 5: 95-110.
Madigan, Brian F. and William R. Nelson [2002] "Proposed Revision to the Federal Reserve's Discount Window Lending Programs", *Federal Reserve Bulletin*, July.
Minsky, Hyman P. [1986] *Stabilizing an Unstable Economy*, Yale University Press（吉

野紀・浅田統一郎・内田和男訳『金融不安定性の経済学――歴史・理論・政策』多賀出版, 1989年).

Roe, Mark J. [1994] *Strong Managers, Weak Owners: The Political Roots of American Corporate Finance*, Princeton University Press（北條裕雄・松尾順介監訳『アメリカの企業統治』東洋経済新報社, 1996年).

Sprague, Irvine H. [1986] *Bailout: An Insider's Account of Bank Failure and Rescue*（高木仁ほか訳『銀行 破綻から緊急救済へ』東洋経済新報社, 1988年).

Wolfson, Martin H. [1994] *Financial Crises: Understanding the Postwar U. S. Experience*, Second Edition, M. E. Sharpe（野下保利・原田善教・浅田統一郎訳『金融恐慌――戦後アメリカの経験』日本経済評論社, 1995年).

伊藤正直・靎見誠良・浅井良夫編著 [2000]『金融危機と革新――歴史から現代へ』日本経済評論社.

翁百合 [1993]『銀行経営と信用秩序』東洋経済新報社.

柴田徳太郎 [1996]『大恐慌と現代資本主義』東洋経済新報社.

髙木仁 [2001]『アメリカ金融制度の長期的展望』原書房.

竹田茂夫 [1996]「市場経済と中央銀行制度――バジョット問題再考」, 金子勝編『現代資本主義とセイフティ・ネット』第1章, 法政大学出版局.

靎見誠良 [1996]「金融革新とセイフティ・ネットの再構築」, 金子勝編『現代資本主義とセイフティ・ネット』第2章, 法政大学出版局.

春田素夫 [1992]「米国における金融革新と金融破綻」, 諌山正・春田素夫編『日米欧の金融革新』第Ⅰ部, 日本評論社.

本間勝 [2002]『世界の預金保険と銀行破綻処理』東洋経済新報社.

第Ⅲ部　労使関係と労務管理の歴史と現状

第6章　ドイツ管理層職員による利益代表の展開

石塚史樹

はじめに

　第2次世界大戦後のドイツ労使関係研究が進展する一方で，ドイツ企業の管理層，すなわち米国流に言えばマネージャー層とされる，管理層職員の利益代表と労使関係への関わりという問題は，これまで研究の主な関心からは外されてきた。

　この背景には，管理層職員が使用者から管理層と見られている従業員層であることから，使用者との個人的労働契約のみに基づいて労働条件を決定し，労使交渉や労使共同決定のための集権的な被用者利益代表からは距離を置く，特殊な従業員層だとの一般的な認識があった。また，被用者でありながら，管理的な職務を担う立場上，使用者サイドに属するという意識が強く，DGB（ドイツ労働総同盟）に加盟する労組（以下，DGB系の労組と略記）にはほとんど組織されていないという事実が，この認識を支えてきた。

　だが，このような想定は果たして支持しうるのか。というのも，ドイツの労使関係は制度化の程度が高く，またこれが被用者の雇用条件に持つ影響力の強さは，よく知られている。ならば，雇用契約上は被用者である管理層職員も，労使関係と何らかの関わりを有し，これによって自らの利益を守っていると考える方が妥当ではないか。

　しかも，管理層職員は，協約外職員なので一般的産業別賃金基本協約の保護がない。また，解雇保護などにかんしてもその適用に制限が課せられるなど，場合によっては，使用者側の恣意によってその雇用条件上の不利を被ることが多い従業員層である。このように考えれば，管理層職員も自らの利益に直接関わるような事項においては，何らかの影響行使を自らはかってきたと考えるのが妥当ではないか。

本稿ではこのような問題意識に基づき，ドイツの管理層職員が，実際にはいかなる利益代表を発達させ，これをつうじてどのように自らの雇用条件に影響を及ぼしているのかを解明しようと試みる。そして，管理層職員が有するこのような利益代表が，ドイツ経済の発展との関わりにおいて，いかに発展し変化してきたかを検討する。これをつうじて，使用者から企業内管理層と見なされる管理層職員が，何故にこのような利益代表を発達させざるを得なかったのかを解明しようとする。

この課題にこたえるために，まず第1節では，管理層職員が有する利益代表の構成をいくつかのレベルにおいて検討し，管理層職員が自らの雇用条件を形成するに当たり，いかなる影響行使のチャンネルを有しているかを探る。

続く第2節では，管理層職員の利益代表がいかなる発展を遂げてきたのかを，ドイツ資本主義経済の変化との関わりにおいて検討する。これによって，管理層職員がこのような利益代表を構築したことの意味を，解明しようと試みる。

最後に第3節では，管理層職員の利益代表が，企業経営の現場で実際にどのように機能し，管理層職員の雇用条件の形成に影響を与えているかを，いくつかのデータを用いて分析する。これによって，管理層職員が，その利益代表をつうじて，実際にどの程度，自らの雇用条件を形成する能力を有するのかを明らかにしようとする。

本章での一連の作業によって，管理層職員がひとつの従業員層として，自己層の形成にいかに影響を与えてこようとしたが明らかにされよう。また，使用者サイドからは企業内管理層とされる管理層職員が，実際には，従業員層としていかなる性格を有するのかが示されよう。

第1節　管理層職員の利益代表の構成と機能

管理層職員は，経営陣と密接な立場の役職にある。そのため，被用者としての意識が薄く，利益代表とは無縁の存在だという認識が一般的である。しかし，同職員層も雇用関係上は被用者にほかならない。それならば，管理層職員も，雇用条件を中心に共通の問題を抱え，ひとつの従業員層として，使用者にたいする利益代表の必要性を有していると考えるのが妥当である。

では，管理層職員は実際のところ，どのように自らの利益代表をはかり，これをつうじ，いかに使用者との関係で生じた問題を解決しようとしているのか。

ここでは，この問いに答えるために，管理層職員による利益代表の構成と機能をいくつかの側面とレベルで検討する。これにより，管理層職員がどのように，またどの程度のレベルで，自らの雇用条件を形成しようとしているかを解明しようとする。

1 産業レベルでの利益代表組織：労働組合組織

ここでは，産業レベルでの利益代表組織として，管理層職員の労働組合組織の構成と機能を検討する。

管理層職員は，一般的産業賃金基本協約の交渉当事者（社会的パートナー）である，DGB系の労組にはほとんど組織されていない。また，使用者サイドに近い企業内管理層であるはずの管理層職員が労組組織に結集するということは，使用者サイドだけでなく他の従業員層にさえも，一般的には考えられない事態である。

しかし，この事実は，同職員層が労組組織とは無縁の存在であることを意味しない。なぜなら，一部の管理層職員は，DGBとは独立したULA（Union der Leitenden Angestellten：指導的職員連合）と称する労組連盟を形成しているからである。ULAは，産業別の管理層職員の諸労組を束ねる頂上組織であり，2002年現在，5つの労組から構成される[1]。

ほとんどのULAを構成する管理層職員労組（以下，ULA系の労組と略記）の結成は，第2次世界大戦以前に遡る。これはドイツの他の従業員層による労働運動史と無縁でない。というのも，ULA系の労組の母体は，被用者全体で労組組織結成の動きが高まった，第1次世界大戦直後の時期に結成されたからである。さらに，ULAの結成は1951年であるが，これも1948年におけるDGBの結成の動きおよびその労働運動と関連している。

ULAが，管理層職員の労組の頂上組織でありながら，指導的職員連合と称する理由は，ULAの起源が指導的職員の労組組織だったためである。

ではULAは，労組組織として，いかなる構成と機能を有しているのか。

まず，ULAは，産業別の労組組織から構成される頂上組織であり，この点

でDGBと共通した組織構成をとる。また，ULA系の労組は，職場や企業の外から管理層職員を組織しており，この構造もDGB系の労組と共通である。

しかし，その機能には違いがある。というのも，DGB系の労組が使用者団体との賃金基本協約の締結交渉を中心的な機能とするのにたいし，ULA系の労組は，化学産業を担当するVAAを除けば，賃金基本協約の締結機能は有しない。

ULA系の労組が有する機能の中心はむしろ，管理層職員が抱える雇用条件上，利益上の問題を吸い上げ，広報，出版活動によって広く世間および政治の場にアピールすることにある。また，所得調査や職場アンケートをつうじ，管理層職員としてのキャリアに必要な知識や情報を編纂提供し，キャリア開発上の助言サービスを行うことも，ULA系の労組が管理層職員に提供する重要なサービスである。これに加え，現在は，労働法廷での弁護活動や法的な助言といった法律保護が，ULA系の労組の最重要な活動である。

このように，DGB系の労組と異なり大部分のULA系の労組は，協約締結によって直接的に雇用条件に影響を与えていない。そのかわり，管理層職員の社会的地位の向上活動および管理層職員の勤務生活を支えるサービスの提供によって，同職員層の雇用に間接的な影響を与えている。

ULA系の労組間には，組織力と労組としての機能に相当な格差が見られるのも，大きな特徴である。たとえば，2002年時点でULAは，ドイツの管理層職員の一部を占めるにすぎない指導的職員の10%のみを組織し，DGBがドイツの全被用者の約3割を組織しているのに比べ，組織率の面で劣る。しかし，既出のVAAは，化学産業全体で，50%近くの管理層職員を組織している。またVAAは，産業および企業・事業所両レベルで，管理層職員の雇用条件を形成するに当たり，DGB系の労組に準じる影響力を有する。

以上の検討から明らかなように，管理層職員の労組組織であるULAに特徴的なのは，一般協約被用者の労組のDGBと組織構成において類似性を有することである。その一方で，ULA系の労組とDGB系の労組との間では，利益代表組織としての機能にかんして大きな相違が見られる。

多くの場合，協約締結能力を有しない事実に見られるように，ULA系の労組がDGB系の労組とは異なり，自己の組織下にある管理層職員の労働条件に

直接影響を与えるような機能を有していないのは，管理層職員がその雇用関係上，使用者との関係において微妙な立場を有するためである。管理層職員は，企業の上層ヒエラルキーで管理・指揮的な役職に従事し，将来の経営陣の候補でもある性格上，経営陣への協力的な勤務態度を常に要請される。このように，経営陣に近い管理層としての管理層職員の労組組織だという事実が，ULA系の労組が多くの場合，経営陣との直接対立を招くような機能を持たない主因となっている。

2 集権的労使交渉による最低労働条件の決定

協約外職員である管理層職員の労働条件は，一般産業賃金基本協約の適用を受けない。では管理層職員の受ける労働給付は，すべて使用者との個人的な交渉で決められ，その最低水準の保証は存在しないのか。つまり，管理層職員は本当に集権的な労働条件決定とは無縁であり，共通の労働条件の最低水準を形成する道を閉ざされているのか。

ここでは，管理層職員と集権的な労使交渉との関係について検討し，この疑問についての判断を求める。

管理層職員は協約外職員なので，DGB系の労組とBDA（ドイツ経営者団体連合会）の組織下にある産別使用者団体との間で締結される，一般的産業賃金基本協約が適用されない従業員層とされる。また企業内管理層とは集権的な労使交渉とは無縁だという想定は，ドイツ社会でも根強い。

しかし，一般的産業賃金基本協約を離れて，DGB系の労組とは独立に，管理層職員が労使交渉を使用者団体と行い，独自の賃金基本協約を締結していると考えたらどうか。

すると，ULA系の労組中VAAは，化学産業を担当するDGB系の労組IGBCE（鉱山業・化学・エネルギー産業労組）とならび，化学産業の使用者団体BAVC（化学産業使用者連盟）との協約締結交渉の当事者，すなわち化学産業の社会的パートナーとなっている事実が注目される。すなわち，VAAは，賃金基本協約を締結する機能を有する。そのため，化学産業では，一般協約被用者（IGBCE）と管理層職員（VAA）を組織する2つの協約締結能力を有する労組が存在し，労使交渉における1産業1労組の原則は相当しない。

VAA は，1950年より大卒者俸給基本協約（Akademiker-Gehalts-und Manteltarifvertrag）と呼ばれる賃金基本協約を，化学産業の使用者団体と継続的に締結してきた。VAA が，ULA 系労組にあって例外的に賃金基本協約を締結するのは，VAA が，1920年から1933年の解散に至るまで，ドイツ化学産業大卒職員協約（Reichstarifvertrag für die akademisch gebildeten Angestellten der chemischen Industrie：RTV）を当時の化学産業使用者団体と締結した，後出の Budaci の後継組織として，1954年に裁判による正式な認定を受けたためである。

大卒者俸給基本協約は，旧西ドイツ地域で化学企業に勤務する自然科学系および技術系大卒職員に限り，その年間報酬最低額およびその他のフリンジ・ベネフィットの最低水準を定める[2]。具体的には，上記の大卒職員が入社後2年目から協約外の年間労働報酬額を得，管理層職員としての労働条件で勤務することが保証される。また，有給休暇の最低日数，最短解雇通告期間，競争禁止規定を適用された場合の支払代償金額の保証など，管理層職員が必要とする労働条件の保護が広く定められる。

化学企業の管理層職員は，大体の場合に大卒なので，大卒者俸給協約によって事実上すべての管理層職員の年間労働報酬額に下限が設けられる。また，規模の大きい化学企業で一般的にみられる，管理層職員の俸給上昇率をめぐる労使間交渉である，調整ラウンド（Anpassungsrunde）でも，大卒者俸給協約で定められる上昇率がひとつの重要な指標とされる。このように，大卒者俸給協約は事実上，管理層職員の年間労働報酬額をも下支えする役割を有する。

このように，化学産業では，管理層職員でも個別の経営単位を越えたレベルで労働報酬額を含む労働条件の最低水準が労使交渉によって決定されている。したがって，集権的な労働条件の形成とは無縁ではない。

この事実から明らかなように，使用者との個別の労働契約で労働報酬を決定する従業員という管理層職員のイメージは，必ずしもすべての場合に当てはまるわけではない。

一方で，IGBCE を含む DGB 系の労組が締結する一般的産業別賃金基本協約と比較した場合，この大卒者俸給基本協約には，いかなる特徴が見られるのか。

一般的産業別賃金基本協約では，当該産業のすべての被用者を包括する労働報酬とフリンジ・ベネフィットの最低水準が，職務ごと勤務年数ごとに詳細に

定められる。これにたいし大卒者俸給基本協約では，化学企業に勤務する自然科学系および技術系の大卒者に限り，管理層職員の年間労働報酬およびフリンジ・ベネフィットにかんし，年功や職務に関係なく最低水準が定められるのみである。しかも，一般的産業別賃金基本協約は全ドイツで適用されるが，大卒者俸給基本協約は旧西ドイツ地域の事業所のみに適用される。

このようにみると，VAAが有する労働条件決定規則としての大卒者俸給基本協約の機能は，IGBCEを含むDGB系が有するそれとしての一般的産業別賃金基本協約に比べた場合，適用範囲と締結内容の詳細さにおいてかなり限定的である。この理由としては，以下のことが考えられる。

すなわち，VAAとDGB系の労組との間に労組としての交渉力の差違が存在することである。そして，経営陣との協力関係と企業の経営状態を優先せざるを得ない管理層職員の労組であるため，労使間の対立を招くような労使交渉対象の拡張を推進することが，VAAには困難だということである。

このように，化学産業に限定すれば，集権的な労使交渉をつうじた産業レベルでの労働条件の形成に管理層職員も加わり，賃金基本協約の締結によってその雇用条件を直接に決定している。しかし，これが全ドイツの管理層職員に当てはまる構図と判断することは難しい。というのも，社会的パートナーと認められた管理層職員労組が，化学産業以外にはないからである。

確かに，ULAにおいて，VAA以外にも賃金基本協約の締結機能を有する，すなわち社会的パートナーとして認定された労組組織が，以前には存在した。VFE（鉄鋼生産・加工業管理層職員連盟）がその例である。しかし，VFEは，1990年代に組織員数の減少を受けてULAの他労組に吸収され，消滅した。

この事実から，管理層職員が集権的な労使交渉で雇用条件を決定するのは，化学産業のみであることがわかる。これは，VAAが有する組織力および歴史的な背景といった，管理層職員労組としての特殊性によると考えるのが妥当である。

3　職場の非公式な利益代表組織：職場グループ

1項と2項では，産業レベルの労組組織を中心に，管理層職員の雇用条件形成との関わりが論じられた。しかし，実際に企業に勤務する個々の管理層職員

の雇用条件を形成する作業は，職場レベルの利益代表組織によって担われるのではないか。

この疑問に回答を与えるため，ここでは，法的な規則に基づかずに設立される，非公式な利益代表組織に焦点を縛り，その役割と機能を検討する。そして，管理層職員が職場レベルでどのように自らの雇用条件形成に関わっているかを探る。

ULA系の労組は，職場や企業の外部で管理層職員の利益を代表する。しかし，組合員の組織化，および自己組織が提供するサービスの宣伝活動は，職場の組織員の活動グループによってもっぱら担われる。これが，職場グループ（Werksgruppe）と呼ばれるULA系の労組の組織員である。これは，法律に根拠を置かない，非公式の存在である。

まず，職場グループは，その機能と役割において，DGB系の労組が有する職場組織委員（Vertrauenskörper, Vertrauensleute）と類似する。労組が職場内に存在しないドイツでは，労組による直接的な職場での活動は，一般協約被用者の労組でも，また管理層職員の労組でも職場の活動グループが担い，これが労組組織の再生産に寄与している。

職場グループは，管理層職員の利益代表を支える，最もプリミティブな単位である。そのため，職場グループの代表には，後述する指導的職員代表委員会のメンバー，および1976年共同決定法（Mitbestimmungsgesetz 1976）に基づき企業監査役会の役員として選ばれた，指導的職員代表を兼任する者が多い。すなわち，職場グループでのキャリアが，高位の共同決定機関における管理層職員代表の地位を得るための前提条件となる。

職場グループの主な役割は，ULA系の労組が管理層職員に提供するサービスを，職場内に宣伝することである。この活動によって，新組合員を獲得すると同時に，ULA系の労組と職場内の管理層職員とをつなぐパイプ役となり，管理層職員の利益上の問題と要望を吸収し，逆に労組の職場戦略を職場内に伝える役割を担う。管理層職員がULA系の労組に加入するためには，職場グループへの申請とその許可を必要とする。

職場グループは，ULA系の労組における基礎活動単位である。そのため，法律で保証された利益代表機関，すなわち，監査役会の指導的職員代表，後出

の指導的職員代表委員会，従業員代表委員会（Betriebsrat：経営組織法に基づく）が，経営陣と交渉する際の戦略や方針を決める役割を有する。この戦略や方針を策定するために，職場グループ内には，報酬事項を中心に，課題に応じた専門部会が編成されている。これが，法定の利益代表機関を支えるスタッフ組織としての役割を果たしている。

指導的職員代表委員会は，1989年の合法化以前から事実上存在し，指導的職員のステータスを有する管理層職員と経営陣との間で，雇用条件をめぐり交渉する機関となってきた。合法化以前に指導的職員代表委員会が存在しえた理由は，経営陣と各職場グループが交渉し，この設立を定めた労使間の自由合意を締結したためである。したがって，職場グループは，非公式な存在とはいえ，使用者サイドからも管理層職員の利益を代表する機関として認められてきた。また，経営陣との交渉能力も認められてきた。

以上の検討から，職場グループが管理層職員の雇用条件形成に果たす役割は，以下のように結論づけられる。すなわち，職場グループはULA系の労組の基礎組織として労組組織を再生産し，管理層職員の使用者と向き合う力を強める。一方で，ULA系の労組が提供する有用な情報やサービスを管理層職員に提供し，その勤務生活を支える。さらに，法律に基づく利益代表機関が，管理層職員の雇用条件をめぐり使用者と交渉する際には，その要求と交渉方針を決めるスタッフとしての機能を果たす。

一方で，職場グループの利益代表組織としての限界も指摘されるべきである。すなわち，経営陣との協力関係が要請される管理層職員には，経営陣にたいし管理層職員の利益を直接主張する職場グループの活動に従事することは，企業内でのキャリアには，一般的にマイナスに作用するとされる。特に人事部などの経営陣に近い立場にあるスタッフ部門で，職場グループのメンバーが管理・指揮的な立場にある役職を任されることは，経験則上，稀とされる[3]。また，より上位の役職への昇進努力とキャリア発展への熱意が要請される管理層職員には，フルタイムで勤務するかたわら，無対価の職場グループでの利益代表活動にいそしむことは，実際のところ，非常に負担が大きい。

このように，職場レベルでの労組活動という側面でも，管理層職員の従業員としての特殊な立場によって，その利益代表の展開には，事実上の制約が課せ

られている。

4 職場の公式な利益代表組織：指導的職員代表委員会

　ULA系の労組は職場グループを職場内に有し，これが職場レベルでの企業管理層職員の雇用条件形成に関わる。しかし，職場グループは法律に基づかない，非公式な利益代表組織である。そのため，これのみをつうじた利益代表は，不安定である。また，その要求を経営陣にたいして貫徹しても，これを常に守らせるのは，難しいと考えられる。したがって，管理層職員が雇用条件の形成に関わろうとする以上，法律で保証された利益代表をも確保し，これをつうじて職場での雇用条件形成への確実な影響行使をはかってきたと考えるのが自然である。ましてドイツの一般協約被用者は，法律で被用者利益代表機関の地位と機能を保証された従業員代表委員会や監査役会への代表派遣をつうじ，労使共同決定を行っている。

　ここでは，管理層職員がいかなる法律で保証された，公式な利益代表組織を有しているかを論じ，その機能を検討する。これにより，制度的に保証された交渉経路をつうじ，管理層職員が職場レベルでの雇用条件形成にいかに関わっているかを探る。

　1952年経営組織法では，管理層職員の一部を構成する指導的職員は，従業員代表委員会による利益代表の道を閉ざされていた。つまり，経営陣との公式な交渉チャンネルが，指導的職員には保証されていなかった。このように，各経営体レベルで労使共同決定権および利益上の保護が指導的職員に存在しないという事実は，現場の指導的職員自らのイニシアチブをつうじ，事業所レベルでの指導的職員の利益代表組織を発生させた。

　これは，指導的職員代表委員会（Sprecherausschuß für leitende Angestellte：以下，SpAと略記）と呼ばれ，化学産業企業を中心に，1960年代末から顕著に発達した。1989年には，指導的職員代表委員会法（Sprecherausschußgesetz：以下，SprAuGと略記）がドイツ連邦議会で議決され，SpAが，指導的職員のための合法的な利益代表組織として確定された。

　SprAuGの詳細な解説は，本稿の目的を越えるため行わない。主要な点のみを指摘すると，同法に基づき設置されるSpAとは，従業員代表委員会と組織

的にはほぼ同じ構成をとる，指導的職員の事業所レベルの利益代表組織である。SpA は，10人以上の指導的職員が勤務する事業所で設立が可能である。従業員代表委員会は，指導的職員以外の被用者の雇用条件を，拘束力を持つ経営協定（Betriebsvereinbarung）を使用者との間で締結し，具体的に規則化できる。これにたいし，SpA は，SpA 指針規則（Sprecherausschußrichtlinie）を使用者との間で締結し，指導的職員に限りその雇用条件を具体的に規則化することができる。

　SpA が，従業員代表委員会と異なるのは，利益代表組織としての原則と一部の機能においてである。すなわち，従業員代表委員会には事業所レベルでの労使共同決定権（Mitbestimmungsrecht）が与えられているのにたいし，SpA に与えられたのは共同決定権でなく，使用者との協力権（Mitwirkungsrecht）である[4]。

　これが従業員代表委員会の共同決定権と異なる点は，協力権には経営陣の決定への拒否権が存在しないことである。すなわち，SpA は，指導的職員の雇用条件にかかわる決定にかんし，事前に経営陣から情報を受け，ともに協議して何らかの対策を提案できる。しかし，従業員代表委員会とは異なり，SpA は基本的に，経営陣が行う経営上のすべての決定に従わねばならない。

　この違いが具体的に問題になるのは，経営組織法第111条および第112条が定める，人員削減を伴う経営変動（Betriebsänderung）が，経営陣の決定で発生する場合である。この場合，従業員代表委員会は使用者にたいし異議を挟める。また，社会的計画（Sozialplan）をつうじ，この決定で不利益を被る被用者にたいし，何らかの埋め合わせの措置を講じることを主張できる。しかし，SpA には，指導的職員の雇用条件についてこのような主張をする権利は，認められない。

　手短に言えば，SpA に与えられた具体的な権利は，指導的職員の雇用条件について，経営陣との間で SpA 指針規則を締結する権利，および指導的職員の雇用条件にかかわる決定が実施される際に情報を聴取する権利，そして経営変動に際しての，拘束力を持たない協議権に限定される。いわば，従業員代表委員会と比較して，弱められた被用者経営参加権といえる。

　それでも，指導的職員の雇用事項の変更に際して，SpA が，事前の情報聴

取権と協議権を得た意義は大きい。なぜなら，これへの事前の情報提供と協議を伴わない指導的職員の労働条件変更は，無効となったからである。すなわち，使用者が経営状況を理由に，無制限に指導的職員を解雇することは，不可能になったのである。

指導的職員は，協約外職員なので，産業別一般的賃金基本協約による労働条件上の保護を受けない。また，解雇を含む雇用条件の変動に際しても，当該処置の決定にたいして，従業員代表委員会をつうじて異議をさしはさむ道が閉ざされてきた。さらに，解雇保護法の適用も指導的職員にたいしては制限される。このような理由からも，SpA に指導的職員の労働条件変更に際しての情報聴取権を与えた意義は大きかった。

また，SpA が合法化されたことで，経営陣と指導的職員との間の制度化された対話と交渉のチャンネルが事業所レベルで保証されたことが，何よりも重要な意味を有する。

SpA は，職場グループがまとめた指導的職員の雇用条件にかんする諸要求のリストをもとに，直接経営陣と交渉する。

このような交渉事項のうち最も頻繁に議題に上るのは，指導的職員の俸給調整，具体的には指導的職員の年間俸給額をどれだけ上昇させるかについての事項である。俸給事項について，SpA が経営陣と定期的に交渉する慣行は，現在のドイツ企業で一般的にみられる。1990年代には，企業の事業再構築で不利な影響を被った指導的職員の利益調整を主な内容とする，移行規則（Überleitungsregel）の策定が重要性を増した。

1989年の SprAuG の成立以来2002年までに，4回の SpA 選出選挙が行われた。この結果で注目されるのは，SpA のメンバーの団体所属を記載する選挙リストで，ULA 系の労組への所属を挙げた者が，第2回目から第3回目の選挙にかけて，大幅に増加したことである[5]。この理由には，SprAuG の成立以前より SpA 運営に関わってきた ULA 系の労組が，その運営に関する経験とノウハウで，他の労組に比して優位にたつことが挙げられる。

現在までに SpA は，ドイツ労使関係を構成する一環として地歩を得ている。これをあらわす例が，1996年に SpA を対象として行われたアンケートである。これによると，指導的職員の雇用条件に関する情報提供，協議の側面では，

SpAが満足に機能しているとの意見が多数を占めた。また，同委員会の合法化以前にDGBが恐れた，従業員代表委員会とSpAとの敵対的な競合関係もほとんど報告されない[6]。

一方で，SpAの機能を見る際には，以下の点が留意されるべきである。すなわち，産業ごと企業ごとに，SpAが果たす役割には，大きな格差が見られる。すなわち，SpAを1960年代末より，職場グループと経営陣との自由合意によって発達させてきた化学産業でSpAは，特に大きな影響力を有している。

たとえば，化学産業企業の旧ヒュルス（Hüls AG, Marl：現デグッサ社マール事業所）では，SpAが経営陣との間で結んだSpA指針規則が従業員代表委員会の自動承認をつうじてそのまま経営協定となり，指導的職員のみならずすべての管理層職員に適用されるほどの影響力をSpAが有していた。加えて，同社のSpA代表は，従業員代表委員会と同様，その活動に際して就業義務を免れることを経営陣から認められ，企業運営上重要な役職にある管理層職員にあって，本来であれば考えられないような活動上の特権を行使していた[7]。

一方で，他産業でSpAは，これほどの影響力を有しているとは言い難い。というのも，他の産業部門ではSpA運営の伝統が比較的弱く，使用者がSpAを交渉パートナーとして扱う態度が十分とは言い難い。また，SpAを支える職場グループが，DGB系の労組に組織される利益代表組織に並び得る影響力を持つことも，比較的少ない。

以上の検討結果をまとめると，以下のようである。すなわち，管理層職員のうち指導的職員は，SpAをつうじ使用者と具体的な雇用条件をめぐって交渉する権利を，法的に保証されている。そして，この交渉結果を，指導的職員全員に適用されるSpA指針規則の形で結晶させ，使用者にこの遵守を義務づける権利が保障されている。これにより，指導的職員は具体的かつ確実に自らの雇用条件を改善できる。また，指導的職員は，SpAによって，使用者の恣意的な雇用管理政策からの雇用条件上の保護を保証される。

このように，実際には産業ごとに影響力の相違は残しつつも，制度的に保証されたSpAをつうじ，指導的職員である管理層職員は，職場レベルで自らの雇用条件を形成する作業にも参加している。

5 職場での公式な利益代表組織：従業員代表委員会

　4項で論じたSpAは，管理層職員のうち指導的職員のみの利益を代表する。それでは，指導的職員としての認定を受けていない，比較的若手の管理層職員は，職場レベルでいかなる公式な利益代表の手段を有するのか。

　理論的には，指導的職員ではないすべての被用者が，経営組織法で定める従業員代表委員会によってその利益を代表できる。しかし，一般的に，従業員代表委員会は，主にDGB系の労組組合員から選ばれるとされる。また，それは一般協約被用者の利益代表なので，管理層職員の利益は代表されないとされる。

　しかし，1980年代以降，主には化学産業で，指導的職員でない管理層職員も従業員代表委員会に立候補するようになった。この結果，現在，大規模な化学企業では，管理層職員から立候補した従業員代表委員が見られることは，珍しくなくなった。

　それでは，現在どの程度，管理層職員の従業員代表委員会があるのかというと，ULAに所属する従業員代表委員会は，1998年の同委員会の選挙で初めて，選出されたすべての従業員代表委員会が所属する団体の0.1％を占めた。1994年の選挙でULA系のそれは0％であり，きわめて小さかったことから，これは大きな進歩といえる[8]。

　なお，化学産業および鉱山業ならびにエネルギー産業のみでは，この割合は少し高くなる。すなわち，1994年においては合計46議席を数えたものが（全体の0.18％），1998年には，合計52議席（全体の0.22％）となった。また，従業員代表委員会代表でも，それぞれ，3議席（0.08％），2議席（0.05％）を数えた[9]。

　このように，一般的な想定とは異なり，従業員代表委員会運営にも管理層職員は関与している。そして，従業員代表委員会とSpA両方の法定の利益代表組織をつうじ，すべての管理層職員が，自らの雇用条件を形成する作業に参加できるようになっている。

　以上，管理層職員が有する利益代表の構成を検討することで，管理層職員が自らの雇用条件を形成することにどのように，そしてどの程度関わっているのかを探った。ここまでの作業から，管理層職員は，産業レベルでは労組組織，職場レベルでも職場グループ，SpA，従業員代表委員会を有し，他の従業員層と同様のレベルで，その利益を使用者にたいし主張していることが明らかであ

る。また労働組合組織にかんしてはDGB系の労組と異なり，化学産業を除き，産業レベルで管理層職員の最低労働条件を決定する能力を有しない。一方で，個々の管理層職員の雇用条件が問題となる職場レベルで管理層職員は，SpAと従業員代表委員会をつうじて，管理層職員の具体的な雇用条件を巡り使用者と交渉し，その成果を確実に使用者側に守らせている。

このように見れば，管理層職員は，使用者にたいする集権的な利益代表に積極的に関わっているといえ，これをつうじて自らの雇用形成に参加していることが明らかである。したがって，使用者サイドに近い企業内管理層でありその雇用条件は個人的契約によってのみ決まるという，管理層職員についての通念は，現実には妥当性を有しない。

第2節 歴史的な発展から考える意味

それでは，何故に管理層職員は，集権的な利益代表に関わり，自らの雇用条件の形成に関わろうとする従業員層となったのか。本節では，管理層職員が集権的な利益代表への関わりを強めた背景を，第2次世界大戦前後の時期のドイツ経済およびドイツ企業の発展との関係において，この利益代表の発展過程を検討することで探ろうと試みる。これによって，管理層職員の利益代表が形成された意味を明らかにしようとする。

1 その発生

それでは，管理層職員は何故に集権的な利益代表に関わることとなったのか。この疑問に答えるためにはまず，管理層職員が有する利益代表の発生を探る必要がある。そのためここでは，これが発生した歴史的な事情を検討し，これがどのような意味を有していたかを明らかにしようとする。

19世紀の後半にドイツの工業化が進展し，大企業の形成が始まったことで，企業組織の急激な拡大がもたらされた。この動きは，企業における事業部門および業務部門の増加をつうじた企業内官僚組織の複雑化，および本社に従属する事業所，支店の増大を伴った。この結果，企業組織内部で各事業・業務を担当する部門，および各地域事業所・支店の運営責任を担う人員への需要が増加

した。

　これらの人員は通常，その能力と業績が認められて，企業ヒエラルキーの中で上層に位置づけられた職員から選ばれた。これらの職員は多くの場合，自らが運営の責任を担う企業組織の範囲内で，使用者の権能に属するような裁量権限，すなわち，使用者としての機能（Arbeitgeberfunktion）を，使用者より与えられた。使用者としての権能とは，具体的には，人員の雇い入れおよび解雇，人員の報酬およびその他の労働条件，生産量や取引にかんする基本業務方針の決定などである。

　このような，企業内で各組織の運営責任を担う職員は，Prokurist（支配人，商業登記簿上の支配権を有する）という企業内での決定責任を表す称号，ならびに Abteilungsleiter（企業内専門部門の長）あるいは Betriebsleiter（企業に属する各事業所，工場などの事業単位の長）などの役職名によって把握された。場合によっては，まとめて，obere Beamte（上層の企業内官吏）あるいは leitende Beamte（指導的企業内官吏）と呼ばれることもあった。また，法律上は，Angestellte in leitender Stellung（指導的役職にある職員）として把握されることも，第1次世界大戦の少し前には始まっていた[10]。

　身分上は企業内の職員でありながら，官公庁の職員にたいする呼称である官吏という用語が用いられたのは，ドイツの職員層自体が，官公庁の官吏をモデルとして形成されたからである。そして実際に，企業内の職員を官吏と呼ぶ慣習は，その後も長く続いた。

　具体的に誰がこのような職員として雇用されたのかというと，大学および上層の専門職業学校（鉱山技師学校，商業大学，建築学校，エンジニア学校その他）を卒業し，職員として雇われた者であった。彼らの職業生活についての理想は本来，自ら事業を興して自営となるか官公庁の官吏となることだった。すなわち，ドイツで中間層（Mittelstand）として認識されていた職業生活のスタイルを志向していた。

　しかし，官公庁における官吏の需要には限りがある。また，自営となるには多額の創業資本が必要なので，よほどの幸運がない限り学歴のみでこの道を実現するのは困難だった。運良く自営となっても，大卒の自然科学者や技術者が，自らの発明と技術で大企業を築き上げるという，工業化の初期に見られた成功

例も，大企業の支配体制が強められた第1次世界大戦前には，実現が難しくなっていた。

そのため，彼らの多くは，ドイツ企業の発展と組織拡張のなかで生まれた，企業内の指導的な役職につくようになった。このような役職には，自律的に企業組織の運営が行える能力と自律性が求められ，使用者権能を含む大幅な裁量余地が任された。そのため，これに本来の理想である自営のイメージを見いだした上層の学校の卒業生は，期待をもってこれを受け入れた。この背景にはこの職業生活を選んだ場合，将来に企業を経営する立場に昇進できるという期待が含まれた。このため，このような職員は当初から「中間層」としての意識を有することとなった。同時に，労働者層や一般の職員といった他の従業員層とは異なる，使用者に近い特権的な従業員層として自らを考えるようになった。

このような職員層をめぐる問題が重要性を増したのは，第1次世界大戦後のヴァイマール共和国で，労働協約によって被用者の労働条件を決定し，また事業所レベルでの労使共同決定を法制化する動き（従業員代表委員会の法定化）が強まってからだった。ここでは，企業内で指導的な立場にある職員が，ひとつの従業員層として存在するかが問題になった。

この議論を引き起こす契機となったのは，労働協約の適用および事業所レベルでの被用者利益代表（Betriebsrat：従業員代表委員会）選出の可能性をめぐり，誰が被用者として認められ，逆に誰が被用者としては認められないかが問題となったことだった。

1920年の従業員代表委員会法（Betriebsrätegesetz 1920）では，企業組織の運営責任者（Geschäftsführer）と事業単位の長（Betriebsleiter）とされる職員は，従業員代表委員会には利益を代表されないと定められた。

これにたいし，企業内で上層の役職にあると自認する職員層が1918年に結成した，Vela（Vereinigung der leitenden Angestellten in Handel und Industrie：商業ならびに工業の指導的職員協会），および化学産業で雇用された自然科学系・技術系の大卒職員が1919年に結成した，Budaci（Bund angestellter Chemiker und Ingenieure：雇用された化学者およびエンジニア連盟）とが，誰がこのような職員かをめぐり，それぞれの立場を反映して，論争を展開した。

Velaは，企業内の上層の役職，具体的には商業登記簿上の包括代理権を有

する企業内専門部門の長や事業単位の長，子会社の運営責任者といった役職に従事する職員が結成した労組だった。一方で，Budaciは，化学産業の大卒化学者および大卒エンジニアが結成した労組だった。そのため，この2労組には，1920年法で従業員代表委員会から利益代表を除外された，企業内の上層職員が多く組織されていた。

この両労組の間で行われた論争の焦点を短く整理すれば，以下のようである。

Velaは，企業内で上層を占める職員層が他の従業員とは異なる，ひとつの特権的な社会的グループとして存在するから，すべての政治的な場で，その独自の利益が反映されねばならないと主張した。Velaは，このような職員層を一括して，指導的職員と呼び，通常の被用者とは区別されるべきとした。

この論争でVelaは，使用者的な権能を有するために，被用者に相当しない職員としての指導的職員の性格を強調した。このため，指導的職員を，労働協約による保護と従業員代表委員会による利益代表から除外するべきとした。Velaは，これにより，自らが指導的職員とみなす職員層を，他の従業員層と区別しようとした。しかし，実務上，どの職員が1920年法の規定を満たすかを見極めるのは困難だった。そのためVelaは，指導的職員としての要件を詳細に定義し，この基準をドイツ社会に認めさせる努力を続けた。Velaは同時に，従業員代表委員会とは別に，指導的職員独自の利益代表組織の法定化を主張し続けた。

Velaは最終的に，企業ごとに異なる企業組織の構造を確認するに至った。そして，役職や学歴といった具体的な属性で指導的職員を定義する作業を放棄し，単に上層の企業ヒエラルキーに属するかという基準で指導的職員を決める立場をとった。

これにたいしBudaciは，自組織の結成基準である，大卒者のような明確な資質に基づかずに，企業の上層ヒエラルキーに属する職員を，一括して指導的職員という不明確な概念で把握することを拒否した。そして，このような職員層が，特権的な指導的職員として存在することを社会的に認定させるなら，その役職に必要とされる学歴上および職業能力上の資質を明確にすべきだとした。

Budaciは，化学産業の上層の職員である大卒職員の利益を代表し，自ら多数のVelaが定義するような指導的職員を組織していたが，指導的職員を他の

被用者層から隔離することを拒否した。また，指導的職員を含むすべての従業員層が，従業員代表委員会や労働協約を含み，ヴァイマール共和国で制度化された労使関係に参加することを主張し続けた。

　BudaciとVelaは組織化の対象となる従業員層が重なっていたため，組織化の範囲をめぐり労組組織として対立した。また，化学企業では事業所レベルでも，大卒職員がVelaに組織化されるかBudaciに組織化されるかで，2労組間で実際に争いが起きていた[11]。

　この論争に参加したVelaとBudaciは，それぞれ現在のVAFとVAAの直接の前身組織である。また，モンタン産業の「上層鉱山官吏（obere Bergsbeamte）」も，1919年に独自の組合VoB（Verband oberer Bergsbeamten：上層鉱山官吏連盟）を結成した。そして，自らを指導的職員の代表組織とし，Velaに加入した。VoBは，現在のVDFの前身組織である。

　このように，現在ULAを構成する管理層職員の諸労組のうち主要なものは，第1次世界大戦直後の時期に，指導的職員および大卒職員など上層の職員による労働運動をつうじて発生した。それでは，自らを特権層と位置づけることの多かったこのような職員層が，何故に集権的な利益代表をはかる必要があったのか。

　これには，第1次世界大戦後までに形成された，企業内の上層の職員をめぐる，以下のような特殊な状況にその原因が求められるべきである。

　すなわち第1に，ドイツの企業組織の拡大にともない，企業ヒエラルキーの上層で使用者的権能を有する人員が，ひとつの層に成長していた。これにより，その雇用条件，企業内での役割，学歴資格に代表される資質にかんし，統一的ではなかったが，一定のレベルの存在が認識されるようになった。このような人員層が，自らを他の従業員層とは異なる存在であり，共通する独自の利益を有すると自覚するに至ったのである。

　第2に，第1次世界大戦後，被用者層の権利を大幅に拡充する労働法規が次々と制定されたことで，このような職員層の間にも，これとかかわる形で自らの利益を代表しようという誘因が働いた。すなわち，ヴァイマール共和国で労使関係の制度化が行われたことで，上層の職員にも，労働社会政策において自らの影響を確保し，自らの社会的な認定をはかる必要性が生まれたのである。

第3に，第1次世界大戦直後，危機的な経済状況が，従来は特権的な雇用条件を享受してきた人員層にも結集の必要性を促した。第1次世界大戦を敗戦として迎えたドイツは，戦後に危機的な不況を体験した。また，戦後ドイツ企業が大幅な合理化を行ったこと，未曾有のインフレーションが昂進されたことで，失業や減給に代表される雇用条件の悪化が，上層の職員層にも及んだ。そのため，彼らの雇用条件上の有利が失われつつあった。これを守るために，彼らにも，結集し自らの利益を使用者にたいし代表する必要性が促された。

第4に，同じ学歴と分野の専門家が有する連帯意識が当時のドイツでは非常に強く，これが企業上層の職員層にも変わらず当てはまった。このドイツ社会の特性が，上層職員の労組への結集を容易にもたらした。特に，大卒の自然科学者とエンジニアは，学歴を同じくする同僚だとの一体意識が強かった。これが，彼らが第1次世界大戦後の経済危機を解決するために，企業や役職を越えてBudaciに結集することに強く寄与したのである。

以上の検討により，現在の管理層職員の利益代表への志向性が生じた理由は，以下のように要約できる。それは，第1次世界大戦直後に労働運動が高揚し，国家による労使関係の体系的な制度化がはかられたことで，企業上層の職員層が，国家的な労働社会政策への関与をつうじた社会的認定を求めて，労働組合に結集したことに求められる。また，戦後の自己層の経済的な困窮を乗り切り，使用者と向き合う必要から，利益代表を不可欠のものとして発達させていったのである。

この利益代表の誕生は，ここに利益代表される従業員層の定義をも必要とした。そして，特権的な従業員層の立場を強調して社会的地位の向上を図るか，他の従業員層とともに制度化された労使関係への参加でこれを成し遂げるかという，政策的方向性の相違に基づき，VelaとBudaciとの間で論争が繰り広げられた。

この論争で，Velaによって初めて，企業の上層ヒエラルキーに属する職員層が一括して指導的職員として把握され論じられた。つまり，現在の管理層職員の一部である指導的職員という概念あるいは呼称の登場は，第1次世界大戦直後に発生した，企業上層の職員による独自の利益代表を求める労働運動と結びついていた。いわば，指導的職員という従業員層の登場自体が，指導的職員

の利益代表の誕生を意味した。この事実は，ドイツ企業の管理層とされる従業員層が，使用者側の意図とは無関係に，初めから利益代表を強く志向していたことを示す。

これらの，ULA系の労組の前身をなす利益代表組織の終わりは，突然訪れた。というのも，1933年の国家社会主義ドイツ労働者党（NSDAP）による政権獲得と，それに続く企業の戦争経済体制への組み込みの過程で，Budaciは1933年に，Velaは1936年にドイツ労働戦線（Deutsche Arbeitsfront）に吸収されたのである。

2　第2次世界大戦後の再生と発展

1項では，現在の管理層職員が，いかにして利益代表への関わりを持ったのかが明らかになった。しかし，これらは結局，VelaとBudaciとの間での見解の相違を解消できないままNSDAPによって消滅に追いやられた。それでは，第2次世界大戦後，管理層職員は，利益代表といかに関わってきたのか。

ここではこの問いに答えるべく，現在の管理層職員労組の第2次世界大戦後における再生と発展過程を検討する。

第2次世界大戦の敗戦後，連合国軍の旧ドイツ領西側占領地域に誕生した西ドイツ（ドイツ連邦共和国。以下，ドイツと略記）では，資本主義的経済体制に基づくドイツ経済の再建が目指された。

戦後のドイツの被用者利益代表は，一般産業労組主義（1産業の全被用者の利益を1労組が代表するという原則）を原則として展開した。これによって，占領軍行政当局との数々の交渉を経つつ，1940年代後半をつうじ諸産業ごとに統一的な一般産業労組が，結成・再興された。1948年には，一般産業労組は，DGBという頂上組織を結成した。

DGB系の労組は当初，重要産業の公有化要求を含み，社会主義原理に基づくドイツ経済の再建を打ち出していた。1948年には，当時のドイツ経済相，エアハルト（Ludwig Erhard）の1948年通貨改革を代表とする諸経済政策に反対し，ゼネストを引き起こした。

DGBの結成に加わった化学産業労組のIGCPK（ドイツ化学，製紙，窯業労組：現在のIGBCE，すなわちドイツ鉱山業・化学・エネルギー産業労組）もこの動き

に従った。これが, 第2次世界大戦後の管理層職員労組の再出発を方向づける事件となった。

すなわち, 戦後の再建期にはひとまずIGCPKに属した旧Budaciのメンバーが, このゼネストが, 再建過程のドイツ経済を破滅させるものだと反発し, IGCPKから脱退したのである。これは, 旧Budaciのメンバーが, 産業労組との協働では大卒化学者や大卒エンジニアの利益を貫徹できないと判断し, 戦前からの他の被用者層との協調路線を放棄したことを意味した。これによって旧Budaciは, 一般産業労組主義を捨て, 企業上層の職員の独立した利益代表を目指す路線をとることとなった。

旧Budaciは, IGCPKからの脱退後, 大卒職員連合 (VAA) と改称した。これによりBudaciは, 自らを化学産業の大卒職員のみの利益代表と位置づけた。そして1950年に既出のVoB, VoE (鉄鋼産業上層職員連盟。現在はVAFの一部), 1948年に復活したVelaとともにULAを結成した[12]。それでは, このULAの結成は何を意味したのか。

戦前, 指導的職員概念と政策的方向性をめぐり, BudaciとVelaは, 対立していた。したがって, ULAの結成は, 新生VelaといまはVAAとなった旧Budaciが, 利益代表政策の方向性に関する不一致を措く形で, 団結したことを意味した。そして, VAAがIGCPKからの分離で生じた事実が示すように, ULAは, 組織的にも政策的にもDGBとは独立した労組組織として出発した。また, 各労組の頂上組織がULA, すなわち指導的職員連合と称した事実に表れたように, VAAは, Velaの路線に妥協し, 戦前には反対していた, 指導的職員という従業員層の利益を代表することを受け入れたのである。

とはいえ, 各産業部門での企業組織の構造を反映し, ULAの結成当時, 実際には, 企業上層の職員の名称や把握概念には, 産業ごとに大きな違いが見られた。たとえば, VoBが担当するモンタン産業では鉱山上層官吏, VoEが担当する鉄鋼産業では上層職員 (oberer Angestellter), VAAが担当する化学産業では, 企業内ステータスである指導的職員に加え, 自然科学系と技術系の大卒者を中心に大卒職員 (angestellter Akademiker) の呼称が定着していた。

しかし, 戦間期の指導的職員をめぐる議論をつうじ, 企業の上層ヒエラルキーで使用者的権能を担う職員の資質にかんして, 多くの議論がなされていた。

そのため，指導的職員が，少なくとも上層の職員を指す概念として，ドイツ社会で広く認識されていた。

　これらの職員が有する利益代表が，ドイツの就業人口の圧倒的大部分を占める一般協約被用者層の利益代表であるDGBと対抗しつつ，自らの利益をドイツ社会に訴えるには，自らが利益を代表する従業員層の共通の呼称が必要だった。このような背景を受け，戦後ULAに結集した諸労組は共通して，公式に指導的職員の利益を代表することとなった。

　実際，ULA系の労組に属した職員に共通していた資質とは，協約外職員であることだった。当時はまだ，協約外の労働報酬を受けることが，使用者サイドに属することを表現するという見解があった。そのため，これらの職員は自ずと一般産業基本協約の締結当事者であるDGB系の労組およびその政策とは距離をとった。ULAは実際に，自らが利益を代表する指導的職員を使用者に近い従業員層とみて，利益代表に臨んだ。

　ULAが指導的職員の利益を代表する姿勢を確定したのは，法制上の重大な変化によってだった。そのうち最も重要なのが，1952年の経営組織法の制定だった。ここでは，共同決定法規としては初めて，指導的職員の利益を従業員代表委員会では代表しないことが明記された。同法は，法律で初めて指導的職員という言葉を使い，これがどのような従業員層であるかを明文化した。これによって，指導的職員という層が存在することが初めて法的に認められたため，指導的職員の労組を自認するULAにとっては重要な出来事となった。

　経営組織法は，指導的職員を，被用者とはみなされないもの（Nichtarbeitnehmer）と定めた。ULAは，その組織下にある協約外職員が，経営組織法の定める指導的職員に相当すると判断し，自らが指導的職員の利益代表であると宣言したのである。

　では，ULAによる指導的職員の利益代表は，どのような政策を伴い展開したのか。

　1950年代から1960年代の終わりまでのULAによる政策の特徴は，DGB系の労組の労使関係政策，より具体的には，共同決定政策と一般産業賃金基本協約の締結による労働条件形成政策から距離をおいたことだった。ULAはこの時期，指導的職員の雇用条件はすべて使用者との個人的交渉で決められるべき

と主張し，法定の利益代表組織により現場レベルで指導的職員の保護をはかることを嫌った。また，指導的職員を一般協約被用者層から区別するための諸政策をとり続けた[13]。これらは，指導的職員の特権層化という，戦前のVelaによる政策路線の全面的展開だったといえる。

このため，ULAは，DGBの拡張的な協約政策と共同決定政策に反対し，DGBを全体主義的と批判し続けた。これにたいし，一般協約被用者の労組組織として巨大化したDGBは，少数派にすぎない指導的職員の利益代表であるULAの存在を，無視することでこたえた。

指導的職員を他の被用者層の労使関係政策から隔離する，ULAの政策を可能にしたのは，第2次世界大戦後のドイツ経済とドイツ企業の発展だった。

1950年代の高度経済成長，その後に続く1960年代の安定成長の時期をつうじて，ドイツ企業は，その企業組織を，事業分野の多角化を伴い，大幅に拡張した。これによって，企業の各組織で，事業活動上の自主的な決定を下せる人員への需要が増加した。このため，ドイツ企業は，職務上の経験と大卒資格に代表される高い学歴資格に基づき，高度な職業能力を有すると認められた職員に，企業組織の運営責任を頻繁に担わせるようになった。

このような職員に使用者は，協約外の比較的高い直接労働報酬のみならず，社用車や使用者負担の直接保険の加入を含む，当時は特権的とされたフリンジ・ベネフィットの給付で報い，これに加えて，経営組織法の規定とは独立して，指導的職員という，企業内のみで通用するステータスを，頻繁に与えた（企業内ステータスとしての指導的職員）。

これらの指導的職員は，当時の水準ではきわめて優遇された労働条件で勤務するのみならず，雇用も他の被用者層と比較して安定していた。そのため，ULAは積極的な労使関係政策をとることで，指導的職員を使用者から保護する必要を感じることは少なかった。そして，使用者が決定する雇用政策を，基本的には容認する姿勢をとった。

このようなドイツ企業の発展を受けて，1960年代まで，法定指導的職員と企業内ステータスとしての指導的職員の合計数は増え続けた。たとえば自己申告に基づく調査によれば，1957年にドイツ就業人口全体の1％に満たなかった指導的職員の比率は，1965年には2％弱に近づいた[14]。このように，戦間期に

Velaによって主張された指導的職員の存在は，第2次世界大戦後，法律上も雇用慣行上も，現実の存在となったのである。

これに従い，ULA系の労組に加盟する組合員も増え続けた。すなわち，1955年に約1万4000人であったそれは，1968年には約2万3200人になった[15]。また，指導的職員の増加を受けて，ULA系の労組は，DGB系の労組との対抗関係をドイツ社会に印象づけるべく，指導的職員をひとつの独立した社会的グループとして位置づけた。そして，1950年代終わり頃には，これを，資本主義を構成する2大勢力である資本と労働の中間に位置する，第3の勢力（die dritte Kraft）とするイデオロギーを打ち出した。

ULAは，この第3の勢力としての指導的職員が，状況に応じた判断と決定，そして調整によって企業運営を成功に導く，裁量的な要素（Dispositiver Faktor）だと主張した。これをつうじてULAは，指導的職員という層の重要性を，ドイツ社会に納得させようとした[16]。

しかし，第2次世界大戦後のドイツ経済の順調な発展に支えられた，ULAによる指導的職員の利益代表政策は，1966年から1967年頃にかけてドイツ経済を襲った大不況で，大きな転換を見た。というのも，これが戦後ドイツの高度経済成長の反動不況として戦後最大の不況となったため，多くの指導的職員が職を失ったのである。

この不況が指導的職員にもたらした雇用条件上の不利な影響は，ULAにとって深刻な事態と受け取られた。というのも，これまで不況のネガティブな影響から無縁と見られていた指導的職員がこのときは，通常の被用者と同じようにこの影響を被ったのである。

この体験によってULAは，これまでULAが距離を置いてきた法律に基づく企業および事業所レベルでの被用者利益代表が，指導的職員にも必要だと痛感した[17]。というのも，不況時に使用者が，経営状態を理由に雇用条件にネガティブな影響をもたらす措置をとっても，指導的職員にはこの措置をめぐり使用者と交渉できるような公式な手段が保証されておらず，何ら対策を立てられない不利さが明らかになったのである。

これに加え，第2次世界大戦後，一般協約被用者の所得額とフリンジ・ベネフィットの水準が，一般産業賃金基本協約の発展によって著しく改善された一

方で，協約外職員である指導的職員のそれがこれに歩調を合わせていないこと，いわば指導的職員の雇用条件と一般協約被用者のそれとが近づきつつあることが，当時明らかになっていた[18]。このことも，指導的職員も事業所レベルの公式の交渉チャンネルによって，その雇用条件の改善をめぐり，使用者と直接交渉を行うことが不可欠であるとULA企業と事業所レベルで法定の利益代表を構築することに向かった。このうちひとつが，企業レベルで選出される監査役会の被用者利益代表に指導的職員代表の議席を確保することであり（企業のトップレベルでの共同決定），もうひとつが事業所レベルで使用者と指導的職員との間での指導的職員の雇用条件をめぐる直接の交渉チャンネルを確保することだった（事業所レベルでの共同決定）。ここでは，後者に絞り，ULAによる事業所レベルでの利益代表政策の展開を検討する。

　事業所レベルでの指導的職員の利益代表組織は，指導的職員代表委員会と呼ばれた（以下，再びSpAと略記）。初めてのSpAは，1968年に，VAAの管轄分野である化学産業に属する，旧ヒュルス社のマール（Marl）本社事業所で設立された。SpAはこれに続き，職場グループの力が強かった化学産業を中心に，職場グループと経営陣との間の自由合意に基づき，1960年代末から1970年代にかけて次々と設立された。

　旧ヒュルス社の資料を見る限りでは，最初SpAは，職場グループの意向を受けて俸給額の上乗せをめぐり経営陣と激しく交渉していた。後にその交渉対象は，有給休暇の長さ，雇用確保，情報開示などに拡張されていった[19]。

　SpAの設立と同時にULAは，SpAを従業員代表委員会と同様に合法化することを目標とし，1968年に第1回のSpA設立にかんする法案を発表した。これは，ULAが，指導的職員の利益を事業所レベルでも代表し，指導的職員の事項にかんし労使共同決定をはかる路線に転換したことを意味した。またこれにより，指導的職員の利益を従業員代表委員会では代表させない姿勢を確定させた。ULAは，これより1989年に至るまで数回にわたり，SpA設立のための法案を公表し続けた[20]。

　SpAの法定化を実現すべく，ULAは，中間層の政党とされるFDP（ドイツ自由民主党），また保守政党のCDU/CSU（キリスト教民主・社会同盟）への政治的働きかけを行った。

一方で，被用者層はひとつとの立場に立つDGB系の労組は，指導的職員のみの利益代表組織の合法化が被用者層を2分し，同時に大部分が自らの影響の下にある従業員代表委員会の重要性を低下させると危惧した。そのため，SpAの合法化に反対を続けた。同様に，DGBと深い関係にあるSPD（ドイツ社会民主党）もこれに反対した。このため，1968年からSpAが法的に確定された1989年までの間，ULAとDGBとの関係は，頂上組織レベルでは険悪だった。また，本来経営陣と密接な関係にある指導的職員がそれまでの労使間自由合意を離れて，法的に確定されたSpAをもって経営陣に対峙することを恐れたBDAおよび個々の使用者も，基本的にはこれに反対した[21]。

現実の動きとしては，1976年共同決定法が発効した後，企業の監査役会のメンバーに指導的職員の代表を選出することが認められた。その結果，この監査役に指導的職員層の利益上の要望を伝える必要性が増し，この役割を担う公式なチャンネルとして，労使間自由合意に基づくSpAの数が現場で急増した。これは実際に，指導的職員の雇用条件，中心的には俸給額の調整をめぐり，企業経営陣との交渉チャンネルとして機能するようになった。つまり，同委員会は，無視できない存在になっていった。さらに，1975年にはドイツ連邦労働裁判所が，自由意志に基づくSpAの設置を合法と判断した[22]。

このような背景もあり，1989年にはULAの提出してきた法案を反映する形で，指導的職員代表委員会法（SprAuG）がドイツ連邦議会で議決された。

このように，1960年代末以降，ULAは，それまでの抑制的な労使関係路線から，企業・事業所レベルで制度化された労使関係への関わりを強めた。これは，指導的職員の雇用条件に直接的な影響を及ぼす路線への転換を意味した。ULAはこれにより，使用者サイドに属する特権的な従業員層としての指導的職員の定義を捨て，被用者層として使用者サイドに積極的に指導的職員の雇用条件上の利益を主張するようになった。

このような指導的職員の利益代表政策の転換の一方で，ULAは，ドイツ企業の事業再構築で進展した，雇用慣行上の変化にも対応せざるを得なくなった。これが，組織化の対象となる人員層にかんする，把握基準の変更だった。

第2次世界大戦後，使用者団体の教育機関の企業向け経営セミナーをつうじ，企業の上層で管理的業務を行う職員層を一括して指す，管理層職員という概念

がドイツ企業に広められた。特に，石油危機以降の事業再構築の過程で，それまで概念上の存在だった管理層職員の呼称が，管理層を指す呼称として，実際に企業内に定着してきた。

この結果，従来の管理層だった指導的職員も一括して，管理層職員に同定されるようになった。逆に，指導的職員の称号を付与する企業慣行自体が一部の産業を除いて少なくなり，指導的職員の呼称が管理層職員の呼称に置き換わる現象が起きた。一方で，協約外職員としての管理層職員の数と従業員全体に占める比率は上昇し続けた。

このような事態は，指導的職員の利益代表と自認してきたULAには，利益代表としてのアイデンティティにかかわる重大な事態だった。

ULAのなかでも，この事態にいち早く対応したのは，モンタン産業を担当するVoBだった。VoBは，1971年になると，上層鉱山官吏の利益代表であることをとりやめ，モンタン業ならびにエネルギー産業の管理層職員連盟（VDF）と改称した。すなわち，この産業分野の管理層職員の利益代表として，自組織を位置づけなおしたのである。

この動きに従ったのが，その創立時から指導的職員の利益代表を自認してきたVelaだった。Velaはそれまで指導的職員連盟と称してきたが，1979年になると管理層職員連盟（VAF）に改称した。すなわち，指導的職員イデオロギーの担い手だったVela/VAFが，指導的職員が管理層職員の一部だと認めたのである。なお，ULAで最大の組合員を抱えるVAAは，その名称が化学産業大卒職員および指導的職員連盟だったことから，化学産業では管理層職員の大部分が大卒職員である現実に基づき，改称を行わなかった。

現在ではULAも正式に，その組織目標は，管理層職員の利益の代表だとする[23]。

1970年代までULAは，指導的職員の代表だった。しかし，このように，ドイツ企業の雇用慣行上の変化に対応して，ULAは，指導的職員から管理層職員の利益代表組織に移行したのである。

以上，本節では，管理層職員の利益代表の発展過程を検討した。これにより，管理層職員の利益代表への志向性が形成された意味が明らかにされた。同時に，管理層職員に利益代表政策を強化させた，雇用環境上の変化をも指摘した。

本節の作業から導かれる主張は，以下のようである。まず，現在は管理層職員の一部をなす指導的職員の従業員層としての発生自体が，利益代表活動と結びついていた。したがって，管理層職員を集権的利益代表および労使関係と無関係な存在としては，論じられない。

　また，指導的職員は，第2次世界大戦後，戦前にBudaciが示した制度化された労使関係への志向性を捨て，他の被用者層から自らを隔離し，その特権層としての利益を守る方向性で利益代表を推し進めた。しかし，1960年代末以降の雇用条件の悪化を受け，企業および事業所レベルで制度化された利益代表に積極的に参加し，これにより使用者にたいする自らの具体的な要求を実現するようになった。これは，使用者に近い企業内特権層としての意識から，使用者にたいする利益主張を必要と意識する従業員層として，企業上層の職員層がその性格を変化させたことを意味する。

　このように，管理層職員は，集権的な利益代表と制度化された労使関係に深く関わる従業員層として自己を形成してきた。したがって，ドイツ企業の組織変革の過程でも，それが自己層の雇用条件に関わる動きであった場合，管理層職員は，自らの利益代表をつうじ，これを共同形成しようと試みてきたのではないかと推測される。

第3節　職場レベルでの雇用条件形成の可能性

　それでは，管理層職員の利益代表は，職場レベルでの管理層職員の労働条件形成にたいし，実際にどのような影響を与えているのか。この問いにこたえるには，具体的なデータと事例を参考に，その機能を詳しく検討する必要があろう。

　そこで本節では，管理層職員の利益代表のうち，指導的職員として認定された管理層職員の利益代表機関であるSpAが，労働条件形成という側面において，どの程度のポテンシャルを有しているのかを探る。

　ここで，SpAを分析対象として特に選んだ理由は，職場レベルではこれのみが企業管理層職員が独自に有する，法律で保証された使用者との交渉チャンネルだからである（従業員代表委員会は，他の従業員層の利益も代表する）。

1 SpA による職場レベルでの雇用条件形成の可能性

　それでは，SpA は実際にどの程度，指導的職員の雇用条件の形成に影響を与えているのか。ここでは，その一般的な回答を与えるため，SpA の機能にかんするデータを検討する。

　SpA 選出選挙はすでに何回か行われ，これまでに実際に選出された SpA のメンバーへのいくつかのアンケートが実施された。ここでは，1994年に選出された146の SpA にたいし，1995年に行われたアンケート結果をまとめた，S. Luczak の報告を参考にする[24]。これにより，指導的職員の労働条件変更にかんする情報聴取権の実態，および SpA と使用者間で締結される指導的職員の労働条件に関する，指針規則（SpA 指針規則）の締結の状況という指標から，SpA による指導的職員の労働条件の形成にかんする実態を探りたい[25]。

　表6-1は，使用者側からの情報聴取権について，企業・事業所の経営状態といった一般的事項では，大部分において満足な結果を示す。また，指導的職員にかかわる一般的な事項や人事面における変更に際しても過半数は，使用者側から十分な情報を得ていることがわかる。指導的職員の俸給に関わる事項および業績評価に関わる事項といった，具体的な労働報酬に影響する事項では，不満足という回答がやや優勢だが，それでも約4割から5割弱までは十分な情報を得ていることを示す。

　表6-2は，SpA 指針規則を使用者との間で締結することで，SpA が指導的職員の具体的な労働条件にどの程度の影響を与えているのかを見たものである。これからは，企業・事業所内の諸保険にかんする SpA 指針規則は，準備中という回答も含め過半で締結されていることがわかる。さらに，報酬構造・俸給の調整といった具体的な労働報酬給付に関わる事項とそれ以外の諸フリンジ・ベネフィットに関わる事項でも，準備中という回答も含め，約3割から4割の間で，指針規則の締結によって SpA が影響を与えていることがわかる。

　ここで表れた数字を高いと見るか低いと見るかは，意見が分かれよう。しかし，これらの指導的職員の労働条件の多くが，既に企業あるいは事業所内の経営規則で定められており，新たな SpA 指針規則を締結する必要がない場合も考えられる。したがって，少なくとも，ここで回答した SpA が有する，指針規則の締結をつうじた指導的職員の労働条件への影響力の潜在性は，ここで表

表 6-1　指導的職員の労働条件変更に際し使用者側から SpA に提供される情報についての満足度

	満　足	不満足	回答無し
企業・事業所の経営状態	123（84.3%）	22（15.1%）	1（0.7%）
指導的職員の人事変更	99（67.8%）	45（30.8%）	2（1.4%）
指導的職員の一般事項	96（65.8%）	47（32.2%）	3（2.1%）
指導的職員の新規雇用	87（59.6%）	56（38.3%）	3（2.1%）
経営組織の変更	77（52.8%）	65（44.6%）	4（2.7%）
その他の労働条件変更	75（51.4%）	67（45.9%）	4（2.7%）
必要な書類の配布	73（50.0%）	68（46.6%）	5（3.4%）
報酬構成・形式の変更	70（47.9%）	75（51.4%）	1（0.7%）
新業績評価基準の導入	67（45.9%）	73（50.0%）	6（4.1%）
業績評価基準の変更	57（39.1%）	83（56.8%）	6（4.1%）

注：Luczak［1996］S. 219–222（Anhang）より計算の上，作成。満足は，「常に満足」および「ほぼ満足」の合計。不満足は「しばしば不満足」および「全く情報提供無し」ならびに「経験無し」の合計。

表 6-2　使用者と SpA との間で結ばれた指導的職員の雇用関係の内容および雇用関係の終了にかんする SpA 指針基本規則の存在

	既に締結	準備中	合　計
経営内諸保険給付	65（44.5%）	13（8.9%）	78（53.4%）
労働時間	56（38.4%）	11（7.5%）	67（45.9%）
俸給構造	34（23.3%）	23（15.8%）	57（39.1%）
俸給調整	31（21.2%）	23（15.8%）	54（37.0%）
追加的社会的給付	42（28.8%）	11（25.0%）	53（36.3%）
有給休暇	47（32.2%）	5（3.4%）	52（35.6%）
労働契約一般	40（27.4%）	10（6.8%）	50（34.2%）
社用車の貸与と使用	40（27.4%）	8（5.5%）	48（32.9%）
解雇通告期間	35（24.0%）	6（4.1%）	41（28.1%）
その他	7（4.8%）	3（2.1%）	10（6.9%）

注：Luszak,［1996］S. 223–225（Anhang）より計算の上，作成。

れた数字よりもいくらかは大きいと見るべきである。

2　指導的職員の報酬構造形成における SpA の影響行使
　　──メッサー・グリースハイム社（Messer Griesheim GmbH.）の事例[26]

　それでは，SpA は，各経営体レベルで，使用者との関係のもと，具体的にどのように指導的職員の労働条件形成に関与しているのか。上にあげた数字のみではその具体的な運営のあり方が見えてこない。そこで，ここではこれを，指導的職員の報酬構造の形成という点に絞って，化学企業であるメッサー・グ

リースハイム社（以下，メッサー社と略記）の事例の検討をつうじて示そうと試みる。

1990年代になると，メッサー社の経営陣は，事業再構築の動きを強める形で，企業文化の改革を打ち出すようになった。その中心理念は，官僚主義的な労働・組織原理を一掃すると同時に，すべての社員に企業業績に責任のある企業家としての意識を持たせることだった。そして，この改革理念を支える基本原理として強調されたのが，EVA 原理だった（Empowerment：責任委譲，Verantwortlichkeit：責任感，Accountability：事業の意味および事業成果に関して対外説明責任能力を有すること，の頭文字をとったもの）。

これは，労働報酬の側面では年間賞与への業績主義の導入，より具体的には年間賞与の額を，各社員の自己責任に基づく業績と結びつけようとする動きとなってあらわれた。

従来メッサー社では，協約外職員である指導的職員には，成功関与（Erfolgsbeteiligung）という名称の年間賞与制度があった。1984年から1993年にかけて平均するとこの成功関与は，各指導的職員の3ヵ月分の月給に相当する額だった。成功関与という名称を有するものの，この額は実際のところ，各指導的職員の年間俸給額，勤務年数，そして同社の親会社であった旧ヘキスト社（Hoechst AG.：現在では Aventis SA. を構成する）からの配当金支払の状況で決定され，指導的職員個人の業績とは結びついていなかった。そこで経営陣からは，企業自体の成功・不成功と個人的な業績に結びついた，そして EVA 原理を支え企業の競争力を強める新しい年間賞与システムで，これを置き換えるとの動議が出された。

指導的職員の新しい年間賞与システムは，EVA 単位という名称を与えられた，各事業単位，労働単位において計画された成果目標設定に基礎を置くものとされた。そして，事業後の目標成果達成の測定は，全社レベルで組織されたSpA および従業員代表委員会からなる合同委員会において，報告と協議が行われた上で確定されることとなった。

新しい年間賞与システムの具体的な構想の策定は，企業内に設置された専門の作業グループによってなされた。ここには SpA，従業員代表委員会，ならびに各事業分野からの一人ずつの代表が加わっていた。ここで作成された構想

案は，SpA の総会で全会一致の同意を得て認定され，新しい SpA 指針規則として，経営陣と SpA との間で確定された。

導入されたのは，目標合意制度（Zielvereinbarung：日本の目標管理制度に相当）に基づく年間賞与決定の仕組みだった。これによれば，指導的職員の年間賞与は，合意設定された成果目標の100％達成の時を1として，あとは，0.125ごとに区切られた達成度に従って決定されることになった。指導的職員は，成果目標の100％達成の場合において，月給3ヵ月分以上の年間賞与を獲得することとなる。そして，達成度が計画された成果目標を上回ったときには，直線的に限度なくこの額を増やすこととなった。この目標設定は，各指導的職員の個人的な達成目標と，上記の EVA 単位全体における達成目標とに分けられ，これは1対1の割合で定められることとなった。この年間賞与は，1994年から指導的職員全員にたいして適用された。

同年には，これをよりよく定着させるために，SpA とそれぞれの EVA 単位における上司も加わった1日のワーク・ショップがもたれた。ここでは主に，目標設定と目標結合の方法，および目標設定の管理方法という問題が扱われた。このワーク・ショップによって，この新しい年間賞与の仕組みが指導的職員によってよく理解され，受け入れられた。これが終了する頃には，各 EVA 単位から来ていた上司と指導的職員との間で早くも，目標設定にかんする合意が行われる例も観察された。

この事例では，以下のことが明らかである。すなわち，メッサー社の SpA は，報酬構造の変更に相当する，新たな年間賞与の導入に当たり，構想案の作成に直接関与し，その方針と構造の形成に加わることを認められている。さらに，目標成果達成度の評価測定に加わることをも認められている。したがって，同社の SpA は，この事例に限れば，指導的職員の報酬構造の変更に際して，その導入から運営にまで影響を及ぼしていることとなる。

このように，各経営体レベルならば，指導的職員として認定された管理層職員の労働条件も，制度化された利益代表をつうじて形成されうる余地を持つこと，すなわち管理層職員も自らの労働条件の形成に積極的に関与していることが，事実上も確認できる。このことは，企業内で管理層職員の労働条件が決して使用者と個々の管理層職員との間でのみ取り決められるのでなく，その基礎

をなす部分では，利益代表と使用者間での交渉をつうじて集権的に決定されていることを示す。

もちろん，メッサー社のSpAが有する影響力を，保留なしでドイツ企業全体に一般化することは不可能である。というのも，メッサー社が属する化学産業では，既出のVAAが，管理層職員にたいして，特に強い影響力を有している。そしてこれが，SpAが1989年に法的に確定される以前から，職場グループと経営陣との間の自由合意に基づくSpAをつうじ，指導的職員の利益代表政策を推進してきた。

化学産業のSpAの伝統に加え，同社の独自性も無視できない。というのも同社では，1978年から管理層職員を対象に，社員との話し合い（Mitarbeitergespräch）と呼ばれる，管理層職員と上司間で，任務とキャリア形成目標にかんする合意を3年ごとに行うことが，正式に制度化されている[27]。つまり同社では，以前からも上下の合意を重視し，管理層職員が自らの労働形成に参加することを認める伝統が存在していた。このような素地があったから，この事例でのSpAの広範な関与に道を開くことができたとも考えられる。

しかし，SpAを含むすべての利益代表の手段自体は，すべての管理層職員に認められている。また，キャリア形成にかんする定期的な対話交渉のあり方も，現在ではドイツ企業全般にみられる。したがって，化学産業のみならず，すべての管理層職員は，この事例と同様の労働条件形成への参加可能性を有する。

第4節　結　語

以上，本章では，管理層職員による利益代表について，その基本的な構成から発展，機能に至るまで論じてきた。

本章の議論を締めくくるに当たり強調しておきたい点は，以下のようである。最初は使用者的な機能を有する特権的な職員層として出発したドイツの管理層職員は，ドイツ経済とドイツ企業の変化によって雇用条件の危機を体験する過程で，使用者とも一般協約職員とも異なる，ひとつの独立した従業員層としての自覚を強めた。この表現が，独自の利益代表を強化する方向で発達させたこ

第6章　ドイツ管理層職員による利益代表の展開　231

とだった。管理層職員は，これをつうじて自らの雇用条件を守り，その形成に積極的に関与する姿勢を強めたのである。

　本章の作業から，管理層職員が企業内管理層であるから，結集をつうじて使用者との対峙をはかることはなく，集権的な利益代表から無縁の存在だとの想定が妥当とは言い難いことは，明らかである。ドイツ経済の発展とともに，管理層職員の利益代表は，労組や職場組織の強化と法制度の確定をつうじ，着実にその地位をドイツ労使関係のなかに確立しているのである。管理層職員の利益代表は，他の被用者層，具体的にはDGB系の労組のそれと同様，既に独自の労働運動史を形成している。そしてこれは，管理層職員の雇用において無視することのできない影響を及ぼしている。

　このような事実を考慮すれば，管理層職員の独自の利益代表を度外視することは，ドイツの労使関係の全体像を把握する課題においても，また，管理層職員の雇用に影響を及ぼす重要なファクターを把握する課題においても妥当ではあるまい。

　このように，ドイツの管理層職員は，使用者によって企業管理層であると見なされる存在でありながら，使用者とも一般協約被用者とも異なる独自の層としての意識を持ち，また集権的な利益代表への志向性が強く，雇用条件を自ら形成しようとする意思と能力を有した従業員層としての性格を持つ。

　本章の事例は，資本主義経済で活動する企業において，管理的な業務を司り，将来の経営陣の候補であるような従業員層でも，利益代表をはかり，労使関係の形成に深く関われる可能性を示すものだといえよう。

注
1) ULAは2002年時点において，VAA（Verband angestellter Akademiker und leitender Angestellter der Chemischen Industrie e. V.：化学産業大卒職員および指導的職員連盟），VAF（Verband Angestellter Führungskräfte：企業管理層職員連盟），VDF（Verband der Führungskräfte in Bergbau, Energiewirtschaft und zugehörigem Umweltschutz：鉱山業，エネルギー産業と関連する環境保護業務企業管理層職員連盟），VDL-Bundesverband Berufsverband Agrar, Ernährung, Umwelt（農林業，食品産業，環境産業職能連盟），VGA（Bundesverband der Assekuranzführungskräfte：保険業企業管理層職員連盟）から構成されていた。
2) この大卒者俸給基本協約の内容について，VAA［2001a］および［2001b］を参照。

3) ドイツ企業では，経営陣である取締役会に就任すると，労組を含むあらゆる利益組織から離れるという不文律が存在する。ただし，化学産業では必ずしもこの構図は成立せず，大企業の経営陣にも休止中の職場グループメンバーが散見される。大企業の子会社では，職場グループで責任ある地位にあった者が取締役代表に就くことは，恒常化している。

4) Maier は，経営者の意志決定にたいする影響力の程度によって共同決定を，対談 (Mitsprache)，協力 (Mitwirkung)，共同意志決定 (Mitentscheidung) の 3 段階に識別した。これによると，協力権とは，経営者の意志決定に際し，被用者が事前に情報提供を受け，経営者と協議を行う権利を指す。また，経営者が情報提供とそれに基づく協議なしに意志決定を実行した場合の，被用者側の異議申し立て権をも含む。ただし，協力権は，経営者の意志決定を拘束できない。これにかんし Maier [1969] S. 32 を参照。

5) この事実にかんし IWD [1998a] 参照。ここでは427の SpA に選出された2135名中，1994年の第 2 回選挙時に ULA 系が46.9%，DGB 系が2.3%，DAG 系が0.3%，その他の団体が2.9%，無所属が47.6%だったのが，1998年の第 3 回選挙時で，それぞれ，61.6%，1.9%，0.4%，0.1%，36.0%となったことが報告される。SpA 代表では，ULA 系のそれは，40.0%から64.0%に躍進した。

6) このアンケート結果にかんしては，Luczak [1996] S. 213-232 (Anhang) 参照。

7) 本章執筆者とデグッサ社のマール事業所 (旧ヒュルス本社) の職場グループの元代表，VAA 総裁会メンバー，ULA 元総裁の P. ヴェーバー (Dr. Jur. Peter Weber) 氏との間で2002年 8 月28日に行われたインタビューに基づく (場所：デグッサ社企業資料館マール分局)。

8) ちなみに，1998年選挙では，DGB 系の従業員代表委員会は61.9%，DAG 系は3.2%，CGB 系は0.5%を数えた。この数字にかんし IWD [1998b] を参照。

9) IGBCE [2001] S. 144-145 参照。

10) 1911年職員保険法 (Versicherungsgesetz für Angestellte) で，初めてこの呼称がなされた。この点にかんし，Hromadka [1979] S. 103 参照。

11) 特に，バイエル社のレーヴァークーゼン (Leberkusen) とエルバースフェルト (Elbersfeld) 事業所では，Vela と Budaci 双方の職場グループへの加入者が見られ，両組織から問題視された。この点にかんし Budaci [1920] を参照。第 2 次世界大戦後も化学企業で Vela と VAA 双方の職場グループが併存した事実が確認される。たとえば，Hüls AG でも，1974年に Vela の職場グループが VAA のそれに吸収されるまで，両労組の併存体制が続いた。この事実にかんし，Unternehmensarchiv Degussa Abteilung Marl (ehm. Werksarchiv CWH), XIII-5 を参照。

12) 1950年当時の ULA の名称は，Union der oberen Angestellten in Bergbau und Industrie，すなわち，鉱山業および工業における上層職員連盟であった。翌年に，これは正式に ULA と改称したため，ULA は，1951年を正式な発足の年とする。

13) ULAによるこのような政策の代表例として、職員保険法に定める、公的保険への加入義務がある職員の所得額上限を引き上げさせないための、ロビー活動がある。この理由は、これによって、1952年経営組織法の規定に基づく法定指導的職員が減少することになるためである。しかし、1968年の経営組織法の一部改正によって、「公的保険への加入義務を免除された」という指導的職員認定の基準が削除されたため、この政策は意味を失った。
14) この点にかんし、Hromadka［1979］S. 206 を参照。
15) この点にかんし、ULA, DLA（Der Leitende Angestellte）各年号を参照。
16) このイデオロギーを支える理論的根拠としてULAは、ドイツ経営学の父とされる、グーテンベルクが展開した、裁量的要素の議論を引き合いに出す。この点についてULA［1990］参照。グーテンベルクのこの議論は、Gutenberg［1951］S. 7 に見られる。
17) たとえばVAAは、1967年の中央代表者会議で、指導的職員のグループにたいし、法定化された企業と事業所レベルでの利益代表組織の創設が必要だと決議した。この点にかんし、ULA［1967］S. 105 を参照。
18) たとえば、1968年に、当時のVAA代表、フェスター（Dr. Klaus Vester）は、以前に指導的職員に保証された特権は、いまやすべての従業員に保証されているとした。この点にかんし、ULA［1968］S. 63 を参照。ここでは、企業コンサルタント業のキーンバウム社の所得調査で、1964年から1972年までの間、一般協約被用者の粗俸給賃金額が140％上昇したのにたいし、指導的職員のそれは、100％にとどまるとされたことが言及される。
19) Unternehmensarchiv Degussa Abteilung Marl（ehm. Werksarchiv CWH），XIII-5.
20) この法案提出が指導的職員に与えた影響は大きかった。というのも、それまで年率5％未満の率で成長していたULAの組合員数が、1969年には対前年比で10.3％、1970年には15.2％、1971年には7.3％の増加を見たのである。この点にかんし、ULA, DLA 各年号参照。
21) 使用者サイドは、常にSpAの法定化に反対していたわけではない。特に経営組織法が1972年に改正される前夜にBDAは、同法に基づく従業員代表委員会の権限が指導的職員にも拡張されることを懸念し、従業員代表委員会から独立したSpAの法定化を要求した。この事実に関し、BDA, BDA-Broschüren vom 15. 02. 1971, §§ 110 bis 112 を参照。
22) BAGE, AP Nr. 9 und 10 zu § 5 BetrVG 1972.
23) 「ULAは、ドイツ企業管理層職員の社会政策的、法的、経済的、社会的利益を代表する。ULAは、政治的党派からは独立し、宗教・宗派上は中立である」（ULA規約より）。
24) Luczak［1996］。
25) IWD（ドイツ経済研究所）はIWD［1998a］で、1998年選挙で選出されたSpA

の数を約500としているから, 146の SpA の回答に基づくこのアンケート結果は説得力を有する。
26) この事例にかんし, Hromadka [1995] に記載された, 当時のメッサー社の人事部長, H. Künzel の報告を参考にした。メッサー社は, 溶接技術および産業ガスを基盤に事業を展開する, メッサー・グループの中心企業である。同社は, 2002年時点に世界全体で約1万人の従業員を有し, 第2次世界大戦後は株式保有をつうじ, 旧ヘキストの子会社だった。
27) Hromadka [1983] S. 36 参照。

参考文献

Budaci (Bund angestellter Chemiker und Ingenieure) [1920] Bundesblätter, Berlin 1. Jag. 2/20 Nr. 17.

Gutenberg, E. [1951] *Grundlagen der Betriebswirtschaftslehre* (1. Auflage), Berlin-Göttingen-Heidelberg.

Hromadka, W. [1979] *Das Recht der leitenden Angestellten*, München.

Hromadka, W. (Hrsg.) [1983] *Unternehmer in heutiger Zeit: Festschrift für Hans Messer zum 40 jährigen Dienstjubiläum*, Frankfurt am Main.

Hromadka, W. (Hrsg.) [1995] *Die Mitarbeitervergütung—Entgeltsystem der Zukunft*, Stuttgart.

IGBCE [2001] *Statistiken zum Geschäftsbericht 1997-2000*, Hannover.

IWD [1998a] *Großes Interesse an Manager Vertretung* (Mit Tabelle "*Sprecherausschußwahlen'98*"). In: IWD-Informationsdienst, Ausgabe Nr. 48, Jg. 24, 26. 11. 1998.

IWD [1998b] (Institut der deutschen Wirtschaft Köln), *Umfrage des Instituts der deutschen Wirtschaft Köln unter 13. 659 Betrieben: Betriebsratswahlen'98—Schlappe für den DGB*, Köln.

Luczak, S. [1996] *Sprecherausschüsse für Leitende Angestellte im Rahmen der Unternehmungsverfassung. Ergebnisse einer empirischen Untersuchung aus organisatorischer Sicht*, Frankfurt am Main.

Maier, K. [1969] *Interdependenzen zwischen Mitbestimmung und betrieblicher Partnerschaft*, Berlin.

ULA [1967] *Sprechertagung des VAA*, In: DLA (Der Leitende Angestellte), Essen.

ULA [1968] DLA, Essen.

ULA [1990] *70 Jahre VAF: Der Dispositive Faktor in Theorie und Praxis*. In: ULA-Schriftenreihe Nr. 26., Essen.

ULA [2001] *50 Jahre ULA*, Berlin.

VAA [2001a] VAA-Broschüren Nr. 4, *Gehaltstarifvertrag über Mindestjahresbezüge für*

akademisch gebildete Angestellte in der Chemischen Industrie, Köln.
VAA ［2001b］ VAA-Broschüren Nr. 2, *Manteltarifvertrag für akademisch gebildete Angestellte in der Chemischen Industrie*, Köln.
VAA ［1994］ *1991 bis 1994—75 Jahre VAA*, Köln.

第7章　パッケージ・ソフトウェア開発企業の開発管理
―― K3社における計画の立案とその遂行＊――

古谷眞介

はじめに

1　問題関心と課題の設定

　本章の目的は，現代日本社会における労使関係の特徴を実証的に明らかにすることである。労使関係とは，労働力の売買の関係である。労働力の売り手である労働者が労働を支出し，そして買い手である経営者がその労働の対価として賃金を支払うというものである。そのような関係の中で，経営者が買った労働力から労働の支出をどうやって保証するのか，そして労働の支出にたいしてどれだけの賃金を支払うのかという点を明らかにできれば，上の目的を達することができるように思われる。

　しかしながら，それは非常に大きな問題である。そこで本章では，そのような問題に接近するために，経営者がどうやって労働の支出を保証しているのか，という側面に限って考察する。具体的には，現代日本社会において中心的な産業に成長したソフトウェア産業における技術者を対象とした管理の特徴の一端を実証的に明らかにする[1]。

　本章において，技術者の管理と言ったときには，労務管理を考えている。労務管理とは，企業がその目的の達成に必要な労働力を確保し，かつその効率的な利用をはかる活動である。つまり，企業活動における人を対象とした管理のことである。

　この定義について，少し敷衍しておこう。まず，企業の目的というときは，

＊　本稿は紙幅の関係上，割愛した部分がある。K3社の事例について，より詳しい考察については，古谷［2007］を参照していただきたい。

現実にはさまざまであろう。ここでは、その企業が存続するために、利益および売上げ、あるいはどちらか一方を上げ続けるものとする。次に、労働力の確保とは、企業の外に存在する労働市場から、それを調達する。そして、企業は、その目的を達成するために必要な技能を労働者に仕事をしながら習得するように促す。そのための制度が訓練、教育、あるいは研修制度、配置転換、昇進、ならびに給与と賞与の決定などの人事管理制度である。すなわち、企業は、その内部に労働者を定着させ、OJT および Off–JT をつうじて作業遂行の技能を習得させ、さらにそれを向上させようとする。そして、技能の向上を評価し、それに応じた給与と賞与を支払い、責任と権限のある役職につける。技能が高ければ、より高い給与と賞与を支払い、そして昇進させる。低ければ、低い給与、賞与、ならびに役職となるというものである。

労働力の効率的利用とは、つぎのようなものである。企業の目的にそくして育成された労働力をもちいて、財あるいはサービスの原価を構成する労務費を低下させることである。1人の労働者が1日あるいは1時間の労働をしたときに、生産される財あるいはサービスの量をより大きくしようということである。投入労働力1単位あたりの産出量を増大させる、あるいは1単位あたりの産出を得るのに必要な労働量を小さくするということである[2]。

企業は、生産手段と原材料の生産要素から、それらの技術的に決定される条件を整えれば、計算可能な範囲で産出を得ることが可能であろう。それに対して労働力は人である。人は主体性をもっている。企業が技能育成をはかり、労働の対価として賃金を支払ったとしても、人が企業の目的に即して十全に労働するというものではない。企業がその成長と存続のために、人を商品あるいはサービスを生産するように仕向け、それを人が確実に履行するような方法、これが労務管理である。本章の考察対象に即して具体的に述べれば、経営者がソフトウェア開発をになう作業組織[3]において、どのようにして開発計画を立案し、それを遂行しているのか、そしてそれらが繰り返される中で、作業組織を構成する技術者の処遇をどのようにして決めているのかということである。

ところが、ソフトウェアという製品は、明らかに従来の工業製品とは異なった特徴を有している。この点は、ソフトウェア開発産業を対象とする研究の方法に深く関わる点である。以下立ち入って考察しよう。

ソフトウェアという製品は，技術的にみればファイルの管理や画面の制御などのコンピュータを利用する上でなくてはならない機能をもつオペレーティング・システムと文書作成あるいはデータベース管理などのアプリケーション・ソフトウェアに，そして流通の方法からみればパッケージ・ソフトウェアと受注ソフトウェアに大別することが可能である[4]。それらのソフトウェアが生み出される過程は，開発と生産過程とに大別できるであろう。開発過程については，次のように素描できる。まず，製品開発にたずさわる技術者がユーザからソフトウェアに対する要求を受け取る。次にその要求にもとづき，技術者はソフトウェアの設計図を作成し，これをプログラムにあらわす。最後に技術者はプログラムをテストする。そのテストに合格すれば，生産過程に移ることになる。生産過程は，開発したソフトウェアを磁気テープ，フロッピー・ディスク，あるいは CD-ROM などの記憶媒体に複写し，導入手順および使用説明書などを印刷し，そしてそれらを1つの箱に包装するというものである。あるいは，特定ユーザの受注ソフトウェアであれば，合格したソフトウェアを1つの記憶媒体に納め，ユーザが業務で利用しているコンピュータに導入し，使用説明書などをユーザに渡すことになる。これだけであれば，ソフトウェアという製品は，その他の工業製品の生み出される過程と変わるところがないと思われる。

　だが，ソフトウェアという製品は，それ自体としてはいわば形および重さを持たないという特徴を有している[5]。そのような特徴をもった製品であることから労務管理上の問題が生じると考えられる。開発過程において，技術者とユーザは，ソフトウェアという製品を目で見たり手で触れたりすることによって製品にたいする要求を出したり，それを受け取ったりすることができない。ユーザからの要求を受け取ることにおいて，そのような感覚的な確認が不可能であるという困難が生じる。場合によっては，ユーザからの要求を明確にし，それを製品に体現していく開発過程において，ユーザからの要求とはかけ離れた方向に進み，結果的にユーザの要求を満たしえない製品が開発されてしまうことすら生じる[6]。すなわち，形および重さを持たないために，技術者とユーザが，どのようなソフトウェアを，どのようにして開発するかということを明らかにすることが困難なのである。

　もし，このような困難がソフトウェア開発の過程において広汎に存在するの

であれば，それは技術者を対象とした労務管理上の深刻な問題となる。その困難は，以下のようなものと考えられる。

　技術者はもちろん労務管理者も，これから開発しようとしている製品にたいするユーザからの要求を明確に認識しえなければ，その要求を実現するために必要となる，技術者に課すべき作業の内容を明らかにすることができない。とすれば当然ながら，作業の方法を確定することもできない。このように，作業の内容および方法を確定することができなければ，技術者に割り当てるべき作業の量を確定することもできないことになる。そうだとすればさらに，労務管理者は，その管理の対象である技術者の働きぶりを評価し，また彼らの処遇を決定することも難しいことになるであろう[7]。

　もちろん，このような困難が想定しうるとはいっても，現にソフトウェアが開発されているのだから，そうした困難は絶対的なものではなく相対的なものであって，実際には何らかの解決が見出されていると想像される。すなわち，ユーザからの要求について確定しえた限りでの認識にもとづき，作業内容，方法，そして作業量が決定されているものと推定される。評価と処遇に関わる困難も，やはり相対的なものであることが推定される。

　だがそれにしても，ユーザの要求についての技術者および労務管理者の側での認識に限界があるとすれば，たとえば何らかの契機によって要求が明確化されるという事態が生じた場合，作業内容，方法，ならびに作業量を変更しなければならない。そこに労務管理上の困難がつきまとうと考えてよいであろう。

　このように，ソフトウェア産業において，その開発にたずさわる企業は，その開発過程における労務管理における一定の困難に直面しているものと見られる。もっとも，以上のような困難は，ソフトウェアの技術者に限定されたものではないと考えられる。ホワイトカラーの多くは，作業内容，作業方法，ならびに作業量の確定しない作業を遂行しているのではないかと思われる。したがって，ソフトウェア開発における労務管理の方式を明らかにできれば，ホワイトカラーのある部分にも適用できるのではないかと思われる。

　以下では，賃金決定と技能育成のあり方を規定していると考えられる労働力の効率的利用について明らかにする。具体的には，作業組織の編成，ソフトウェア開発の作業内容，作業方法，ならびに作業量の決定，スケジュールの組

み方,ならびに進捗把握と遅れへの対処方法を明らかにする。本章においては,紙幅の都合から,技術者の働きぶりを評価し,賃金などの処遇をどのように決定しているのかという点は取りあげない。

上に述べたように,労務管理の目的には,労働力の効率的な利用がある。そうだとすれば,明らかにする点は,遅れへの対処ではなく,原価低減などをどのように実現させているのかということになるであろう[8]。しかし,ソフトウェア開発の多くは,遅れ,機能の不足,ならびに品質が不十分な状態で納品あるいは販売されることがほとんどである。そのため,いかにスケジュールどおりにリリースするかが重要な課題となっている[9]。したがって,作業組織レベルでの課題としては,計画を立案したときの作業量を上回らないこと,あるいは上回ったとしてもそれをどのようにして最小限にとどめるのかということが焦点となる。具体的には,納品あるいは販売期日を守ること,あるいは守れそうにない状況に直面し,期日を延期しなければならないときには,いつまでに納品あるいは販売できるのかを明らかにして,どのようにしてその延期する期間を最小化するかが焦点となるであろう。

以上を明らかにすることで,ソフトウェア開発企業において,技術者の管理方式の一端を明らかにできると思われる。

2 分析対象と資料

それでは,上のような課題を設定したとき,どのような分析対象がふさわしいのであろうか。上に述べた技術的および流通方法によるソフトウェアの分類にしたがって,4つの分析対象を設定し,それを比較検討することが望ましいであろう。おそらく,パッケージ・ソフトウェアと受注ソフトウェアに関して述べれば,次のような違いがあるのではないかと考えられる。パッケージ・ソフトウェアであれば,ソフトウェア開発企業のある部門がその開発の企画を立案し,それを経営層が許可すれば,開発を始める。そして,ソフトウェア開発の部門は,目標とする機能と品質,業界の慣行,ならびに市場動向を考慮して販売時期を決定している。受注ソフトウェアであれば,まず,受注者との間に契約が結ばれる。次に,受注者は,ソフトウェアを開発して,契約に示されている期日までに完成したソフトウェアを発注者に納品する。最後に,発注者は,

納品されたソフトウェアが契約に示されているものかを検収し，開発費用を支払うことになる。

　販売時期あるいは納期を守れなかったら，どうなるのであろうか。パッケージ・ソフトウェアで販売時期を守れないことは，見積りの工数を越えて実績の工数を投入したことになるので，受注開発と同様に開発の原価を押し上げることにつながる。しかし，売上高および利益については，販売本数に依存することになるので，必ずしも減少するとは限らない。それらは，機能と品質，および業界の慣行と市場動向などの条件に依存している。受注ソフトウェアで納期を守れない場合には，まず，完成できなかった原因が発注者あるいは受注者にあるのかを明らかにする。そして，原因を生み出した側が，遅れたことによって発生した費用を負担することになる。それはソフトウェア開発の原価を押し上げることになる。遅れの原因が受注者にあれば，利益が減少し，発注者は彼らにたいして低い評価を下すことになるであろう。そうなると，2回目以降の開発あるいは保守の業務を受注できなくなる。あるいは，その額が小さくなる可能性が生じる。ようするに，パッケージ・ソフトウェアは，受注ソフトウェアのように期日の遅れが売上高と利益の減少に直結するとは限らない。それに対して，受注ソフトウェアの場合，利益は減少する可能性が高いであろう。おそらく，そのような違いが管理のあり方の違いを生じさせているのではないかと考えられる。

　オペレーティング・システムとアプリケーション・ソフトウェアによっても，次のような管理のあり方の違いが生じるのではないかと考えられる。オペレーティング・システムとアプリケーション・ソフトウェアとのあいだでは，その用途の汎用性の度合いに違いがある。オペレーティング・システムは，コンピュータのハードウェアを直接操作し，コンピュータをユーザにとって使いやすいものにすると同時に，ハードウェアを効率的に利用できるようにするプログラムの体系である。ようするに，幅広いユーザがコンピュータをさまざまな用途に使うためのソフトウェアである。汎用性の高いソフトウェアといえる。それに対して，アプリケーション・ソフトウェアとは，ユーザがコンピュータに処理させたいことをソフトウェアとしてあらわしたものである。具体的には，銀行における預金業務と貸付業務，製造業における生産管理と在庫管理，航空

会社における座席予約と運航管理，人事管理と給与計算，さらには日本語ワードプロセッサと表計算ソフトウェアなどをあげることができる。ユーザがコンピュータに処理させたい内容に応じて，用意し，使うソフトウェアである。その用途は，オペレーティング・システムと比較すれば狭い。特定用途のソフトウェアといえるであろう。

　上のような汎用であるか特定用途であるかの違いは，ユーザとその利用目的によって規定されていると考えられる。オペレーティング・システムであれば，幅広いユーザと利用目的を想定することになる。たとえば，幅広いユーザを想定するということは，ソフトウェアを開発する技術者からパーソナルコンピュータでメールを読み書きするユーザまで想定することになる。たとえば，ファイルをコピーするという操作を考えれば，ソフトウェア開発の技術者は，その処理をプログラムの中から実行する，あるいはキーボードを操作するだけで可能としたいと考えるかもしれない。それに対して，PCでメールを読み書きするユーザであれば，メール・ソフトウェアのメニューなどを選択するだけで，できるようにしたいと考えるかもしれない。両方のユーザを考慮することになると，ファイルをコピーするという処理だけをとれば，複雑化するものではないが，それぞれのやり方に対応したプログラムを用意する必要がある。幅広いユーザを想定することで，作業内容，作業方法，ならびに作業量を確定することが困難になると思われる。一方，アプリケーション・ソフトウェアであれば，その用途は特定されているので，ユーザも絞り込める。そして，ユーザと利用目的が絞り込まれているのだから，それを開発するための作業内容，作業方法，ならびに作業量も，オペレーティング・システムのような汎用的なソフトウェアと比較すれば，確定することは容易であろう。おそらく，汎用と特定用途というソフトウェアとでは，作業内容，作業方法，ならびに作業量を確定することの困難さが異なり，それが開発管理のあり方に影響を与えていると考えられる。

　しかし，代表的な日本のソフトウェア開発企業の実証研究である戸塚秀夫・中村圭介・梅澤隆 [1990]，Cusumano [1991]，徳永重良・富田義典 [1990]，小倉昇・平本厚 [1990]，ならびに今野浩一郎・佐藤博樹 [1990] などにおいては，受注ソフトウェアとパッケージ・ソフトウェア，およびオペレーティン

グ・システムとアプリケーションの開発を分析対象としているが，上のような視角から労務管理のあり方を明らかにはしていない[10]。もっとも，それらの研究の調査が行われていた1980年代後半という時期では，現在と比較すれば，パッケージ・ソフトウェア産業というものが確立していなかったことが理由の1つであろう。そこで，本章においては，先行研究のなかで取りあげることが少なかった，アプリケーション・ソフトウェアであり，かつパッケージ・ソフトウェアである分析対象を取りあげることにする。具体的には，パッケージ・ソフトウェア開発企業K3社のパッケージ・ソフトウェア開発の作業組織を取りあげる[11]その作業組織は，1993年末から1997年11月までのWindows版データベース・ソフトウェアKを開発した。これを分析対象とする。

以下，分析の資料は，1999年3月から1999年12月までに筆者が行った5回の聞き取りをもちいることにする。5回の聞き取りの内容については，本章末に「聞き取り一覧」として示した。

3 K3社の作業組織編成と開発過程

上の諸点を明らかにする前に，Windows版Kを開発した作業組織の編成およびソフトウェア開発過程の特徴に関して，簡単ではあるが明らかにしておこう。まずWindows版Kを開発した作業組織は，K3社においてパッケージ開発プロジェクトと呼ばれている。その作業組織の編成は，図7-1のとおりである。2人のマネージャと4つのチームから編成されている。

2人のマネージャは，ソフトウェア開発を遂行するための予算計画の立案とその管理，プロジェクトの技術者の任命と人事査定，ならびにソフトウェア開発の計画の決定と進捗管理を行っている。4つのチームは，次のような作業を担っていた。MTチームは，日本語仮名漢字変換ソフトウェアを，Kチームは，分析対象であるWindows版Kを開発している。テスト・チームは，日本語仮名漢字変換ソフトウェアとWindows版Kのテストを行っている。そして，マニュアル作成チームは，日本語仮名漢字変換ソフトウェアとWindows版Kのマニュアルを作成している。これら4つのチームの中で，KチームとテストⅠ・チームが，直接Windows版Kを開発している。

Kチームは，さらに2つのグループからなっている。DBエンジンとユー

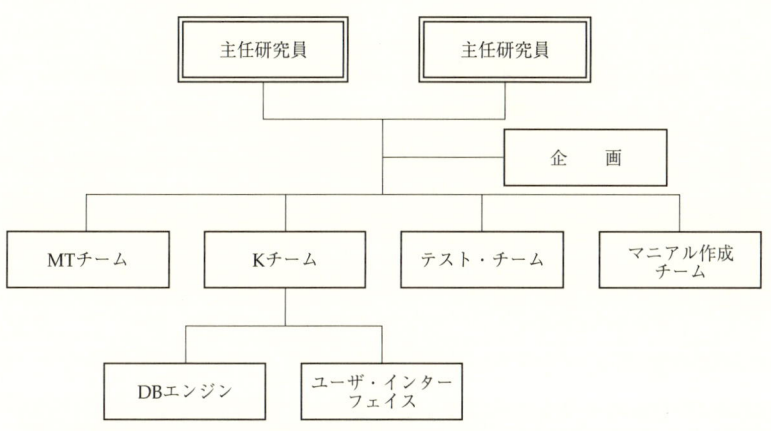

図7-1 Windows版Kの作業組織

```
        主任研究員      主任研究員
            │              │
            │           ┌──┴──┐
            │           │ 企 画 │
            │           └──┬──┘
    ┌───────┬─────────┼──────────┬──────────┐
  MTチーム  Kチーム         テスト・チーム  マニアル作成
            │                              チーム
        ┌───┴────┐
     DBエンジン  ユーザ・インター
                  フェイス
```

出所：1999年3月9日，K3社への聞き取りより筆者作成。

ザ・インターフェイスである。DBエンジンのグループは検索，および並びかえなどの機能を実現する部分を，そしてユーザ・インターフェイスのグループは画面上に表示されるメニュー，および操作の仕方を決める部分を開発していた。それぞれのグループには，リーダとよばれる技術者がいる。彼は，ソフトウェアの基本設計，技術者の役割分担，スケジュールの作成，ならびに進捗把握を行っている。

図7-1の企画とは，プロジェクトのマネージャ2名，Kチームのリーダ2名，テスト・チームのリーダ，ならびにパッケージ・ソフトウェアの担当営業を中心として，編成されている。これらのメンバが，ソフトウェアの機能，ならびにリリース期日などを決定している[12]。

次に，簡単にではあるが，データベース・ソフトウェアKの開発過程を明らかにしておこう。技術者たちは，ソフトウェアとして実現させたい機能について考えを出し合い，それを絵，文書，ならびにプロトタイプのプログラムとして表現していった。それらをもとにして，技術者たちは，ソフトウェアの構造設計を行い，開発期間を見積もり，スケジュールを組み，開発した。パッケージ開発プロジェクトは，Windows版Kを販売するまで，α，β，ならびに最終βという3つのバージョンを開発している。それらの開発が進むにつれて，

実現させたい機能を表した絵，文書，ならびにプロトタイプのプログラムに対する理解が技術者の間で一致していないことが明らかになった。その相違が明らかになると，マネージャおよびリーダらは，その相違点を明らかにし，その時点における新しい共通理解を形成し，そしてそれにもとづき計画を立案し，再び開発を進めていった。パッケージ開発プロジェクトは，これを繰り返すことで，パッケージ・ソフトウェアを開発し，販売していた[13]。そのような開発過程は，当初計画していた作業内容，作業手順，ならびに作業量を修正あるいは破棄することになり，たびたびスケジュールを変更することになった。

そして，それらの結果として，K3社は，販売時期を逸したうえに，機能と品質の面で不完全なソフトウェアをリリースすることになり，パッケージ開発プロジェクトを縮小することになってしまった。販売時期を逸したというのは，パーソナルコンピュータ産業は1993年から1996年までブームを経験していたが，K3社は，その期間にWindows版Kを販売することが出来なかった。ブームが去った1997年10月末になってしまった[14]。機能については，Windows版Kは，MS-DOS版のK Ver. 5で実現していた機能の一部すら備えていなかった。品質については，K Ver. 5以前の開発では，1回のリリースでテスト・チームが報告した不具合の件数は約4000件であったというものが，K Ver. 6の開発においては，それと比較できないほど多かったということである。

それでは，K3において，どのようにして計画を立て，遂行していたのであろうか。ソフトウェアの設計をもとにして，見積りおよびスケジュールの作成をどのように行っていたのであろうか。そして，開発を進めて行って，実現させたい機能に対する解釈の相違が明らかになったとき，どのように対処を行っていたのであろうか。つまり，計画の不備への対処の仕方について明らかにしよう。

第1節　計画の立案

K3社のパッケージ開発プロジェクトは，次のように，開発期間を見積もり，スケジュールを組んでいる。最初に，開発するプログラムをプロジェクトの技術者に割り当てる。そして，割り当てられた技術者が開発期間を見積もる。次に，マネージャ，リーダ，あるいはサブ・リーダがその技術者の見積りに考慮

不足の点がないかを検査する。そして，その技術者の過去の実績から考えた係数をかけ，開発期間に余裕を持たせている。3番目に，上のようにして見積もった開発期間をもとにして，関連するほかのプログラムの開発進捗，パッケージ・ソフトウェア産業の慣習，ならびに市場の動向を考慮に入れて，スケジュールをくみ上げてゆく。4番目に，リリースごと，および開発を進めてゆく中で，実現させたい機能に対する理解の相違が明らかになるたびに，開発期間の再見積りを行う。これにより，より正確な開発期間を見積もり，製品をリリースするまでのスケジュールを組み立てている。パッケージ開発プロジェクトは，α，β，ならびに最終βの各バージョンの開発のたびに，上のような見積り作業を行った。

　以上が，K3における見積りおよびスケジュールを組む作業の流れである。それでは，上の作業について，順次，詳しく見よう。

1 開発期間の見積り

　開発作業をプロジェクトの技術者に割り当て，そしてその技術者が開発期間の見積りを行っている。まず，開発作業の割当ては，次のようにして決められている。実現させたい機能の決定および構造設計を行った技術者に，実現させたい機能を割り当てる。そして，その技術者は，彼が所属するチームあるいは小集団の技術者に，実現させたい機能を構成するプログラムを割り当てている。

　プログラムを割り当てられた後に，技術者は，次の手順で見積りを行っている。開発するプログラムが決まったならば，技術者は，解釈に相違が存在する絵，文書，ならびにプロトタイプのプログラムを参考にして，過去に開発したプログラムの中から，今回開発するプログラムの処理内容および処理手順に近いプログラムを探し出す。探し出したら，規模と難易度について，過去に開発したプログラムと今回のプログラムのそれらを比較し，開発期間を求めている。そのとき，技術者は規模が大きく，難易度が高いと考えれば，過去のプログラムより開発期間は長くなり，反対に，規模が小さく，難易度が低いと考えれば，短くなる。そして，規模が小さく，難易度が高いと考えるのであれば，規模が小さくなることによって短くなる期間と難易度が高くなることによって長くなる期間を比べ，前者が大きいと考えれば，開発期間は短くなり，小さいと考え

れば長くなる[15]。

　なお，技術者が見積もる開発期間は，プログラムの詳細な処理内容および処理手順を明らかにし，プログラムを組み，組んだプログラムを単体で正常に動作することを検査し，そして他の関連するプログラムと結合して正常に動作するのかを検査するまでに要する期間である。そして，プログラムの規模とは，実行形式になったファイルの大きさ，あるいはプログラムのステップ数のことをさしている。プログラム難易度とは，担当技術者が認識するプログラムを開発する難しさである。技術者が，探し出した類似するプログラムと比較して，割り当てられたプログラムの開発作業を難しいと感じたのか，あるいはやさしいと感じたのかというものである。

　プログラムの規模は，上で述べたように，ファイルの大きさあるいはプログラムのステップ数で表されるので，ひとまず客観的な指標で表すことができる。難易度に関しては，そのような客観的指標を用いていない。技術者が，過去に開発したプログラムと比較して，難しいと思えば，開発期間は長くなる。やさしいと思えば，短くなる。技術者による見積りには，難易度を明らかにすることにおいて，主観に依存した面が存在しているのである。

　そこで，この見積りをマネージャ，リーダ，あるいはサブ・リーダが検査している。次に，この点について明らかにしよう。

2　見積りの検査

　担当技術者が行う見積り方法は，過去の類似するプログラムとの比較および技術者の認識に頼っている。客観的な基準を用いて，プログラムの規模と難易度を測定し，開発期間を導き出しているというものではない。また，Windows版K以前の開発において，技術者によって，開発期間の見積りと実績の差が，2割増から2倍という開きがあったという[16]。

　そのため，マネージャ，リーダ，あるいはサブ・リーダは，2つの操作を行っている。2つの操作とは，次のようなものである。第1に，マネージャ，リーダ，あるいはサブ・リーダが担当技術者の見積りに対して，考慮不足の点がないのかを質問し，確認を行っている。この時，もし，考慮不足の点が明らかになれば，技術者たちは，その点を考慮し，再見積りする。そして，再び，

マネージャ，リーダ，あるいはサブ・リーダに確認を受ける。彼らが，考慮不足の点がないと考えると，その見積りがスケジュールを組むための材料となる。

　第2に，担当技術者の過去の開発実績を考慮した係数をかけることである。マネージャ，リーダ，あるいはサブ・リーダは，担当技術者の過去の開発実績を考慮した係数をかけ，開発期間に余裕を持たせている。

　過去の開発実績を考慮した係数というのは，次の通りである。この係数は，過去の開発における，見積りと実績の開発期間と乖離の幅をもとにして，見積りと実績の幅が小さければ小さくなり，大きければ大きなものとなる。算定式があり，それを用いてもとめているわけではない。この係数は，マネージャ，リーダ，あるいはサブ・リーダの技術者の見積り能力に対する認識である。

　マネージャ，リーダ，ならびにサブ・リーダは，担当技術者の見積りに対して上の2つの操作を行うことにより，スケジュールを組むための材料を作成しているのである。それでは，次に，スケジュールの作成について見ていこう。

3　スケジュール

　パッケージ開発プロジェクトは，α，β，最終βの各バージョン，ならびに製品版をリリースするたびに，スケジュールを組んだ。まず，それぞれのスケジュールは，機能ごとに上のようにして見積もった開発期間，開発するプログラムの本数，投入できる技術者数，ならびにソフトウェアの構造から鍵となるプログラムの4つの要因から作成される[17]。

　たとえば，2人の技術者が，A, B, C, Dという4本のプログラムから構成されるある1つの機能を開発するとする。4本のプログラムは，AとBが2ヵ月，CとDが1ヵ月とする。そして，Aのプログラムは，B, C, Dの3本のプログラムを開発するときにも利用されているとする。つまり，Aが鍵となるプログラムとする。この場合，スケジュールは，次のように組まれる。まず，初めの1ヵ月目には，鍵となるプログラムAの開発を進めることになる。それと同時に，Bの開発を同時に進める。Aのプログラムは，2ヵ月目には完成するので，他の3本のプログラムは，Aと結合してテストを行うことが可能となる。B, C, Dのプログラムの開発を進めることができる。そして，3ヵ月目には，CとDの開発を始める。以上のようにして，スケジュールを組むこ

とになる。

　次に，マネージャとリーダらは，機能ごとのスケジュールを積み上げ，開発全体のスケジュールにする。全体のスケジュールにおいても，鍵となるプログラムおよび機能を中心にスケジュールを作成する。なお，ここで作成したこのスケジュールには，具体的なリリース期日を明記していない。4月末にβバージョンをリリースするなどと記入されているだけである[18]。

　最後に，開発が進み，リリース予定の月の1ヵ月ほど前になると，企画がパッケージ・ソフトウェア業界の慣行および市場の動向を考慮に入れ具体的なリリース期日を決定し，スケジュールに記入することになる。特に，βバージョンおよび製品版のリリース期日の決定に関しては，それら2つの要因を重要視することになる。

　業界の慣行とは，パッケージ・ソフトウェア業界においては，βバージョンをリリースした後，半年から1年の間に製品版をリリースするというものである。そのため，βバージョンのリリース期日を決定することは，製品版のリリース期日を規定することにつながっている。

　市場の動向を考慮に入れるとは，販売機会を逸しないようにリリース期日を設定することである。具体的には，上に述べたパーソナルコンピュータ産業の1993年から1996年のブームである。このブームにおいて，パーソナルコンピュータの出荷台数は，1993年の238万2000台から1996年には719万2000台に，出荷金額は，7190億円から1兆7506億円まで拡大している。パッケージ・ソフトウェアの出荷金額は，1993年の2400億円から，1996年には5150億円と拡大している。そしてパーソナルコンピュータの普及率は，1992年度の11.9％から，1996年度には22.1％まで高まってきていた。ようするに，パッケージ・ソフトウェアKの売上げ本数を伸ばす機会が存在していたと考えられる。企画は，この機会を逸せずにβバージョンおよび製品版のリリース期日を設定したかったのである。

　以上が開発スケジュールの組み方である。上の方法によって，見積もった開発期間および組まれたスケジュールは，考慮不足の点がまったく存在しないというものではない。その見積りを行った時点における，マネージャ，リーダ，ならびに担当技術者の実現させたい機能に対する共通理解の範囲での開発期間

でしかない。理解の相違に加えて，技術者の難易度の認識，および技術者の過去の見積と実績の乖離をもとにしてかけられる係数は，客観的な基準によるものではない。

そこで，パッケージ開発プロジェクトにおいては，再見積りを繰り返しおこなうことで，より実現可能性が高いスケジュールを組むようにしている。最後に，この点を明らかにしよう。

4 再見積り

上のようにして組まれたスケジュールは，その時点での実現させたい機能に対する共通理解にもとづいて，技術者たちが開発期間を見積もったものである。開発が進み，理解の相違が明らかになれば，開発期間が変わる可能性が出てくる。そのため，スケジュールどおりに作業が必ず終了されるとは限らない。そこで，K3のパッケージ開発プロジェクトにおいては，各バージョンのリリースごと，および実現させたい機能に対する理解の相違が明らかになるごとに再見積りし，より精確な開発期間を求めている。

リリースごとの再見積りは，具体的には，α，β，ならびに最終βバージョンをリリースした直後に行っている。理解の相違が明らかになるごとの再見積りは，ソフトウェアの開発が進み，プログラムが動くようになる時期が多い。プログラムを実際に動かすことが可能となるので，技術者たちが理解している実現させたい機能との違いを明らかにしやすくなるからである。

担当技術者，マネージャ，リーダ，ならびにサブ・リーダなどが話し合い，それらの相違点を明らかにし，そして，担当技術者は，新しい共通理解にそくして，設計を行い，開発期間を再見積りすることになる。新しい共通理解にもとづく，作業内容，作業方法，ならびに作業量を明らかにする。あるいは，理解については相違がなくても，担当技術者が開発を進め，よりよい入力の仕方あるいは出力の返し方などを考え出した時には，その機能あるいはプログラムの再設計を行い，新しい設計から開発期間を見積もることになる。この時，必要であれば，絵，文書，ならびにプロトタイプのプログラムを改訂することになる[19]。場合によっては，それまでに開発したプログラムを破棄してしまう可能性がある。しばしば，1つのプログラムを開発するのに2本以上のプログラ

ムを組むことがあった。プログラムのスクラップ・アンド・ビルトを繰り返し行うことがあったというのである。

以上のようにして，実現させたい機能に対する理解の相違を明らかにし，それを解消する。そのことにより，その時点での，より精確な開発期間を見積もり，スケジュールを作成していた。Windows版Kの開発を進めていったのである。

開発を進めて，実現させたい機能に対する理解の相違，あるいはより良いプログラムの組み方，入力の仕方，ならびに出力の仕方などの考えが出てきて，それまでとは異なる解釈，あるいはより良い組み方および入出力の仕方を採用し，機能およびプログラムを開発する決定がなされたとする。すると，それまでに行っていたプログラムを修正あるいは破棄しなければならなくなる。修正であれば，以前に見積もった開発期間に加えて，新しい解釈，あるいはより良い考えにプログラムを修正する作業の期間が加わることになる。破棄することになれば，それまでの開発期間に加えて，新しく開発するプログラムの開発期間が加わることになる。いずれにしても，技術者の間に存在する理解の相違を解消すれば，開発期間は，当初の見積りよりも長くなる傾向を持つのではないかと推測される。期間と費用に対する制約が緩いものと考えられる。

さらに，外部条件が変化した。開発するパッケージ・ソフトウェアの対応するオペレーティング・システムをMS-DOSからWindows 95へ替えたこと，およびそのWindows 95と関数ライブラリを頻繁にバージョン・アップしたことである[20]。そのため，技術者の間で理解の相違が多数発生し，それを解消あるいは最小化するのに繰り返し再見積りすることになった。その結果として，最初の見積りも実績の開発期間が長くなり，Kのリリース時期も，パソコン・ブームに翳りが見えた1997年秋にまでずれ込んでしまったのである[21]。

第2節 計画の遂行
────進捗把握と遅れへの対処────

1 進捗把握の方法

開発作業の進捗をどのように把握しているのかを明らかにしよう。

K3 のパッケージ開発プロジェクトにおいては，3つの方法により進捗を把握している。すなわち，第1に，リーダあるいはサブ・リーダなどが，図7-2あるいは表7-1を利用する方法，第2に各技術者が単体テスト終了後に，他のプログラムと結合して行うテストによる方法，第3に3種類のミーティングによる方法である。順番に説明しよう。

第1の進捗把握の方法は，次の通りである。図7-2は，α バージョン・リリースまでのスケジュールが示されている。一番左の欄には，作業項目，次の欄には，担当技術者の名前，そしてその作業を何月までに終了させるのかが示されている。リーダあるいはサブ・リーダは，これらの図に示されているスケジュールと比較して，どれくらい作業が進んでいるのか，スケジュール通りなのか，あるいは遅れているのかを担当技術者から聞き取る。これにより，作業の進捗状況を把握しているのである。

β バージョンの開発以降は，表7-1を利用して進捗を把握した。ユーザ・インターフェイス担当の技術者が，Windows 版 K のメニューにあらわれるコマンドおよびその担当技術者の氏名を記入し，3ヵ月ごとにそのプログラムの進捗状況を示せる表を作成した。そして，その技術者は，各プログラムの担当技術者たちに，3ヵ月後には，担当するプログラムは完成しているのか，制限付きでも動く状況なのか，あるいは設計あるいはコーディングの作業中なのかを尋ね，各技術者から聞き取った結果を表に記入した。完成していれば○，制限付きで動いていれば△，設計またはコーディングの途中であれば×を記入した。3ヵ月ごとの進捗およびスケジュールを1枚の表であらわしたものである。表7-1は，進捗把握およびスケジュール作成の単位として，Windows 版 K のメニューにあらわれるコマンドを用いて，3ヵ月ごとにスケジュールを組み，進捗を把握していたのである。

表7-1による進捗把握は，Windows 版 K Ver. 7 の開発まで行われた。K Ver. 8 の開発では，機能の新規開発が減り，不具合対応の作業が中心となってきた。そのため，メニューのコマンド単位での進捗把握とスケジュールを示す表7-1を用いなくなったという。

第2に，他のプログラムと結合して行うテストによる進捗把握とは，次の通りである。技術者たちは，それぞれ担当するプログラムの設計と見積り，コー

254 第Ⅲ部　労使関係と労務管理の歴史と現状

図7-2　ユーザ・インターフェイス開発スケジュール

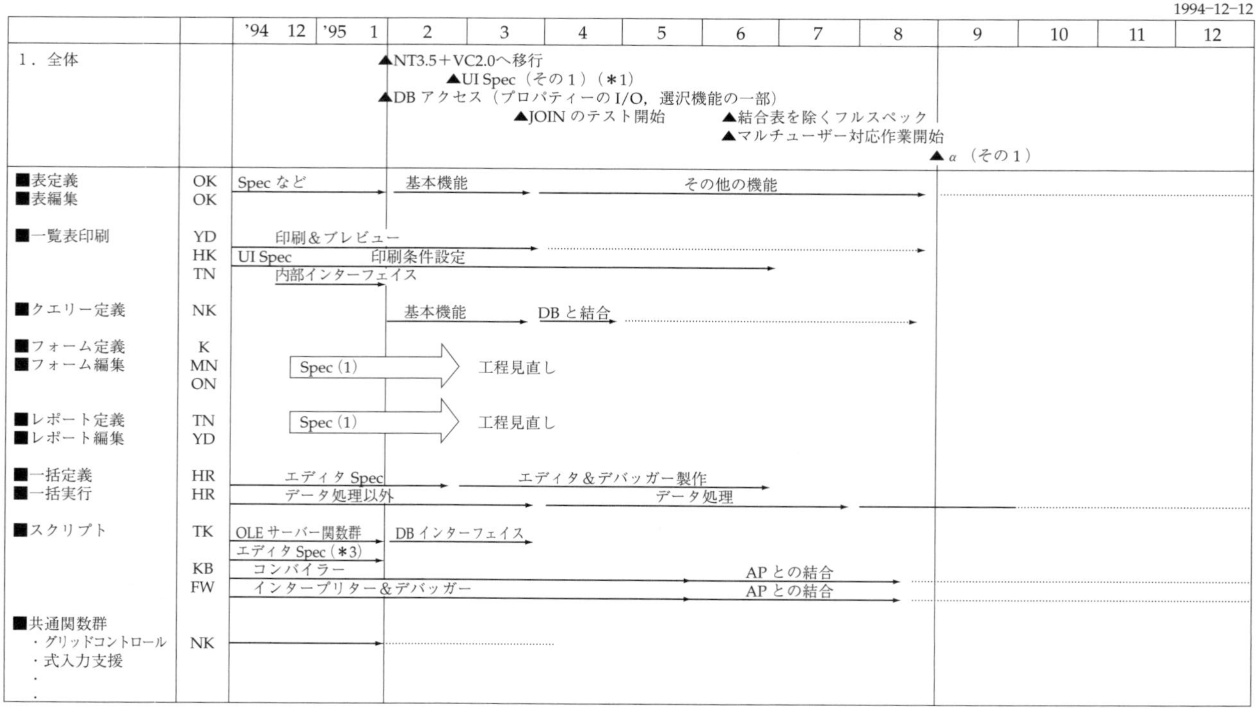

1994-12-12

		'94 12	'95 1	2	3	4	5	6	7	8	9	10	11	12
1. 全体			▲NT3.5+VC2.0へ移行 ▲UI Spec（その1）(*1) ▲DBアクセス（プロパティーのI/O、選択機能の一部） ▲JOINのテスト開始					▲結合表を除くフルスペック ▲マルチユーザー対応作業開始		▲a（その1）			
■表定義 ■表編集	OK OK	Specなど		基本機能				その他の機能						
■一覧表印刷	YD HK TN		印刷＆プレビュー UI Spec	印刷条件設定 内部インターフェイス										
■クエリー定義	NK			基本機能		DBと結合								
■フォーム定義 ■フォーム編集	K MN ON			Spec (1)	工程見直し									
■レポート定義 ■レポート編集	TN YD			Spec (1)	工程見直し									
■一括定義 ■一括実行	HR HR		エディタSpec データ処理以外			エディタ＆デバッガー製作 データ処理								
■スクリプト	TK KB FW		OLEサーバー関数群 エディタSpec コンパイラー インタープリター＆デバッガー	DBインターフェイス				APとの結合 APとの結合						
■共通関数群 ・グリッドコントロール ・式入力支援 ：	NK													

出所：1999年4月21日、K3社より筆者入手。

注：β バージョンの開発以降は、表7-1を利用して進捗を把握した。ユーザ・インターフェイスは、これらの図に示されているスケジュールと比較して、これ以降、スケジュール通りなのか、あるいは遅れているのかを担当技術者から聞き取る。これにより、作業の進捗状況を把握する。これにより、作業の進捗状況を把握しているのである。

表 7-1 βバージョン・リリース時期の決定のために作成した資料

機能		担当	95/10	95/12	96/03	96/06	備考
ファイル	新規作成	KT	×	△	△	○	96/06 にはやっとできる。
	開く	KT	×	×	×	△	今回，やれないかもしれない。
	閉じる	KT	○				
	Lotus1-2-3ファイル出力	NM					まったく目途たたず。
	外部 DB の読み込み	NM	×	×	△	△	Excel は 3 月までに何とかなりそう。
	DB の修復	NM	×	○			
	一覧印刷	KD		×	△	○	6 月がやっと
	⋮						
編集	アンドゥ	FY	○				
	リドゥ	FY	○				
	検索	FY	○				既に完成
	置換	FY	△	○			正規表現に問題あり。

出所：1999 年 4 月 21 日，K 3 社目黒事業所における M 氏からの聞き取りより筆者が作成。
注：上に示してある進捗状況と 3 ヵ月ごとのスケジュールは，実際のものではない。

ディング，単体テストを行う。そして，単体テストが終了すると，技術者たちが開発していたプログラムを他の技術者も利用，実行，参照することができるようになる。技術者たちは，単体テストが終了しているプログラムの中から，自分の開発したプログラムが呼び出しているプログラムを探し，これとリンクして，実行可能形式のファイルを作成し，仕様通りの動作をするのかを検証するのである[22]。そして，リーダあるいはサブ・リーダは，技術者たちが他のプログラムと結合してテストを行うのを観察し，不具合の件数が少なければ，その機能あるいはプログラムの開発がスケジュール通りに開発作業が進んでいると判断する。逆に，多ければ，遅れ気味と判断することになる。そして，彼らは，スケジュールに対して遅れ気味と判断した技術者に対して，個別に作業状況を尋ね，進捗を把握している。不具合の件数とそれを解決した件数を把握しているわけではない[23]。

第3に3種類のミーティングによる方法である。3種類とは，パッケージ・ソフトウェア開発プロジェクトの全技術者が参加して週1回行われるミーティング，データベース・エンジンとユーザ・インターフェイス担当の技術者たちが担当ごとに集まり不定期に行われるミーティング，ならびに企画とサブ・リーダが集まり，不定期に行うミーティングである。

　最初の2つのミーティングにおいては，リリース期限が近づくと，リリースまでのスケジュールを伝達し，2人のマネージャたちは，スケジュールよりも作業が遅れているのか，あるいはスケジュール通りなのかをミーティングに出席した技術者たちに尋ねて進捗を把握していた。しかし，週1回のミーティングは，30名近くの技術者が参加していたためか，スケジュールの周知徹底と進捗把握のためのミーティングとしては，機能していなかったという。このミーティングは，1998年春以降，行われなくなってしまった[24]。

　3つ目の企画のメンバが中心になって不定期に行われるミーティングは，次の通りである。ある技術者が作業の遅れが明らかになる，あるいはソフトウェアの設計上の問題などがあると認識すると，その技術者はそれをリーダあるいはサブ・リーダに伝える。彼らは，それがスケジュールに対する遅れ，あるいは可能性があると判断すると，その作業に関係した技術者，企画のメンバである2人のマネージャ，3人のリーダ，サブ・リーダ，ならびに営業を集め，進捗の状況および遅れの原因について話し合うことになる。そして，このミーティングにおいて，明らかになった進捗の情報をもとにして，スケジュールの下地が作成され，それを各リーダ，各サブ・リーダから技術者に伝えられる。このミーティングで決められたことが，上の2つのミーティングで伝達されることになり，スケジュールの周知徹底がはかられることになる。α，β，ならびに製品版のリリース期日は，このミーティングにおいて決定されていたのである[25]。

　不定期に行われるミーティングは，3つのミーティングのなかでも，最も進捗状況の情報が得やすく，Windows版Kの開発全体スケジュールが決定された。また，実現させたい機能に対する理解の相違を解消する契機ともなっていた。

　以上，3つの進捗把握の方法を見てきた。その中でもっとも客観的に進捗を

把握することができる方法は，他のプログラムと結合して行うテストである。それ以外の2つの方法は，基本的に，技術者たちの自己申告にもとづいているので，客観性には劣るが，次のような点で優れている。図と表，特に表7-1を用いた方法は，その作成に手間がかかるものの，技術者個人と全体の進捗とスケジュールを容易に把握することができる。3つのミーティングについては，不定期に行われるミーティングが，技術者が問題と認識し，マネージャあるいはリーダらに報告するものだけに，より精確な進捗把握の方法である。そして，このミーティングにおいて，スケジュールの下地も作成されている。マネージャは，3つの方法を組み合わせることで，より精確な進捗を把握しているのである。

それぞれの進捗把握の方法は，一長一短がある。そのなかで，マネージャが重要視しているのは，技術者によってソフトウェアの設計上の問題が提起され，スケジュールの変更および周知徹底の契機となっているので，不定期に行われるミーティングと考えられる。

それでは，以上のような方法によって進捗を把握して，スケジュールに遅れが明らかになったならば，どのように対処しているのであろうか。

2　スケジュールの遅れへの対処

最後に，スケジュールの遅れへの対処について見ていこう。遅れには，テスト・チームへのWindows版Kの引き渡し期日に遅れそうな場合，およびリリース期日に遅れそうな場合が存在する。テスト・チームへの引き渡し期日に遅れそうな場合であれば，まず，遅れの原因を把握する。マネージャが小さな不具合によって遅れが生じていると判断すれば，テスト・チームにその不具合の存在を明示し，引き渡しの期日を守ることになる。あるいは，リリース目標に上げている機能を完成することができない，あるいは致命的な不具合であると判断すれば，テスト・チームへの引き渡し期日を延期することになる[26]。

αバージョン，βバージョン，ならびに製品版などのリリース期日に遅れそうな状況では，次のように対処している。遅れが明らかになったならば，その時点で，リーダあるいはサブ・リーダが，担当技術者に開発期間を再見積りさせる。そして，その開発期間を，見積りのところで述べたように，リーダある

いはサブ・リーダが検討して，そのプログラムのスケジュールを組み直す。この時，スケジュールを組み直しても，次回のリリース期日に間に合えば，遅れを出した担当技術者に引き続いて開発を行わせる。もし，遅れそうなプログラムが，次回のリリース目標となっている機能を構成するプログラムであり，およびスケジュールを組み直してもリリース期日を守れそうにない場合には，そのプログラムを2本以上に再設計し，増えたプログラムを他の技術者に割り当てることによって，次回のリリースに間に合わせるように努力する。つまり，技術者を追加投入することで，リリース期日を守ろうとするのである。

スケジュールを組み直し，技術者の追加投入を行っても，リリース期日に遅れそうな場合は，リリース期日までに実現できそうな機能に絞り込んで，リリース期日を守ろうとする。実現できそうな機能に絞り込むとは，次の通りである。「検索」という機能を例に説明しよう。この機能は，データベースの中から，指定した文字列を検索するというものである。検索するときの条件として，データベースのレコード項目，検索する文字列，指定した文字列の部分一致，ならびに指定した文字列と一致しないものなどを指定することができる。

「検索」の機能を絞り込むとは，それらの条件のなかから，たとえば，部分一致あるいは一致しないものを検索するという部分のプログラムを次期のリリースでは実現しないということである。そして，最後に，スケジュールを組み直し，技術者を追加投入し，ならびに機能の絞り込みを行ってもリリース期日に遅れそうな時は，その機能をリリース目標からはずしてしまう。開発計画の目標を変更することになる。

スケジュールの組み直し，および技術者の追加投入による遅れへの対処は，当初の開発期間を延長することである。そして，機能の絞り込みとリリース目標からはずすという措置は，事実上，リリース期日の延期である。要するに，K3のパッケージ開発プロジェクトにおいては，計画に対してより多い技術者と時間を追加投入することによって，スケジュールに対する遅れに対処しているのである。技術者一人が行う日当たり，週当たり，あるいは月当たりの作業量を増大させることで，遅れへの対処をしているわけではない。

本章の初めに述べたように，実現させたい機能に対する理解の相違が存在する以上，計画を立案している時点から，合理的な作業内容および作業量を求め

ることは，困難であろう。そのような条件の下で，技術者の生産性を上昇させることで，遅れへ対処するということは，そもそも無理であろう。

第3節　見いだされたこと
　　　　――技術者の自律性に依存した管理――

　以上，K3のパッケージ開発プロジェクトにおいて，開発期間の見積り方法，スケジュールの組み方，進捗把握の方法，ならびに遅れへの対処方法を明らかにした。それらを整理することで，ソフトウェア開発企業における技術者の管理の特徴を導きだそう。
　見積りおよびスケジュールの作成は，以下のとおり行われている。各技術者が担当するプログラムの開発期間を見積もる。そして，見積りと実績の開発期間の乖離幅を少なくするために，マネージャらは考慮不足の点がないかを確認し，その技術者の過去の実績からの係数をかけ，開発期間を長めにとる。そして，技術者たちが見積もった開発期間，開発するプログラムの本数，投入できる技術者数，ならびにソフトウェアの構造から鍵となるプログラムの4つの要因から機能ごとのスケジュールを作成する。次に，マネージャとリーダらは，機能ごとのスケジュールを積み上げ，開発全体のスケジュールにする。最後に，開発が進み，リリース予定の月の1ヵ月ほど前になると，企画がパッケージ・ソフトウェア業界の慣行および市場の動向を考慮に入れ具体的なリリース期日を決定している。
　開発が始まると，マネージャとリーダは，図7-2および表7-1を利用する方法，結合テストの結果，ならびに3種類のミーティングによって進捗を把握し，計画どおりに開発が遂行されているのかを確認している。それら3つの方法のなかで，もっとも客観的に進捗を把握することができる方法は，プログラムの完成以降に限られるが，結合テストである。それ以外の2つの方法は，基本的に，技術者たちの自己申告にもとづいているので，客観性には劣るが，次のような点で優れている。図と表，特に表7-1を用いた方法は，個人と全体の進捗とスケジュールを容易に把握することができる。3つのミーティングの中で不定期に行われるミーティングは，技術者が問題と認識し，マネージャあるいは

リーダらに報告するものだけに，より精確な進捗把握の方法である。3つの方法は，一長一短がある。マネージャは，3つの方法を組み合わせることで，より精確な進捗を把握しているのである。

そして，スケジュールよりも遅れていることが明らかになると，スケジュールの組み直し，遅れているプログラムを再設計して，そのプログラムを開発する技術者を増やす，ならびにリリースする機能を絞り込むという方法によって，対処している。これらの対処方法は，いずれも計画に対してより多い技術者と時間を投入するというものである。月当たり，あるいは週当たりの作業量を増大させることで対処するというものではない。

これまでの考察を上のように整理することが可能であるとするならば，パッケージ・ソフトウェア開発における，計画の立案とその遂行は，技術者たちの自律性に依存したものとして特徴づけることが可能であろう。そのような特徴は，既存の労働調査によって明らかにされた製造業における労働者の性格と異にしている。製造業における労働者は，生産管理部門などが作成した生産計画にもとづいて作業を行う。そして，その計画のもとで，確率の範囲で起こる「変化と異常」，あるいは予期せぬ事態に対応している。あるいは，生産管理をになう現場のベテラン労働者が製品開発の過程に関与するというものであった[27]。それに対して，K3社のパッケージ・ソフトウェア開発プロジェクトの技術者たちは計画の立案にまで関与している。マネージャあるいはリーダによって決められた大枠のスケジュールおよび作業の割当ての下で，技術者たちは，割り当てられた作業の内容と作業方法を決め，開発期間を見積もっている。そして，技術者は，その計画を遂行して，それに不備が存在するならば，訂正する，あるいは破棄して，計画を立て直している。つまり，技術者が計画の立案に関与し，そしてその遂行過程において，自己申告にもとづいて進捗を把握しているという意味で，技術者は自律的である。それは，先行研究である戸塚秀夫・中村圭介・梅澤隆［1990］が議論するように進捗把握が技術者の自己申告に依存している点だけから生じているわけではない[28]。

マネージャは，上のような技術者の自律性に依存して，決められた費用と期間で，達成すべき機能と品質の目標を定め，技術者たちに周知徹底をはかっている。作業に遅れが生じたなら，計画に対してより多い技術者と時間を投入す

ることで対処している。製造業における管理方式と比較すれば、ゆるやかな管理と言えるであろう。

　ソフトウェア開発においては、実現させたい機能に対する理解の相違が存在している。それを技術者たちが発見するたびに、計画を見直し、そして遂行することを繰り返している。そのようなことは、より品質が高く、より機能が多い、ソフトウェアを開発することにつながり、それと同時に作業量を確定することの難しさを生じさせている。一方、費用と開発の期間には、制約がある。その条件の下で、ソフトウェアを開発し、販売しなければならない。限られた費用と期間では、品質を高めれば、実現できる機能は限られる。そして、実現する機能を増やせば、品質は低下することになる。費用と期間に制約があるもとでは、品質と機能は二律背反の関係にある。マネージャは、ユーザが受容する品質と機能の水準を設定することになる。彼らは、作業量が確定困難な条件のもとで、それらの目標を設定していることになる。

　しかし、パッケージ・ソフトウェアKの販売時期を逸していることから推測されるように、そのような管理が企業あるいはプロジェクトの存続にとって、有効に作用したかは疑問である。むしろ、技術者の自律性がプロジェクトを解散させてしまう方向に作用していたと考えられる。あり得る解釈は、つぎのようなものである。すなわち、K3社のパッケージ開発プロジェクトにおいては、技術者の自律性に依存した管理であり、インセンティブを与える仕組みが不完全であった。技術者たちは、企業あるいは作業組織を維持存続するという目的をおろそかにする傾向にあった[29]。そこへ、Windows 95と関数ライブラリの頻繁なバージョン・アップという外部条件が変化した。その変化は、理解の相違を助長し、そしてバージョン・アップに対処するための作業を発生させ、作業量を増大させた。その結果、販売時期を逸し、作業組織の縮小という事態に至ったのである。

　上のような解釈を否定することは難しい。本章では考察することができなかったが、K3社の給与は、実年齢と勤続年数によって決められる基本給、ソフトウェア開発の能力に応じて決まる技能手当、プロジェクトの運営と管理に関する能力に応じて決まる職務手当から構成されている。基本給については、勤続16年以上あるいは年齢が40歳以上になると昇給しなくなる。技能手当と職務

手当については，人事評価によって，K3社のすべての技術者を順位付けし決められている。K3社における昇給の大部分は，技能手当と職務手当の昇給によっている。もし，技術者が働かなければ，人事査定によって，順位が下げられ，基本給のみの昇給となる。その昇給額は小さくなる。具体的には，進捗把握で，技術者が虚偽の報告をすれば，それは結合テストで明らかになる。マネージャとリーダは，虚偽報告であったことを認識する。そして，マネージャは，2度とそのようなことがないように年2回行われる技術者との面接において，虚偽報告の事実について確認し，それを本人が認識した上でのものであれば，その技術者の人事評価を下げ，昇給と報償を少なくすることになる。そのような人事評価を行っていることによって，入社4年目までは，技術者たちの間では給与格差がつかないが，5年目以降になると，徐々につきはじめ，8年目になると年収で100万円ほどの格差がつく。技術者へのインセンティブを与える仕組みは，存在していると考えられる[30]。

ただし，その有効性には，疑問が残る。現実として，マネージャたちの間でその評価が間違っていたと考えられたとしても，手当を減給することは難しいという。そのため，手当を上げ渋り，その替わりとして賞与に反映させる傾向がみられる[31]。インセンティブを与える仕組みと制裁を加える仕組みは存在したが，機能していなかったと解釈することもできるであろう。

もっとも，実現させたい機能に対して理解の相違が存在し，それを明らかにし，解消しようとしているのだから，作業内容，作業方法，ならびに作業量を確定することは困難である。マネージャあるいはリーダらが技術者に課す作業に不明確な点があるのだ。そのような状況の下で，その評価基準を設定することは困難であろう。理解の相違が明らかになり，それを解消し，そして新しい共通理解を形成するたびに，マネージャが評価基準を設定すればよいのであろうが，そのような煩雑な作業を何度も繰り返すことは現実的でない。また，開発の初期段階において，作業内容に不明確な点をなくせばよいとも考えられるが，そのようなソフトウェアの設計ができる技術者はまれであろう。そもそも，理解の相違が存在しており，そのために作業量の確定が困難となっている。そのような条件のもとで，技術者にたいして適切なインセンティブを与える仕組みを設計することは，そうたやすいことではない[32]。

たしかに，インセンティブを与える仕組みが有効に機能していないのであるから，技術者は，怠けるかもしれない。その結果，ソフトウェアの販売時期を逸し，プロジェクトの縮小と解散を招いたのかもしれない。しかし，彼らは怠けているのであろうか。マネージャが，適切な目標を設定できず，その周知徹底おろそかにしているから，そのように解釈できるだけではないだろうか。むしろ，技術者は，与えられた仕事，直面する事態に対して，彼らが可能な範囲で，対処しているのではないか。適切な目標の設定を欠いているために，無駄な労働をしているだけなのかもしれない。

そのような解釈は，マネージャの管理能力に関わることになる。が，マネージャは，作業量を確定することが難しいことを前提として，二律背反の関係にある機能と品質の目標を設定し，販売時期を決めている。特に，Windows 版 K の開発においては，対応するオペレーティング・システムが Windows 95 に変わったこと，およびその Windows と関数ライブラリが頻繁にバージョン・アップした。そのことは，一層，実現したい機能に対する理解の相違を助長し，作業量確定の困難な状況となっていたと考えられる。そのため，開発のある時点において，適切な目標であったとしても，それが頻繁に変わってしまう可能性をはらんでいた。したがって，マネージャが適切な目標を設定しなかった，あるいはその周知徹底を怠ったという解釈は，事態の一面しか見ていないと思われる。

それよりも，K3 社は，その作業組織への影響をより少なくする試みに欠けていたのかもしれない。インセンティブの仕組みにしても，Windows 95 などの外部条件の変化にしても，それらは，作業組織が活動するにあたっての前提条件である。それらは，経営の問題であろう。具体的に言えば，Windows 95 に代表される GUI，32 ビット，ならびにネットワーク対応という市場動向の変化に対して，経営戦略を欠いていたのではないか[33]。その結果，パッケージ・ソフトウェア開発の作業組織は，それら外部条件の変化に直接さらされ，販売時期を逸したのではないであろうか。

以上，少なくとも，明らかにできたことは，K3 社のパッケージ・ソフトウェア開発の作業組織において，マネージャは，技術者の自律性に依存し，ソフトウェア開発の目標を設定し，それを周知徹底するという管理を行っていたとい

うことである。それは，製造業における管理と比較すると，事後的な対処の面がつよく，緩やかな管理の方式である。そして，その管理方式は，パッケージ・ソフトウェアKの開発においては，有効に機能したとはいえない。その要因は，次のように考えられる。すなわち，データベース・ソフトウェアKの開発の場合には，作業量の確定困難という条件に加えて，Windows 95と関数ライブラリの頻繁なバージョン・アップによる作業量の増大という条件が加わった。それらの頻繁なバージョン・アップは，実現させたい機能に対する理解の相違を助長し，いっそう作業量の確定が難しい方向に作用した。そのため，開発期間を厳しく制約され，マネージャが品質と機能の目標を設定することになったと考えられる。おそらく，それらの条件の下で，マネージャは，機能と品質の目標を下げ，パソコン・ブームの時期に販売すべきであったのかもしれない。しかし，その目標は，過去に販売したKと比較すれば低く，それを販売しても，ユーザから支持されないと考えたのかもしれない。その結果，販売時期をずるずると延ばし，作業組織の縮小をまねいたと推測される。

　ソフトウェア開発企業全般にそのような傾向を確認できるかは，K3社の1つの事例からは断定できない。が，おそらく，実現させたい機能に対する共通理解を形成することが困難であり，パッケージ・ソフトウェアのように大量に販売することを目的としているソフトウェアであれば，類似する傾向が観察されるのではないかと考えられる。

注
1) 1999年における情報サービス産業は10兆7228億円にのぼっており，これはエンジニアリング産業の11兆7717億円に次ぐ規模である。さらに本章で対象とするソフトウェア開発産業についてみれば，ソフトウェアの開発およびプログラム作成に従事する事業所全体の売上高は6兆3871億9200万円であった。これは情報サービス産業の売上高の63％を占めている。経済産業省「平成12年度 特定サービス産業実態調査」を参照した。
2) 以上の労務管理の定義は，白井泰四郎［1992］を参照した。なお，白井氏は労使関係の安定も労務管理の目的としてあげている。
　　森五郎・松島静雄［1977］では，「①組織の秩序の維持・安定と，②組織を構成する要員の個々人および組織力の育成・活用をはかろうとする総合的な諸施策である」としている。森五郎・松島静雄［1977］（3頁）を参照。②に関しては，組織

を構成する個人の能力，個人によって構成される組織の能力を育成と活用することを目的にするというのは，これが民間企業であれば，労働力の効率的な利用と解釈してよいであろう。

　白井泰四郎 [1992] および森五郎・松島静雄 [1977] では，労働力の効率的利用をはかることを目的としているのは，共通の了解事項といってよいであろう。つまり，企業活動を持続的かつ安定的に行うために，その労働力を効率的に利用するということになるであろう。

3) 作業組織とは，管理監督機能に専念する末端の管理監督職に率いられ，労働者集団が製品あるいはサービスの生産にたずさわる単位である。作業組織は，製品あるいはサービスの生産のために，与えられた原材料と生産手段から決定された作業内容，作業方法，そして作業量を遂行する末端管理監督者に率いられた労働者集団である。この定義は，中村圭介 [1996]（18頁）に従った。ソフトウェア開発企業においては，マネージャないしリーダに率いられたプロジェクトと呼ばれる単位のことである。

4) パッケージ・ソフトウェアと受注ソフトウェア以外にも，開発者とユーザとの間でソフトウェアの利用などに対する対価がないフリーウェアおよびパブリック・ドメイン・ソフトウェア（Public Domain Software）と呼ばれるものもある。フリーソフトは，ソースコードの入手，その改変と再配布，ならびに派生ソフトウェアを開発し，公開することが可能なソフトウェアである。Linux などがこれにあたる。パブリック・ドメイン・ソフトウェアとは，ユーザが一度その PDS を入手すると，それを自由に第三者に対して再配布する，あるいは修正を加えて，再配布することが可能であり，開発者が著作権を放棄したものである。

　さらに，フリーウェアおよびパブリック・ドメイン・ソフトウェアとは異なるが，ユーザが利用し，それを使い続けるならば，料金を開発者に支払うというシェアウェアというものも存在する。

5) 玉井哲雄 [2004] の「まえがき」および徳永重良・富田義典 [1990]（309頁）を参照。

　徳永重良・富田義典 [1990] は，「一般の工業製品と違って重さも形もない」とソフトウェアの特徴を指摘し，それを開発する労働にどのような問題が存在するのかを明らかにしようとしている。しかし，そのような視角を十分に生かしているとは思われない。

6) 要求の不明確さ，およびその伝達の誤りについては，有沢誠 [1988]（24-25頁）を参照。とくに，図2-1（25頁）の6コマ漫画が理解の助けとなる。

7) 徳永重良・富田義典 [1990] は，このようなソフトウェアの製品としての特徴を述べ，一般的な製造業とは異なる労働のあり方があるのではないかと指摘している。徳永重良・富田義典 [1990]（309頁）を参照のこと。ただし，ソフトウェアの製品としての特徴がどのようにして労働のあり方を規定しているかまでの立ち入っ

た考察は見られない。

8) 能率管理の視点を強く打ち出した研究として，石田光男［1997］および石田光男［2003］があげられる。とくに，石田光男［1997］（3-4頁）および石田光男［2003］（96頁）を参照。

9) アメリカにおけるソフトウェア開発の実態調査ではあるが，Jones［1996］の表1-2（邦訳13頁）プロジェクトの規模とスケジュールの実績によると，ソフトウェア開発プロジェクトは，平均で5.53％が早期に完了し，56.94％が計画通りに完了し，13.71％が遅延し，そして23.82％が中止となっている。平均で4割弱のプロジェクトが遅延ないし中止となっている。

10) Cusumano［1991］は，ソフトウェア開発の方式を「組織化されていない受注生産方式あるいはクラフト方式」，「標準化されたプログラム製品やパッケージを開発する方式」，ならびに「ファクトリー方式」の3つに分類している。日本のソフトウェア市場の特徴を，多くのソフトウェア開発が受託開発であり，短い開発期間，低コスト，ならびに高い信頼性を発注者が求めていると整理する。そして，そのような市場に対しては，「ファクトリー方式」が適合的であるとしている。ソフトウェア製品の特徴を分類し，それに適合的な開発方式が存在するという視点は，本章とも共通する点である。

戸塚秀夫・中村圭介・梅澤隆［1990］では，事例として取りあげられている5社のうち，A社が自社開発のパッケージを販売しており，B社がベーシック・ソフトウェアを開発しているとしている。戸塚秀夫・中村圭介・梅澤隆［1990］（53, 54頁）を参照。ベーシック・ソフトウェアというのは，おそらくオペレーティング・システムを指しているものと推測される。しかし，そのようなソフトウェアの特徴と開発管理の方式のあり方を分析していない。それよりも，戸塚秀夫・中村圭介・梅澤隆［1990］は，ソフトウェア産業の分業構造を明らかにすることに関心があるようだ。この分業構造の位置によって，開発管理のあり方が変わってくるものと推測されうるが，この点については，積極的な分析は見られない。

徳永重良・富田義典［1990］は，前述したように，ソフトウェアの製品としての特徴を述べ，それが一般的な製造業とは異なる労働のあり方があるのではないかと指摘し，その結論は「可能なかぎり工場生産の方法によって製造しようとする志向ないし努力のあらわれ」と評価している。

徳永重良・富田義典［1990］と同じ時期に，同じ企業を調査した小倉昇・平本厚［1990］では，ソフトウェア開発の計画の立案とその遂行についての詳細な記述が見られ，その管理技法は有効に機能しているとは言い難いと評価している。が，本章のような視点は存在しない。

11) K3社は，1999年時点で売上高12億円，従業員数125名の規模を有するソフトウェアの受託開発とパッケージ・ソフトウェアの開発・販売を行う企業である。同社は，東京都内の外神田，西麻布，目黒，そして北陸の金沢と福井に事業所を持ち，

活動を行っている。1980年代前半のパーソナルコンピュータ産業の確立期において，日本語ワードプロセッサを開発した企業である。

12) 作業組織の編成についての詳しい考察は，古谷眞介［2007］の「第1章 事業内容と経営組織（2）経営組織」，「第2章 開発過程（2）実現させたい機能の決定 1 開発の決定とプロジェクトの再編成」，ならびに「第3章 作業組織の編成および開発管理（1）作業組織の編成」を参照のこと。

13) Windows版Kの開発過程についての詳しい考察は，古谷眞介［2007］の「第2章 開発過程」を参照のこと。

14) パーソナルコンピュータの出荷台数の伸びは，1993年34.9％，1994年40.6％，1995年51.6％，1996年41.7％であり，その出荷金額は，1993年45.5％，1994年28.6％，1995年50.5％，1996年25.8％であった。パッケージ・ソフトウェアの出荷金額の伸びは，1993年11.1％，1994年25.0％，1995年28.3％，ならびに1996年33.8％であった。その結果として，パーソナルコンピュータの普及率は，1993年には13.9％であったものが，1997年には25.2％となったのである。

　K3社がパッケージ・ソフトウェアを販売した1997年には，パーソナル出荷台数と金額の伸びが，それぞれ－4.7％と－5.5％となり，パッケージ・ソフトウェアの出荷金額も13.0％まで低下していた。

　以上の値は，パーソナルコンピュータの出荷台数と出荷金額については，パソコン白書［1995］「図表2-1-1 パソコン本体出荷台数」（27頁），パソコン白書［1995］「図表2-1-1A 本体出荷金額」（29頁），パソコン白書［1996］「図表2-1-3 パソコン本体出荷台数・金額の推移」（30頁），パソコン白書［1999］「図表2-1-3 パソコン本体出荷台数・金額の推移」（20頁）を参照した。パッケージ・ソフトウェアの国内出荷金額については，平成6年3月(社)日本パーソナルコンピュータソフトウェア協会による各年度の「パソコンソフトウェアの市場動向調査報告書」を参照した。

15) 1999年3月9日，および1999年4月21日，K3社への聞き取りより。

16) 1999年3月9日，および1999年4月21日，K3社への聞き取りより。

　見積りだけではなく，プログラムを設計し，コーディングし，テストを行い，そして完成させるという能力にも歴然とした格差が存在しているという。1960年代後半，アメリカにおける，Sackman, Erikson and Grant［1968］から繰り返し指摘されている。Sackman, Erikson and Grant［1968］の研究は，オンライン端末の利用がプログラム開発の生産性に与える影響を調べようとしたものである。彼らは，オンライン端末が利用できる技術者は，利用できない技術者よりも生産性が高いものと考えていたようだ。しかし，オフラインおよびオンラインの開発環境が生産性に与える影響は小さく，むしろ技術者間に16倍もの生産性格差が存在していることを発見したという。

17) 鍵となるプログラムとは，そのプログラムの開発を終わらせないと，他のプログラムの開発を進めることができないものである。

18) 1999年3月9日，K3社への聞き取りより。
19) たとえば，画面上に，「はい」と「いいえ」という2つのボタンがあるダイアログを表示し，このどちらかのボタンを選択させるというプログラムがあったとする。担当の技術者は，マウスでボタンをクリックするという方法のみと考え，そのようにプログラムを開発した。ところが，テスト・チームの技術者は，キーボードからYとNのキーを押す操作も可能だと考えており，他の技術者は，Tabキー，カーソル・キー，ならびにEnterキーを使うことでも，ボタン選択ができるものと考えていた，というようなことである。
20) 関数ライブラリとは，プログラムを作るための部品箱と考えて差し支えない。ソフトウェアを構成する各プログラムの中で，共通の処理をとりだし，n個の引数から1つの値を返すプログラム（関数プログラム）の集まりである。
21) 1993年末から1997年10月までに，マイクロソフト社は，Windows 95を3回，関数ライブラリを6回バージョン・アップしている。とくに，MFCは，1996年から1997年にかけて4回であった。マイクロソフト社が頻繁にバージョン・アップした背景には，インターネット・ブームがあり，それに対応するために自社の製品にいわゆるインターネット対応を施していたのである。

　　詳しくは，古谷［2007］「第3章　作業組織の編成および開発管理　(2)開発管理②開発における見積誤差」の「表3-9 Windows版Kおよびソフトウェア開発環境のバージョン・アップ状況」および「表3-10 開発段階別にみたバージョン・アップ回数」を参照のこと。
22) 具体的には，次のようなものである。「ファイルの保存」というコマンドが存在したとする。この機能は，Windows版K形式のファイルとして保存する機能とExcel形式およびLotus1-2-3形式などのファイルとして保存できるというものである。この機能は，保存ファイルの形式を入力するプログラム，表示されているデータをK形式で保存するプログラム，ならびにK以外のファイル形式で保存する3本のプログラムからなっているとする。そして，2人の技術者によって開発されるものとする。すなわち，入力・選択のプログラムとK形式で保存するプログラムを担当する技術者とK以外のファイル形式で保存するプログラムを担当する技術者である。

　　2人の技術者が3本のプログラムの単体テストを終わらせると，たとえば，K以外のファイル形式で保存するプログラムを担当していた技術者は，ファイル名を入力するプログラムと担当のプログラムをリンクし，テストを行うことになる。この時，ダイアログ・ボックスの表示位置がパーソナルコンピュータの画面上の右下隅に出てしまう，あるいはExcel形式で保存したファイルがExcelで開かないなどの不具合を確認しているのである。そして，このテストの状況を見て，リーダあるいはサブ・リーダが，進捗を把握しているのである。
23) この段階において，不具合件数を数量的に把握していない理由は，次のように

第7章 パッケージ・ソフトウェア開発企業の開発管理　269

推測される。まず，不具合の基準を明らかにしなければならない。その基準となるのは，実現させたい機能を表した絵，文書，ならびにプロトタイプのプログラムであろう。しかし，これらは，既に明らかにしたように，技術者たちの間において，理解の相違が存在しているのである。

　実現させたい機能に対する理解の相違が存在する中で，不具合と判断する基準を決めるのは，難しいであろう。実現させたい機能の理解と同様に，開発が進むにつれて，その基準を改定していかなければならない。そして，基準が変るたびに，過去に発見された不具合の認定作業を行うことになる。

　プログラムを組むと言う作業には，既に述べたように，実現させたい機能に対する理解の相違を解消しようとする試みが含まれている。作業内容を確定していこうとしている側面があると考えられる。そのため，開発を行っている技術者が，判定基準の改訂および再認定の作業を行うことになれば，技術者の作業量は増えることになるであろう。結局は，プログラムの開発費用を押し上げることになる可能性がある。

　もっとも，上の作業をテスト・チームが行えるのならば，開発を行っている技術者の作業量を増やさずに，より早い段階での不具合件数を利用した進捗把握を行えるのかもしれない。

　単体テスト，他のプログラムと結合して行うテスト，ならびにテスト・チームが行うテストという3つのテストを行う体制に問題があるのかもしれない。単体テストと他のプログラムと結合して行うテストの作業内容，作業方法，ならびに作業分担が明確でないのかもしれない。

24)　1999年3月9日，K3社への聞き取りより。
25)　1999年3月9日，および1999年10月29日，K3社への聞き取りより。
26)　1999年3月9日，K3社への聞き取りより。
27)　日本の製造業における労働者が「変化と異常」に対処していると特徴づけたのは，小池和男氏である。愛知県労働部［1987］（1-2頁）および小池和男［2005］（12-17頁）を参照。ベテラン労働者の製品開発過程への関与については中村圭介［1996］，特に「第1章　製品開発への参加と職場の生産管理――VTR最終組立ライン」を参照のこと。

　なお，「知的熟練」論は，野村正實氏などによってたびたび批判されている。野村正實［1993］，野村正實［2000］，野村正實［2001］。特に，野村正實［2000］および野村正實［2001］は，「知的熟練」の実証的根拠である「深さの仕事表」が小池氏の創作あるいはねつ造である議論としている。（「深さの仕事表」に対する疑問は，遠藤公嗣［1999］（23-26頁）が初出と考えられる。）野村氏のこの批判は，労働問題研究者に一定の影響を与えているようである。たとえば，遠藤公嗣［2002］および市原博［2002］などがある。
28)　戸塚秀夫・中村圭介・梅澤隆［1990］（60頁および153頁）を参照。

29) 本章では，取りあげることができなかったが，K3社は，1988年から1990年7月にかけて，MS-DOS版 K Ver. 3 を開発している。その開発過程において，開発方針を巡り，対立が生じた。「買ってきたらすぐ使えるソフトウェアを目指す」という方針と技術的に最先端を目指すという方針の対立であった。その結果は，1989年1月に，後者を主張する技術者たちは，退職することになった。

退職後，彼らは，会社を設立し，主張していた開発方針にもとづいたデータベース・ソフトウェアを開発し，販売することになる。彼らの会社によって開発されたソフトウェアは，ネットワークを利用してデータベースを共有でき，Windows 3.0 に対応し，そしてマウスなどで操作することができた。

1988年から1990年という時期において，メモリ，ハードディスク，ならびにネットワーク機器などの価格は高かった。そして，当時のオペレーティング・システムは，ネットワークに関する基本的な機能をもっておらず，扱えるメモリ容量も小さかった。そのような状況を考えると，退職した技術者たちの開発方針は，Windowsに代表されるGUIのオペレーティング・システムが普及した現在においては，ごく一般的なソフトウェアであろうが，技術的には最先端のものであったと思われる。

しかし，1988年当時の動向およびその後の状況を考えると，後知恵ではあるが，そのような方針の技術者たちを次世代製品の研究開発という名目で社内にとどめることができなかったのであろうか。おそらく，そのような決定を下せなかったのは，K3社は，主任研究員によって経営されており，その主任研究員がソフトウェア開発を担っているプロジェクトのマネージャとなっている。主任研究員は，担当するプロジェクトの遂行についてもっとも関心がある。他のプロジェクトの動向について，積極的に関与することはまれと考えられる。したがって，K3社は，プロジェクト間あるいはプロジェクト内の経営方針などの対立を調整する機能を欠いている面があると考えられる。古谷眞介［2007］（17-18頁）および古谷眞介［2007］「第2章　開発過程（1）前史」を参照。

30) K3社における，技術者の働きぶりを評価する方法については，古谷眞介［2007］の「第4章　人事管理（2）人事査定制度」を参照。

31) 古谷眞介［2007］の「第4章　人事管理（1）役職および給与と賞与の構成」および「（2）人事査定制度」を参照。

32) 入社して数年の間は目立った格差がつかず，徐々に広がり，入社10年目ほどで，給与格差が100万円程度つく。一方，技術者からサブ・リーダあるいはリーダ，およびリーダから主任研究員への昇進については，明確な基準が存在しておらず，同じ技術者がサブ・リーダ，リーダ，ならびにマネージャとなることがしばしばである。つまり，給与格差はつきやすく，そして昇進に関しては，停滞している。これが，K3社の人事管理の現状である。

そのような人事における停滞は，技術者の技能育成に負の効果をもたらしている

可能性が存在する。この点について詳しくは，古谷眞介［2007］「第4章　人事管理（3）採用と育成」および「（4）育成制度の未整備」を参照。
33）上の注でもすでに述べたことではあるが，所詮，後知恵にしかすぎないのだが，1998年の K Ver. 3 の開発方針を巡る対立は，1990年代半ばの状況に対処するための契機となったのではないかと筆者は推測する。

引用文献

愛知県労働部［1987］愛知県労働部労働経済調査室編『知的熟練の形成——愛知県の企業』愛知県労働部。
有沢誠［1988］『ソフトウェア工学』岩波書店。
石田光男［1997］「工場の能率管理と作業組織」，石田光男・藤村博之・久本憲夫・松村文人『日本のリーン生産方式——自動車企業の事例』中央経済社。
石田光男［2003］『仕事の社会科学』ミネルヴァ書房。
市原博［2002］「書評　中村圭介《日本の職場と生産システム》」，『経営史学』第37巻第3号。
今野浩一郎・佐藤博樹［1990］『ソフトウェア産業の経営』東洋経済新報社。
小倉昇・平本厚［1990］「第5章　ソフトウェア事業と経営管理」，杉本典之・河野昭三・平本厚・小倉昇編『情報化への企業戦略——日立の事例研究』同文舘。
遠藤公嗣［1999］『日本の人事査定』ミネルヴァ書房。
遠藤公嗣［2002］「書評　野村正實《知的熟練論批判——小池和男における理論と実証》」，『経済学論集』第68巻第2号。
小池和男［2005］『仕事の経済学（第3版）』東洋経済新報社。
白井泰四郎［1992］『現代日本の労務管理　第2版』東洋経済新報社。
徳永重良・富田義典［1990］「第9章　ソフトウェア開発と労働——日立 SK の事例」，徳永重良・杉本典之編『FA から CIM へ——日立の事例研究』同文舘。
戸塚秀夫・中村圭介・梅澤隆［1990］『日本のソフトウェア産業　経営と技術者』東京大学出版会。
中村圭介［1996］『日本の職場と生産システム』東京大学出版会。
野村正實［1993］『熟練と分業——日本企業とテイラー主義』御茶の水書房。
野村正實［2000］「知的熟練論の実証的根拠——小池和男における理論と実証」，『大原社会問題研究所雑誌』503号。
野村正實［2001］『知的熟練論批判——小池和男における理論と実証』ミネルヴァ書房。
古谷眞介［2007］『パソコン・ブーム下におけるパッケージ・ソフトウェア開発の作業組織研究』東京大学社会科学研究所シリーズ，No. 23。
玉井哲雄［2004］『ソフトウェア工学の基礎』岩波書店。
通商産業省機械情報産業局監修／（社）日本電子工業振興協会編［1995］『パソコン白書94-95　パソコン一人一台の普及をめざして』コンピュータ・エージ社（パソコ

ン白書［1995］と略す）。

―――――［1996］『パソコン白書 96-97 インターネットが社会を変える』コンピュータ・エージ社（パソコン白書［1996］と略す）。

―――――［1999］『パソコン白書 1999-2000 パソコンは社会のインフラに』コンピュータ・エージ社（パソコン白書［1999］と略す）。

森五郎・松島静雄［1977］『日本労務管理の現代化』東京大学出版会。

Cusumano, Michael A.［1991］*Japan's Software Factories: A Challenge to U. S. Management*, Oxford University Press, 1991（富沢宏之・藤井留美訳『日本のソフトウェア戦略：アメリカ式経営への挑戦』三田出版会，1993年）。

Jones［1996］*Capers Jones, Patterns of Software System Failure and Success*, International Thomson Computer Press, 1996（伊土誠一・富野壽監訳『ソフトウェアの成功と失敗』共立出版，1997年）。

Sackman, H., W. J. Erikson and E. E. Grant［1968］"Exploratory experimental studies comparing online and offline programming performance," *CACM*, 11, 1, pp. 3-11.

聞き取り一覧

1999年3月9日，K3社目黒事業所におけるM氏からの聞き取り：企業概要および開発管理に関する聞き取り。

1999年4月21日，K3社目黒事業所におけるM氏からの聞き取り：Windows版Kの開発過程に関する聞き取り。

1999年8月24日，K3社目黒事業所におけるM氏からの聞き取り：人事労務管理に関する聞き取り。

1999年10月29日，K3社目黒事業所におけるM氏からの聞き取り：開発管理および人事労務管理に関する補足の聞き取り。

1999年12月14日，K3社目黒事業所におけるM氏からの聞き取り：Windows版Kの開発過程および開発管理に関する補足の聞き取り。

事項索引

BAVC（化学産業使用者連盟） 201
BDA（ドイツ経営者団体連合会） 201
BIF→銀行保険基金
Budaci（雇用された化学者およびエンジニア連盟） 213
CEBA→競争均衡銀行法
DGB→ドイツ労働総同盟
FDIC→連邦預金保険公社
FDICIA→1991年連邦預金保険公社改革法
FDSLIC→連邦貯蓄貸付組合
FIRREA→1989年金融機関改革・再建・執行法
FRB→連邦準備制度理事会
FRS→連邦準備制度
FSLIC→連邦貯蓄貸付保険公社
IGBCE（鉱山業・化学・エネルギー産業労組） 201
IGCPK（ドイツ化学,製薬,窯業労組） 217
M&A 53
NIRA→全国産業復興法
OBA→オープン・バンク・アシスタンス
OCC→通貨監督庁
P&A→パーチャス・アンド・アサンプション方式
RFC→復興金融公社
RTC→整理信託公社
SAIF→貯蓄組合保険基金
S&L→貯蓄貸付組合
SpA 指針規則 207
2-cent-a-mile passenger rate laws 141
ULA→指導的職員連合
VAA（化学産業大卒職員および指導的職員連盟） 200
Vela（商業ならびに工業の指導的職員協会） 213

あ行

アメリカ金融制度の不安定性 23
アメリカの純債務国化 36
アームストロング調査 133-134,160
一般産業労組主義 217
一般的産業別賃金基本協約 197
移民排除法 141,164
エージェンシー理論 54-56,58,61-63,71,73
延長信用 176,180,182,188,189,192
大きな政府 45,47
遅れへの対処 241,252,257-259
オープン・バンク・アシスタンス（OBA） 173,175,177,182,184,188,189,190,192
オルドリッチ通貨法 140,142,161

か行

革新主義政治 131
株式相互持ち合い 53
株主主権 53,69-70
貨幣の不安定性 16
可変保険料 188
駆立て方式 27
為替安定基金（ESF） 28
為替平衡勘定（EEA） 28
関係的契約法 68-69,74
管理された経済 35
管理通貨制度 29
機会主義 53,66,68,71
技術者の自律性 259-261,263
規制緩和 13,38,41,44
規制緩和と救済拡充 39
「規制と救済」の金融制度 30
季節的信用 176

季節的流動性不足　24,26
旧制度学派　53-54,58-59,61,67-68,69,72-73
競争社会の復活　34
競争均衡銀行法(CEBA)　184
共同決定法　204
協約外職員　197
協力権　207
緊急信用　176
銀行戦争　83
銀行の銀行　82,87,96,109
銀行引受手形(BA)　25
銀行保険基金(BIF)　178,192
金の二重価格制　36
金融革新　38
金融脆弱性　149-150
金融のディスインターミディエーション　38
金融不安定性　16,31,47
グッドウィル論　58-59,67,69
クレジット・クランチ　38
経営協定　207
経営者支配　41
経営者優位の労使関係　26-27,41-42,48
権限委譲説　58,61,71
権限受容説　58,61,71
限定合理性　57,59-61,71,74
ゴーイング・コンサーン　54,67-68
工場法　17-19,23,47
交渉力　19,20,27,47
購買力の拡大　35
国法銀行制度　122,128
5大生命保険会社　126
国家による組織化　34
コーポレート・ガバナンス(企業統治)　40,42, 53,56,61-63,66,74
雇用不安　42
コルレス銀行システム　24-26
コール・レートの季節的変動　128
混合経済　35
コンチネンタル・イリノイ銀行　181

さ行

再建国際金本位制　22
最後の貸し手　17,24,37,41,47,156
最小コスト原則　187,188
財政的人工呼吸器　35
作業組織　238,240-241,244-245,261,263-264
作業手順　246
作業内容　240,243,246,251,260,262
作業方法　240,243,251,262
作業量　240,243,246,251,260-264
3月パニック　139,142,145
産業の組織化　34
サンフランシスコの大地震　134,155
思考習慣　72
自己資本比率　40
市場原理主義　13,45
市場原理の社会解体作用　18
市場経済　13
市場社会　14,15
システミック・リスク　17
実現させたい機能　245-246,247,251
実現させたい機能に対する共通理解　250, 251
実現させたい機能に対する理解の相違　247, 251-252,258,262
指導的職員代表委員会　205
指導的職員代表委員会法　223
指導的職員連合(ULA)　199
死に物狂いの貨幣の奪い合い　155
資本主義経済　14,15,17,23,28
資本主義経済の進化　21,28,35
資本主義の黄金時代　28,45
資本主義の不安定性　45
資本主義の不公平性　45-46
社会的規制　43
社会的パートナー　201
社会の自己防衛　18
ジャクソニアン・デモクラシー　82,83-84,87, 88,90,97,108
従業員代表委員会　205

私有財産制 13,15,47
州際商業法 131
自由放任 27-28,81
証券化 40-41
情報の非対称性 54-55
職場グループ 204
所得分配の不平等化 26-27
ジョブレス・リカバリー 42
ジョブロス・リカバリー 43
所有権理論 63-66,67,69,71
所有とコントロールの分権 56,69
進化 15
新古典派 54-55,57,60
新自由主義 43-44
新制度学派 53-54,56,58,60,61,63,66,70-72
進捗把握 241,245,252-253,257,259-260,262
ステイクホルダー 53,58,61-62,66,68-69,71-72
西漸運動 97
制度 14,15,17,28,35,46,47
制度進化 21,23,28,35,70,72
制度進化の跛行性 21
整理信託公社(RTC) 178,185
セーフティ・ネット 38,46
1903年恐慌 117
1907年恐慌 115
1933年銀行法 173-174
1935年銀行法 174,175
1982年金融法(ガーン・セントジャメーン法) 177
1987年競争均衡銀行法(CEBA) 184
1989年金融機関改革・再建・執行法(FIRREA) 177-178,183-184
1991年連邦預金保険公社改革法(FDICIA) 185
全国産業復興法(NIRA) 31,34
早期是正措置 40,187-188
組織均衡論 59,74
組織能力 71-72
組織目的 58-60,74

た行

第1次信用 176
大企業不倒理論 120
第3の勢力 221
大卒者俸給基本協約 202
対ソ封込め政策 30
第2次信用 176,192
「大砲もバターも」政策 35
タフト・ハートレー法 33
小さな政府 30,43-44,45
中央銀行 81-82,108-109
調整信用 176
貯蓄貸付組合(S&L) 39,171,177,184
貯蓄組合保険基金(SAIF) 178,192
通貨監督庁(OCC) 180,192
通貨供給の非弾力性 127
通貨の番人 82,96
帝国主義段階 115
テクノストラクチュア 59,72
デリバティブ 41
ドイツ労働総同盟(DGB) 197
投資の不安定性 16
道義的説得 82,86-87,90,91,104,108-109
トゥー・ビッグ・トゥ・フェイル 182
土地銀行 97
富の再分配 35
取引コスト論 61,63,65
トリプル安 37
ドル過剰 35-36,45
ドル危機 36
ドル不足 29-30,35
ドル安誘導 37
トルーマン・ドクトリン 30

な行

二元制度 25
ネット決済方式 93

は行

パーチャス・アンド・アサンプション方式（P&A）　173-174,179,184,189,192
発展段階論　115
ハード・ランディング・シナリオ　37
反大企業政策　146
ビジネス・コンフィデンス　32
ファースト・シティ・バンコーポレーション・オブ・テキサス　183
ファースト・ペンシルバニア銀行　180
フォード主義　20,45
「不可欠」要件　181
不完備契約　60,63-65,67,71,74
福祉国家　35,43
双子の赤字　37-38
復興金融公社（RFC）　173,191
プラザ合意　37
フランクリン・ナショナル銀行　177,179,190
ブリッジ・バンク　184,188,190
フリーバンキング論　24,81-82,108-109
ペイオフ（保険金支払方式）　173-175,191,192
平和の配当　37,44
ヘップバーン法　131-133,139,151,160
ペナルティ・レート（罰則金利）の賦課　25-26,82,87,90,103,108-109
変動相場制　36
方法的個人主義　72
方法的全体主義　72
簿外取引　41
補正された経済　35
ポピュリズム　23,24,31,40

ま行

マーシャル援助　30
メディケア　43
メディケイド　43
無形資産　15
無体資産　15
モラルハザード　26,39

や行

U.S.スチール　119,132,136,151-153,158,165
有形資産　15
融通手形　104
預金保険機構　17,31,38,41,47

ら行

リスク対応の保険料率　187
冷戦の終焉　37
レギュレーションA　176
連邦主義　83
連邦準備制度（FRS）　173,175,177,188-190
連邦準備制度理事会（FRB）　191
連邦準備法　176
連邦貯蓄貸付保険公社（FSLIC）　172,177,182
連邦預金保険公社（FDIC）　171,173-175,179,180,182,184,189,190
連邦預金保険法　175
労使共同決定権　207
労使妥協体制　33,41
労組優位の労使関係　32
労働分配率の低下　27,48
労働力商品の特殊性　17,20
労働力の効率的利用　238,240
労務管理　237-241,244

わ行

ワグナー法（全国労働関係法）　32-33

執筆者（執筆順，①生年②現職③専攻）

柴田德太郎（編者，はしがき・第1章）①1951年②東京大学大学院経済学研究科教授③現代資本主義論

中川淳平（第2章）①1972年②駒澤大学経営学部准教授③組織理論

大森拓磨（第3章）①1972年②和歌山大学経済学部准教授③政治経済学・アメリカ金融制度論

阪上亮太（第4章）①1977年②Nomura International plc.（英国野村證券）エコノミスト③景気循環論

平野裕三（第5章）①1973年②東京大学大学院経済学研究科単位取得③経済理論

石塚史樹（第6章）①1975年②西南学院大学経済学部准教授③現代欧州経済論

古谷眞介（第7章）①1967年②東京大学社会科学研究所研究機関研究員③労使関係論（作業組織研究）

制度と組織 理論・歴史・現状
2007年6月25日 初版

編　者	柴田德太郎
装幀者	加藤昌子
発行者	桜井　香
発行所	株式会社 桜井書店

東京都文京区本郷1丁目5-17　三洋ビル16
〒113-0033
電話　(03)5803-7353
Fax　(03)5803-7356
http://www.sakurai-shoten.com/

印刷所　株式会社 ミツワ
製本所　誠製本 株式会社

Ⓒ 2007 Tokutaro Shibata

定価はカバー等に表示してあります。
本書の無断複写(コピー)は著作権法上での例外を除き、禁じられています。
落丁本・乱丁本はお取り替えします。

ISBN978-4-921190-42-2　Printed in Japan

大谷禎之介著
図解 社会経済学
資本主義とはどのような社会システムか

現代社会の偽りの外観を次々と剥ぎ取っていく経済学入門
Ａ５判・定価3000円＋税

宮田和保著
意識と言語

「言語とはなにか」を唯物論的言語観の視点で追究する
四六判・定価3200円＋税

重田澄男著
マルクスの資本主義

資本主義概念をめぐるマルクスの模索と決断
Ａ５判・定価3800円＋税

重田澄男著
資本主義を見つけたのは誰か

資本主義認識の深化の過程をたどるユニークな経済理論史
Ａ５判・定価3500円＋税

池上 惇・二宮厚美編
人間発達と公共性の経済学

公共性の再構築による改革を模索：〈人間発達の経済学〉の新展開
Ａ５判・定価2600円＋税

和田 豊著
価値の理論

マルクス経済学における価値論を再構築
Ａ５判・定価4500円＋税

桜井書店
http://www.sakurai-shoten.com/

長島誠一著
現代の景気循環論
理論的考察と数値解析にもとづいて景気循環の実態に迫る
Ａ５判・定価3500円＋税

長島誠一著
戦後の日本資本主義
いま，どのような「構造改革」が必要か
Ａ５判・定価3000円＋税

長島誠一著
経済と社会
経済学入門講義
ひろく・やさしく・共に学び考える全25講
Ａ５判・定価2000円＋税

エスピン－アンデルセン著／渡辺雅男・渡辺景子訳
ポスト工業経済の社会的基礎
市場・福祉国家・家族の政治経済学
福祉国家の可能性とゆくえを世界視野で考察
Ａ５判・定価4000円＋税

エスピン－アンデルセン著／渡辺雅男・渡辺景子訳
福祉国家の可能性
改革の戦略と理論的基礎
新たな，そして深刻な社会的亀裂・不平等をどう回避するか
Ａ５判・定価2500円＋税

ドゥロネ＆ギャドレ著／渡辺雅男訳
サービス経済学説史
300年にわたる論争
経済の「サービス化」，「サービス社会」をどう見るか
四六判・定価2800円＋税

桜井書店
http://www.sakurai-shoten.com/

戸原四郎著
ドイツ資本主義
戦間期の研究
1920・30年代に焦点をあてたドイツ資本主義発達史
Ａ５判・定価4600円＋税

王田美治著
フランス資本主義
戦間期の研究
1920・30年代に焦点をあてたフランス資本主義発達史
Ａ５判・上製4800円＋税

奥村　哲著
中国の資本主義と社会主義
近現代史像の再構成
中国近現代史の全体像を追究
Ａ５判・定価4800円＋税

岡田章宏著
近代イギリス地方自治制度の形成
その生命力はどこから，どのようにしてできあがってきたのか
Ａ５判・定価5800円＋税

伊原亮司著
トヨタの労働現場
ダイナミズムとコンテクスト
気鋭の社会学研究者が体当たりで参与観察・分析
四六判・定価2800円＋税

ジョン・クランプ著／渡辺雅男・洪　哉信訳
日経連
もうひとつの戦後史
「闘う日経連」の異名をとった使用者団体の戦後史
四六判・定価2800円＋税

桜井書店
http://www.sakurai-shoten.com/